**미래인재
모든것**

미래 인재 모든 것

새로운 시대, 어떤 인재를 양성할 것인가?

정연미 지음

시간
여행

미래는 확신을 가진 사람이 성공한다

AI와 제4차 산업혁명 시대에 불확실한 미래를 예측하기는 어려운 일이지만, 교육에 있어서 '어떻게 하면 미래사회를 준비할 것인가'는 중요한 문제다. 평생교육을 위해 심리, 음악, 미술, 놀이, 마케팅, 스피치, 리더십, 문화예술교육 등의 자격증을 획득하여 자녀 미래교육에 대한 융합적 지식을 공부했다.

이를 바탕으로 현재 많은 부모가 '서울대, 카이스트 나와도 중산층이 안 되는 시대, 우리 자녀 어떻게 교육시켜야 할까?'라는 물음에 명확한 답을 찾고자 했다.

이제는 유튜버 소비자가 아니라 유튜버 생산자가 되어야 하는 시대이다. 코로나로 비대면 생활이 이어지고 있다. 그리고 교육은 수직적 일렬 세우기 점수가 아니라 개인의 감성과 창의성 그리고 경제력이 주목받는 시대이다. 교육 패러다임에 일대변혁이 일어나고 있다.

일론 머스크는 전기차를 통해 세계 1등 자동차 회사인 도요타를 누르고 세계를 선도하고 있으며 지구 밖에 있는 화성에 기지건설을 위해 박차를 가하고 있다. 손정의 CEO 또한 수많은 실패에도 끊임없이 혁신기업에 투자하고 있다. 마윈도 새로운 도전을 하고 있으며, 현대자동차도 보스턴 로지스틱스를 인수하며 새로운 변화에 도전하고 있다. 이제는 전통적 교육이 아닌 새로운 사고와 행동을 배우고 실행해야 하는 시대가 된 것이다.

과학 기술은 AI와 소프트웨어 그리고 빅데이터 분야에서 획기적인 발전을 이루며 기업경영 활동을 재편하고 있다. 이를 토대로 자세, 습관, 언택트, 감성, 창의, 경제라는 핵심 키워드를 뽑아서 미래교육 방법을 체계적이고 치밀하게 제시하였다. 학교 공부에서 학습 부진을 겪는 학생을 위해 퍼실리테이터로서 역할을 하고자 한다.

이 도서는 공부를 하고는 싶지만 어떻게 공부를 해야 하는지 모르는 아이에게 미래 시대에서 당당하게 사는 방법을 제시하는 안내서이다. 자녀 미래인재교육에 있어서 모든 부모와 아이가 정보의 부재로 소외당하는 일 없이 대비하기를 바라는 마음이다.

세상에서 가장 멍청한 행동은 무엇일까? '아는 척하는 것'이다. 적어도 자녀 미래인재교육법을 아는 척하지 말고, 모른다거나 자세히 설명해달라고 말해야 한다. 생각을 조금만 바꾸면 천재들을 위한 미래인재교육서도 될 수 있다는 마음으로 집필하였다.

'엄마가 이것을 왜 읽어야 하는가' 생각하고 한번을 읽더라도 집중해 읽으라고 당부드린다. 아이에게 필요한 목차를 선택하여 집중하라고 권하고 싶다. 지난 일 년 동안 '미래인재교육 실천방법' 자료조사를 토대로 연구하여 자녀에게 필요한 미래인재 정보·학습방법 핵심 요소들을 담았다.

새로운 미래가 다가오는 시기에 걱정하는 자녀를 위한 미래인재 지침서이다. 미래인재가 되는 준비조건과 프로젝트를 실행하는 전반적인 요소를 파악하여 소개한다. 4차 산업혁명 시대가 변화기를 거쳐 보급기에 이르렀다. 자녀 미래인재교육법도 시대에 맞게 교육해야 한다.

본 책은 아이가 스스로 문제를 해결하고 결과물을 만들어낼 수 있도록 방법을 제시했다. 자기 주도형 콘텐츠를 만들 수 있는 기회가 되길 바란다.

2021년 04월
정연미

미래인재 모든 것

C|O|N|T|E|N|T|S

6장 미래인재를 위한 경영교육

혼란의 시대,
우리는 예측해야 한다

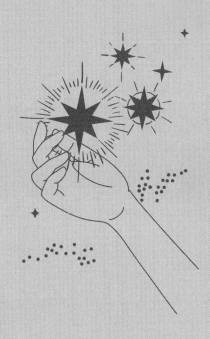

시간은 항상 흐르고, 시대는 계속해서 변한다.
그렇기 때문에 다음 시대의 변화를 읽어 내고,
거기에 맞는 준비를 해야 한다. 기업의 진정한 경쟁 상대는
동업자나 경쟁사가 아니다. 가장 큰 적은 시대의 흐름이다.
_《주켄 사람들》, 마츠우라 모토오

01.
시대의 흐름에 맞추어
교육해야 한다

'비대면 교육'은 온라인 플랫폼 기반을 잘 이해하고 자기 주도학습이 중요하다. 엄마도 시대가 요구하는 '개인적 역량Personal skills' 및 '실용적 지식Know how and practical skills'을 새로운 모델로 탐구해야 한다. 세계적으로 유명한 미래교육 모델인 '미네르바 스쿨Minerva School'과 '에꼴42Ecole 42'를 통해 IT 전문기관의 중요성을 알 수 있다.

「제4차 산업혁명과 일자리의 미래」를 분석하면 전통적인 교육방식을 수정해야 한다. 변화에 필요한 인재를 만들기 위해서 아이에게 평생학습과 즉시학습을 통한 재훈련 교육이 이루어져야 한다. 이제 일자리가 달라지고 있고 학교교육만으로 평생을 살아가는 시대가 지났음을 우리는 인식해야 한다.

코로나19로 '언택트 교육'이 빠르게 확산되다

온라인 교육은 4차 산업혁명에 따른 준비이다. 코로나 바이러스나 갑작스런 재해 등에 신속하게 대처해야 한다. IT 기술을 이용한 온라인 교육은 플랫폼을 기반으로 하고 있다. 콘텐츠를 편리하게 활용할 수 있는 교육 시스템과 자기주도 학습관리가 중요하다. 미래에 필요한 역량은 '개인적 역량' 및 '실용적 지식'이다.

새로운 미래교육 모델인 미국의 '미네르바 스쿨'과 프랑스 IT 전문

교육기관인 '에꼴42'은 기존의 교육방법을 바꾸었다. 학생 개인의 성향과 이해도, 타입에 맞는 프로그램을 개발하여 온라인 플랫폼을 확장교육으로 발전시켜야 한다.

영국의 면역학계의 권위자 마크 월포트는 BBC 인터뷰에서 "코로나 바이러스를 종식시키는 것은 불가능하다"고 했다. 그는 "100년 전보다 세계 인구가 많이 늘었고, 이동이 빈번하기 때문에 바이러스의 전파력도 그만큼 강하다"라고 했다.

비대면(언택트)시대에 따른 교육 방법도 가속도가 붙고 적응력이 빨라지고 있다. 학교, 학원에서 실시하는 온라인 수업은 많이 익숙해지고 있다. 화상수업이 가장 대표적이며 교사가 제시한 온라인 과제를 수행하고 피드백을 받는 과제 수업까지 진행한다. 학생의 요구에 따라, 강사의 진행방식에 따라 자유롭게 진행할 수 있는 장점이 있다.

WISE(세계 혁신 정상 회의에 대한 교육; World Innovation Summit For Education) 비영리 재단이 'School in 2030'이란 이름으로 실시한 설문조사에 의하면, 2030년이 되면 지식의 제1공급원으로 '온라인 교육'이 된다는 예측한다. 이는 온라인 교육을 통한 학점 인정과 관련이 깊다.

이미 세계 여러 학교 및 국내 대학에서 온라인 교육으로 받는 학점을 인정하고 있다. 그렇다면 미래를 살아가기 위해 앞으로 아이는 어떻게 공부를 해야 할까? 그 해답은 온라인 교육을 통한 미래교육에 있다. 미래에 필요한 역량으로 '개인적 역량' 및 '실용적 지식'이 '교과지식' 보다 더 중요한 위치를 차지할 것이란 예측이다.

또한, 최첨단 정보통신기술을 활용하여 '캠퍼스 중심의 기존 대학교육'의 틀을 완전히 벗어난 미래교육모델이 등장하고 있다. 대표적

인 사례로서 미국의 '미네르바 스쿨'과 프랑스 IT 전문교육기관인 '에 꼴42'를 들 수 있다.[1]

'미네르바 스쿨'은 2015년에 개교한 신생 대학교로 미국 샌프란시 스코에 본부를 두고 있다. '하버드대보다 입학하기 어려운 대학교'로 알려져 단기간에 세계적인 유명세를 얻었다. 전 세계에서 뛰어난 인 재가 입학하고 최근 입학 경쟁률이 100대 1을 넘었다. 이러한 현상은 미네르바 스쿨에서 이루어지는 '파괴적 혁신disruptive innovation'에 있 다. 무엇보다도 우수한 교수진을 통한 최고 강의를 제공하고 있다. 7개 국 (미국, 영국, 독일, 아르헨티나, 인도, 대만, 한국)에서 경험하는 기숙사 생활은 글로벌 체험을 원하는 옵션이다.

이 대학은 강의실, 도서관, 학생식당, 교수연구실, 운동장이 없다. 학생들은 도시 한 가운데 있는 기숙사에서 생활한다. 학생들은 현지 기업과 공공기관·단체 등과 공동 프로젝트에 참여해 과제를 해결하 는 방식이다. 누구나 지원할 수 있고 미국 대학 입학시험인 SAT나 ACT 점수도 필요 없지만, 창의력과 비판적인 사고력을 하는 자체 입 학시험을 통과해야 한다.

미네르바 스쿨의 전 수업은 온라인 토론과 현장실습이다. 우수한 품질의 수업콘텐츠를 제공하기 위해 매 수업마다 13~15명 정도의 학 생만이 참여한다. 입시제도는 학생이 직접 실시간으로 작성한 영문 에세이와 인터뷰로 이루어지고 있어 학생의 역량만을 평가한다.

교수와 학생은 실시간으로 대화를 할 수 있는 영상통화 강의로 진 행하기에 해당 기업에서 개발한 영상통화 소프트웨어가 실시간 토론 점수 및 과제를 채점하고 성적을 매긴다. 특히, 토론 수업시간에는 발언을 많이 한 학생과 적게 하는 학생을 파악하여 그에 맞는 피드백을 지원한다. 시험 과제는 전부 오픈북 형태로 이루어지며 암기시험을 치루지 않는다.

'에꼴 42'는 강사·교재·학비가 없는 3무無 교육기관으로 유명하다. 프랑스 파리에 위치한 에꼴 42는 2013년 이동통신사를 경영하는 자비에 니엘Xavier Niel 회장이 설립한 학비가 없는 기관이다. 4차 산업혁명에 대비하여 IT 인재 육성 시스템을 혁신 교육으로 성공한 곳이다.

학생은 팀 프로젝트에 참여해 스스로 연구주제를 정한다. 인터넷 등에서 필요한 지식을 찾아내고 협업으로 결과물을 도출한다. IT 기본교육을 이수한 18~30세 청년이면 누구나 지원할 수 있어 전 세계에서 우수한 인재들이 모여들고 있다. 2017년 IT 기술대학 평가에서 3위를 차지했고, 졸업생들은 IT 분야에서 두각을 보인다.

최종 선발되기 위해서는 두 개의 관문을 통과해야 한다. 1차는 논리와 추론 능력 테스트. 2차는 매일 주어지는 프로젝트를 코딩을 통해 풀어야 한다. 본 과정의 특징은 세가지로 ① 협력을 통한 프로젝트 추진, ② 게임을 통한 학습, ③ 수준별 자율학습 등이다. 획일화된 교재도, 교수도 없다. 전액 국비 지원으로 학생은 학비를 내지 않아도 된다. 입학은 전공·경력·국적을 묻지 않고 과정을 마쳐도 학위를 주지 않는다. 교육 내용도 인공지능, 빅데이터 등 IT 기업이 필요로 하는 내용으로 구성하고 있다.

이제 학습자의 다양한 경험과 기회를 확대하고 시간과 공간의 제약을 넘어서는 교육이 필요하다. '캠퍼스, 교수, 교재 중심'의 전통적인 모델을 수정해야 한다. 인공지능 기술을 활용하여 개인별 맞춤형 학습이 가능하도록 미래교육 모델을 제시해야 한다.[2] 통찰通察은 현상의 본질을 꿰뚫는 것이다. 그 통찰의 힘은 올바른 것을 판단하고 기회를 포착하는 것이다.

혼란의 시대일수록 어떻게 흘러갈지 예측하기가 힘들다. 부모도 시대의 흐름과 상황에 맞는 교육혁명으로 판을 읽는 능력이 필요하다. 변화에 적응해야 도태되지 않는 것처럼 다양한 변수를 운용할 줄 알아야 한다.

제4차 산업혁명으로 일자리는 어떻게 될 것인가?

제4차 산업혁명 시대에는 새로 출현하는 미래직업을 준비하는 교육이 절대적으로 필요하다. 중요한 것은 직업이나 작업에 따라 신축성 있게 활용할 수 있는 기술교육에 초점을 맞춰야 한다는 것이다. 4차 산업혁명은 인공지능AI과 사물인터넷IoT, 빅데이터Big Data, 클라우드 Cloud Service와 같이 디지털 기기와 인간의 융합을 통해 인간과 기계의 잠재력을 극대화하는 산업시스템이다. 아직까지 낯설지만 거스를 수 없는 시대변화이다.

2016년 세계경제포럼에서 조사 분석한 「제4차 산업혁명과 일자리의 미래」에서 제4차 산업혁명이 진행되며 2020년까지 약 510만개의 일지리가 사라지고 산업분야 내 고용증가와 감소가 급격하게 교차되는 일이 발생할 것이라 예측하고 있다.

이 때문에 새로운 일자리에 적당한 인재 확보 경쟁은 더 심해질 것이다. 복합적인 문제를 해결할 수 있는 인재가 필요할 시기다. 디지털혁명은 모든 경제 부문에 지속적인 영향을 주고 있다. 2030년 일자리의 85%는 오늘날 존재하지 않는다. 오늘날 기업이 추구하는 기술은 이러한 새로운 상황을 반영한다.

이러한 흐름을 반영하여 산업 분야에서도 로봇공학이나 기계학습 등의 영향정도에 따라 직무 역량도 급격한 변화가 일어나고 있다. 미래의 교육에서는 학습자의 학습을 도와주기 위하여 디지털 도구 등 다양한 학습도구를 활용한다. 따라서 새로운 교육 프로그램을 제공할 필요가 있다. 이러한 변화에 필요한 인재를 구하기 위하여 평생학습과 즉시학습을 통한 재훈련 교육이 이루어져야 한다. 그리고 다양한 인재 활용을 위한 시스템 구축이 필요하다.[3]

다보스 세계경제포럼에서는 4차 산업혁명이 가져올 미래사회를 초연결hyper-connected, 초지능hyper-intelligent인 사회라고 정의했다. 에릭 슈미트 전 구글회장은 "미래에는 연결성이 확대된다. 따라서 전통적인 기회가 바뀌고 새로운 학습기회가 제공된다. 그러므로 이젠 교육이 학생의 스타일과 속도에 맞추어 변화할 것이다."라고 했다.

초연결, 초지능 사회란? 우리의 가정, 도시의 거리, 사람들에서 현실로 나타난다. 보이지 않는 센서와 초고속통신망, 인공지능과 빅데이터를 기반 환경으로 우리는 생활형 로봇과 스마트 기기를 통해 가정과 마을에서 연결망을 구축할 것이다. 초연결 사회를 '스마트 시티' 공간이라 한다.

변화의 물결로 기술의 변화와 글로벌 환경이 급속한 전환을 만들고 있다. 기술의 변화로는 첨단과학의 발달, ICT의 발달을 들 수 있다. 글로벌 환경의 변화로는 국제화 시대, IT발달로 국가 간 경제변화이다. 이 두가지 원리를 보면 미래직업이 예측 가능하다. 일자리고 달라지고 있고 새로운 프레임이 필요하다.

미래 기술과 미래 산업으로 새로 생겨날 직업으로 토마스 프레이 교수는 미래혁신적인 기수로 사물인터넷, 증강현실, 초소형 센서, 3D 프린

미래인재 모든 것

터, 드론, 무인자동차를 제시하면서 [표 1]과 같은 직업들이 새롭게 생겨날 것이라고 예상하였다.

미래기술	미래창출직업	미래기술	미래창출직업
소프트웨어 및 데이터	◆ 데이터폐기물관리자 ◆ 데이터 인터페이스 전문가 ◆ 컴퓨터 개성 디자이너 ◆ 데이터 인질 전문가 ◆ 개인정보보호 관리자 ◆ 데이터 모델러	**드론**	◆ 드론 분류전문가 ◆ 드론 조종인증 전문가 ◆ 환경오염 최소화 전문가 ◆ 드론 표준 전문가 ◆ 드론 도킹 설계자 및 엔지니어 ◆ 자동화 엔지니어
3D 프린터	◆ 3D 프린터 소재 전문가 ◆ 3D 프린터 비용 산정 전문가 ◆ 3D 프린터 잉크 개발자 ◆ 3D 프린팅 패션 디자이너 ◆ 3D 음식 프린터 요리사 ◆ 3D 프린팅 신체 장기 에이전트 ◆ 3D 비주얼 상상가	**무인 자동차**	◆ 교통 모니터링 시스템 플래너, 디자이너, 운영자 ◆ 자동 교통 건축가 및 엔지니어 ◆ 무인 시승 체험 디자이너 ◆ 무인 운영 시스템 엔지니어 ◆ 응급 상황 처리 대원 ◆ 충격 최소화 전문가 ◆ 교통 수요전문가 등

[표1] 미래 혁신 기술로 창출될 직업

출처: KBS 오늘 미래를 만나다. 토마스 프레이 미래혁명 강연 (2016.11.28.)

미래 인재교육, 이미 변화는 시작되었다

디지털 기기를 활용하여 정보를 생산하고 다루는 능력이 있는 세대를 디지털 노마드Digital Nomad 세대라고 부른다. AI 시대에 불확실한 미래를 예측하기는 어려운 일이다. 교육에 있어서 '어떻게 하면 미래사회를 대비할 수 있을까'라는 것은 중요한 문제다. 본인의 흥미와 필요에 맞는 정보를 온라인 교육을 통해 얻고 있다.

칸 아카데미(한국판, 미국판), 테드(테드에드), 무크, 소프트웨어 중심 교육(소프트웨어야 놀자, 엔트리, 코드닷오알지Code org, 스크래치), 교육과정 연계교육(교실온닷, EBS Math, e- 학습터, 늘배움)은 콘텐츠 기반 온라인 교육이다. 학습자 스스로 시간과 공간을 뛰어넘어 학습할 수 있는 미래의 교육방법이다.

학생들이 지닌 다양한 흥미를 중심으로 패러다임이 변화하고 있다. 지식의 수명이 짧아지고 배움 또한 학교교육의 울타리에서 벗어나고 있다. 현대의 Z세대 아이들은 SNS를 통해 자신의 일상을 인스타그램, 유튜브 개인 채널을 통해 항상 공유하고 싶어 한다. 과거의 방식으로 공부하면 미래사회를 살아가는 데 뒤처지는 것은 분명하다.

이제는 글로벌 인재가 필요하다. 페이스북은 텍스트나 오프라인 인맥 관리 공간이다. 인스타그램은 이미지 위주의 포스팅이다. 트위터는 정치적인 의견을 나누는 커뮤니티 공간이다. SNS 계정별로 다양한 나를 보여주며 커뮤니티 공간을 만들어보자.

미래사회에 학교에서 일어날 변화는 매우 크다. 극단적으로 학교가 사라질 것이라 예측하는 미래학자도 있다. 미래에는 장소에 구애받지 않고 언제 어디서나 연결하여 학습할 수 있을 것이다.

지금은 세계 어느 지역에서나 미국 MIT나 하버드 대학의 명강좌를 무크MOOC를 통해 들을 수 있다. 이제 학교라는 공간에서의 수업은 줄어들고 온라인 교육이나 재택학습, 탐방학습이 늘어날 것이다. 미래사회를 살아갈 아이들에게 온라인 교육은 이제 필수이다. 또한 학교교육으로 평생을 살아가는 시대는 지났다.

현재도 대학에서 배운 지식만으로 직장생활하기가 쉽지 않다. 대

　　　　　　　　　　　　　　　　　미래인재 모든 것

학이나 대학원을 졸업하고 취업해도 기업에서는 다시 재교육을 시킨다. 미래에는 형식교육보다는 학교교육 이외의 비형식교육의 비중이 점점 더 커지고 있다. 기업에서는 인재를 적재적소에 활용하는데 시간이 걸리면 '즉시학습'을 습득한 사람을 선호하고 있다.

시대의 흐름을 파악하고 전략을 세우는 데 단거리 선수와 마라톤 선수의 생각 근육을 키워야 한다. 단거리 선수는 짧은 시간 내에 긴장을 폭발시키는 속근 섬유fast muscle fiber가 발달되어 있고 마라톤 선수는 오랜 시간 반복해서 힘을 발휘하는 지근 섬유slow muscle fiber가 발달되어 있다.

당신 안의 가장 강력한 교육 시스템을 리부트reboot하여 새로운 '생각'엔 새로운 '지식'이 필요함을 강조하고 싶다. 지식의 중요성을 강조했던 미래학자 앨빈 토플러Alvin Toffler는 "21세기의 문맹은 글을 읽고 쓸 줄 모르는 사람이 아니라, 배우고, 배운 것을 일부러 잊고, 새로 배우는 것을 할 줄 모르는 사람"이라고 말했다.

일생동안 배우고 새로 배우기를 계속하는 평생교육을 강조한 말이다. 단순한 정보나 지식은 모바일이나 온라인에서 검색하면 된다. 굳이 암기할 필요는 없다. 어떤 정보가 어디에 있는지, 어떻게 찾을 수 있는지를 아는 것이 필요하다.4

세계적인 경영학자 피터 드러커Peter Drucher는 지식축적보다는 '지식판별과 활용능력'이 중요함을 강조하기 위하여 "애초에 하지 말았어야 할 일을 효율적으로 하는 것만큼 쓸모없는 짓도 없다"라고 했다.

교육은 패러다임의 근본적 변화를 요구한다. 미래교육은 지식 전달이 아니라 학습 방법과 즐거움을 가르쳐주는 데 중점을 둬야 한다. 아이가 자신의 삶이 정체되어 있다면 아무에게도 두려운 존재가 되지 못한다. 그러므로 늘 배움을 도전해야 기회가 왔을 때 능력을 꽃 피우고, 어려운 상황에서 자신을 지킬 수 있다.

02.
이제 보통사람들도
평생교육을 받아야 하는 시대다

비대면untact 시대에는 스마트워크Smart Work)가 필요하다. 평생 직업교육을 받으며 자신의 콘텐츠와 연결해야 한다. 직업 세계의 트랜드가 변하고 있다. 학력이나 학벌에 의한 차별로 인해 발생하는 사회적 불합리를 해소해야 한다. 지속적인 자기 계발의 필요성을 인식하고 국민 모두가 평생직업교육에 참여할 수 있는 능력개발체제를 구축해야 한다.

글로벌 인재는 '스마트 목표Smart Goals'를 가지고 잠재능력을 구체적으로 제시해야 한다. 평생직장 개념은 사라질 것이다. 아이가 미래사회에 필요한 기술들을 배우고 비판적 사고와 창의력을 우선순위로 해야 한다. 디지털 경제활동을 파악하고, e-비즈니스 경제흐름을 읽어야 한다.

비대면시대 평생교육, 어떻게 해야 할까?

긱 경제Gigged Economy · 스마트한 시대에는 스마트워크가 필요하다.

미래인재 모든 것

'틀'에 갇혀 있는 업무 환경에서 탈피할 시점이 도래한 것이다. ICT 자원 인터넷 네트워크를 통해 필요한 만큼 빌려 쓰고 비용을 지불하면 디지털 경제활동이 가능하다.

비대면 시장의 특성을 파악하고, 비즈니스 능력을 키워야 한다. 자신의 강점을 콘텐츠와 연결하려면 평생직업교육을 꾸준히 받아야 한다. 언택트 소비와 마케팅 감각을 이해하고 자신의 플랫폼을 구축해 보자.

컴퓨터 과학자인 아랜 케이Alan Kay는 "미래를 예측하는 최선의 방법은 미래를 창조하는 것"이라고 했다. 창직은 미래를 스스로 창조하는 한 방법이다. 한국고용정보원 〈한국직업전망〉 보고서에 향후 10년간 우리나라 직업 세계에 나타날 트랜드를 제시하였다. 그 중에서 미래인재 트랜드 변화에 민감한 몇 가지를 소개하고자 한다. ①엔지니어 및 전문직의 고용 증가 및 전문화, ②창조산업 관련 직종의 고용 증가, ③온라인 거래 및 교류 방식의 확산에 따른 직업의 변화, ④기계화와 자동화에 따른 생산기능직의 고용 감소 등이다.

자신의 분야를 살려 취업할 것인가? 창업할 것인가? 미래 취업을 꿈꾼다면 적성·경험·능력이 필요하다. 앞으로 5년후 새로운 변화가 시작된다. 미리 교육을 받고 준비해서 1인 창업을 하거나, 직업을 선택할 때 많은 정보를 자신에 맞게 데이터화 시켜서 비즈니스 모델링을 만들어 보자. 한 사람이 10개의 직업을 가지는 세상이 올 것이다. 미래인재는 창업·창작·창직이 대세다.

세상이 자신을 궁금하게 만들자. 저 사람은 오늘 뭐하지? 보고 싶게 만들자! 남의 이야기를 잘 듣고 집중하면 소통이 이루어진다. 1인 창업을 시작했는데 필요하면 아웃소싱을 하고 협력시스템을 만들면 된다. 두려워하지 말라! 내가 누구인지 정확하게 5분 안에 증명하면 된다.

위렌버핏은 "나는 넘지도 못할 7피트 장대를 넘으려고 애쓰지 않는다. 나는 내가 쉽게 넘을 수 있는 1피트 장대를 주위에서 찾아본다"라고 했다. 특별해지고 싶다면, 스스로에게 특별할 기회를 주어야 한다. 자신의 행동을 데이터로 만들어 보고 이젠 컨셉도 '나만의 컨셉'으로 특화해야 한다.

일단 무조건 한 가지만 바꿔보자. 한 가지 변화를 이루는 데 모든 노력을 쏟아 붓고 그런 다음 또 다른 변화를 위해 노력을 거듭해보자. 빅데이터 시대에는 스스로 관심을 가지고 찾아가는 능력이 무엇보다 중요하다. 날카로운 관찰력으로 우연을 필연으로 만드는 통찰력이 필요하다.

앞으로는 학력이나 학벌에 의한 차별로 인해 발생되는 사회적 불합리를 해소하고, 개인 누구나 능력에 따라 평가받고 지속적인 자기개발에 참여할 수 있도록 정책수립을 운영한다면, 우리나라가 능력 중심 사회로 빨리 진입할 수 있는 계기를 마련할 수 있을 것이다.

그런 사회를 위하여 첫째, 능력 및 직업에 대한 전 국민의 올바른 인식에 관해 의식전환이 선행되어야 한다. 둘째, 능력에 대한 다양한 평가 및 자신의 적성에 맞는 직업을 선택할 수 있는 제도가 필요하다. 셋째, 국민 모두가 평생직업교육에 참여할 수 있는 시스템을 구축해야 한다. 마지막으로 근로자는 학벌이나 학력에 의해 제약받지 않고, 능력을 발휘할 수 있도록 기업의 인사제도가 마련되어야 한다.[5]

평생 교육시대에 글로벌 인재가 되려면?

'글로벌 역량을 갖춘 인재'는 사회 문제를 발견했을 때 해결능력이 뛰어난 아이들이다. 이들은 자발적으로 일을 맡아 처리하고 문제를 해결한다. 기술을 이용하고 도움 없이도 부당한 관행을 고친다. 고장 난 사회 기반 시설을 수리하고, 중고 물건을 재활용하고, 친구들에게 기술을 가르쳐주고, 서로 네트워크를 조직하고, 공원을 설계하고, 환경을 보호하거나 공식적인 환경보고서를 작성한다.

이들은 세계 어디에서나 활동할 수 있는 '글로벌 역량을 갖춘 인재'이다. 단순히 학교 놀이를 하면서 어린 시절을 보내는 옛날 방식을 거부한다. 보통은 일의 우선순위를 바꾼다.[6]

세계 지도자들이 미래인재에게 필요하다고 보는 기술은 크게 세 분야로 나눌 수 있다. 첫째, 일상생활의 문제를 풀기 위해 필요한 기본 기술. 둘째, 복잡한 도전에 맞설 때 필요한 개인의 기술. 셋째, 변화된 환경에서 살아남기 위해 필요한 개인의 역량 등이다.

단순한 문제는 이제 사람이 하지 않아도 로봇이 모두 해결한다. 사람은 로봇이 해결하지 못하는 복잡하고 예측 불가능한 문제를 해결한다. 그래서 미래 인재는 복잡한 문제에 부딪혔을 대 당황하거나 포기하지 않고, 문제점을 분석하여 해결할 능력이 필요하다.[7]

미래사회에 필요한 기술을 익히려면 비판적 사고를 가져야 한다. 문제를 해결할 능력과 함께 창의력, 소통능력 등이 필요하다.

2020년에 필요한 '기술 TOP 10'에는 복잡한 문제해결 능력, 비판적 사고, 창의력, 인력관리, 타인과의 조정능력, 정서지능, 판단과 결정, 서비스 오리엔테이션(이용자교육), 협상능력, 인식의 유연성 등이었다.

2015년에 필요한 기술 순위와 2020년 순위가 바뀐 점이 있다면, 비판적 사고와 창의력이 상위권 순위로 진입했다. 지금의 직업이 사라지게 된다면 어떻게 해야 할까? 인공지능 시대가 온다면 직업 세계는 어떻게 변할지 누구도 정확히 알 수는 없다.

하지만 이런 미래 예측을 실제로 해보는 전문가들도 있다. 4차 산업혁명 이후 인간의 일자리에 많은 변화가 일어날 것으로 예상된다. 예를 들어 영국 옥스퍼드대 연구진은 2013년 과학적 조사를 진행했는데, 한국 노동 시장은 2020년 전체 업무의 20%를, 2025년에는 45%를 자동화된 로봇으로 대체하게 될 것이라고 예측했다.

근로자 임금은 계속 늘어나지만, 로봇의 가격은 연평균 10%씩 낮아지고 있다. 기업체 사장이라면 로봇으로 대체할 수 있는 일을 대체하는 것이 더 이익이다. 그러나 아무리 자동화가 되더라도 여전히 사람의 역량이 필요한 부분도 있다.

4차 산업혁명 이후 일자리는 분명히 줄어들고 새로운 일자리가 생겨난다. 미국의 컨설팅업체 '매킨지'는 미국 내 2000개 업무 중 45%를 자동화할 수 있으나, 완벽하게 사람을 대체할 수 있는 건 5%에 불과하다는 분석을 내놓았다.

이 정도의 직업군 변화는 새로운 기술이 태동할 때마다 있었다. 아이가 하고 싶은 자기만의 일을 찾기 바란다. 그 일이 미래의 새로운 일이 될 수도 있고, 지금까지 많은 사람들이 해온 역사와 전통이 있는 일일 수도 있다. 미래 사회의 모습과 사회 구조를 충분히 이해할 수 있다면, 미래의 기술은 아이의 일자리를 빼앗는 것이 아니라, 아이의 꿈을 이루도록 돕는 유용한 존재가 될 것이다.[8]

창의력이란, 충분히 많은 지식과 경험을 축적한 이후에 받을 수 있는 값진 선물과도 같다. 이 절대적인 원리는 4차 산업혁명 이후에도 결코 변하지 않을 것이다.《10년 후 대한민국, 미래 일자리의 길을 찾다》라는 보고서를 요약하면 "인공지능이나 로봇 등 각종 기계 장치와 공존하는 능력이 뛰어나고 자신만의 전문성도 중요하지만 특히 창의적이고 복합적 역량을 갖춘 인재가 대우받는다"고 설명한다.

이런 인재가 되려면 "문제인식 역량, 대안도출 역량, 협력적 소통 역량"의 3대 미래 역량이 필요하다는 게 위원회의 지적이다. 결국 사람들과의 의사소통 능력이 좋고 특히 인공지능과 소통하는 능력이 우수해야 한다.

보고서에 따르면 미래에는 개인과 기업이 네트워크로 연결돼 필요할 때마다 구인, 구직이 이루어질 것으로 봤다. 평생직장 개념은 사라질 것이다. 다시 말해, 개인이 확고한 직업관을 가지고 직장을 옮겨 다니며 일하는 세상이 올 것이다.

데이터에 기반한 인적 관리가 강화되는 것도 특징이다. 즉 업무 성취도나 평점, 능력 지표 등이 계속 따라다닌다. 평생 커리어를 관리해야 하는 세상이다. 결국 주변 사람들과 소통해 화합하고, 인간에게 도움을 줄 컴퓨터 시스템, 인공지능, 로봇 등을 편하게 이용할 수 있어야 한다는 의미이다. 이 과정에서 언어의 기본과, 수학적 역량을 갖춘다면 빠르게 적응할 것이다.

이 과정에서 언어의 기본이 부족하고, 수학적 역량을 갖추지 못했다면 빠르게 적응하기가 어려울 것이다. 아이가 창의력이 있는 인재가 되려면, 지식을 배우고 익히는 데 필요한 기본 역량, 즉 뛰어난 언어(국어와 영어)능력과 수학능력만큼은 반드시 길러야 한다. 과학은 세상을 해석하고 이해하는 가장 좋은 도구이다. 아이가 모든 분야에서 합리적이고 올바른 판단을 할 줄 아는 인재가 되려면, 기본적인 과학 지식만큼은 꼭 갖추어야 한다.

글로벌 인재에겐 스마트 목표가 필요하다

2007 GE의 최고 인사 책임자로 은퇴한 윌리엄 코너티는 '스마트 목표'를 다음과 같이 설명했다. "구체화하는 과정이라 생각하면 된다. 상관인 관리자는 항상 이렇게 물었다. 구체적인 목표가 무엇인가? 목표를 성취하기 위한 시간표는 어떻게 되는가? 이 목표가 현실적이라는 걸 나에게 증명해 보라. 이런 과정을 거치고 나면 그 일이 어떻게 진행될 것인지 머릿속에 그려진다."

스마트 목표라는 시스템은 구체적이고Specific, 측정가능하며 Measurable, 성취할 수 있고Attainable, 현실적이며Realistic, 시간계획표 Timeline를 지켜야 했다.

특히, 스마트 목표는 아이가 보유하고 있는 잠재력을 발휘하게 한다. 그 이유는 무엇일까? 스마트 시스템처럼 목표를 구체적으로 설정하는 과정은 우리에게 막연한 열망을 구체적인 계획으로 바꿔 보라고 강력히 요구하기 때문이다. 목표를 구체화하고 그 목표를 성취할 수 있다는 걸 증명하려면, 목표를 성취하는 과정에 필요한 단계들을 생각해 내야 한다. 처음에 세운 목표가 비현실적인 것이라 생각하면 조금씩 수정해야 한다. 또, 목표를 성취하기 위한 시간표와 성과를 측정하는 방법을 찾아내면, 성공의 과정에서 절제력을 배울 수 있다.[9]

글로벌 인재의 스마트 시스템을 살펴보면 이미지로 표현하거나 견본을 만들어 제시한다. 네이버 블로그, 네이버 스마트 스토어, 장보기, 구글 마이 비즈니스에서 보면 통계 분석표를 볼 수 있다. 월별, 요일별, 방문자 횟수를 알 수 있고 키워드 검색에 의한 소비자 심리분포도 지수를 파악할 수 있다.

언택트시대에는 온라인 플랫폼을 통해 실물을 보여주거나 스스로

미래인재 모든 것

경험한 것을 브이로그Vlog로 촬영해 동영상을 올린다. 브이로그는 개인 SNS에 글을 쓰듯 영상으로 기록을 남긴다. 약 2,610만 명의 구독자를 보유한 보람튜브 브이로그는 약 200개의 동영상이 있다.

글로벌 인재경쟁은 선택이 아닌 필수가 되고 있다. 소수의 우수인재뿐만 아니라 모든 사람들이 이미 자신의 콘텐츠를 가지고 글로벌 경쟁무대에 진출하고 있다. 국내 대기업 IT 개발자들이 중국의 스카웃 인재 전쟁에 손길이 뻗쳐 있다. 국내 1인 미디어 시장규모도 기존 언론을 추월할 정도로 급속한 성장세를 유지하고 있다.

글로벌 인재는 '스마트 목표'를 가지고 가능성이 있는 곳에 투자해야 한다. 디지털 경제에 성공하기 위해서는 3C에 대한 데이터 활용 능력을 배워야 한다. 3C는 독창성Creativity, 고객Customer, 신용Credit 등이다. 아이가 디지털 경제활동을 파악하고, e- 비즈니스 경제흐름을 읽어야 한다.

03.
일자리 지각변동을 정확하게
이해하고 대처해야 한다

미래직업의 변화를 예상하면 디지털 학습 능력은 필수이다. 원격교육에 대비하여 화상수업 역량, LMS 사용능력 준비는 반드시 필요하다. 전 세계 소프트웨어, 인공지능 개발자들은 다양한 프로그램을 개발하여 공유한다. 스스로 새로운 걸 개발하고 그 결과물을 공유해야 한다.

4차산업혁명 주축인 AI 주도권을 가져가기 위해 글로벌 경쟁이 본격화되었다. AI는 4차산업혁명의 기반 기술이다. 모든 사물이나 기기가 인터넷으로 연결되는 시대이다. 우선은 아이에게 글로벌 인재 양성과 데이터 공유·협력을 통해 '플랫폼 경쟁력'을 키워야 한다.

미래 직업은 어떠한 변화를 앞두고 있을까? 어떤 역량을 키워야 하는지에 대해서 관심을 두어야 한다. 예를 들어 교육 분야의 미래 변화를 통해 어떤 준비가 필요한지를 알아보자.

① 원격교육에 대비하여, 화상수업 역량, LMS 사용능력 준비
② 학생 개별 맞춤교육 시스템에 대비하여, 학생 개별 관리능력 준비
③ 홈스쿨, 네트워크 수업에 대비하여, 자기주도학습 역량 준비
④ 고급 코칭이 가능한 교육에 대비하여, 티칭과 코칭 능력 준비
⑤ 학습 코디네이터 등장에 대비하여, 컨설팅과 멘토링 능력 준비
⑥ 국가 인정 홈스쿨 등장에 대비하여, 선진국 홈스쿨 제도 연구 준비
⑦ 생애진로 일대일 코치 등장에 대비하여, 학습 토털 라이선스 준비
⑧ 스마트교육 컨설턴트 등장에 대비하여, 미래교육용 기기 친화력 준비

낸시 슐로스버그는 《인생의 굴곡을 새로운 기회로 살려라》에서 "변화를 어떻게 볼 것인가는 변화에 대처하는 자세를 결정하는 데 무척 중요한 요소다. 변화를 잘 받아들이려면 그것을 좋은 것, 적어도 나쁘지 않은 것으로 보는 편이 훨씬 낫다."라고 했다.

미래 변화를 부정적 관점으로 해석하면 그 직업이 사라진다는 불

안감에 시달리지만, 긍정적 관점으로 해석하면 이처럼 능동적으로 변화에 대응하여 결국 변화를 주도한다. 이 모든 것이 바로 미래변화에 대한 '반응의 차이'에서 비롯하는것이다.[12]

전 세계 소프트웨어, 인공지능 개발자들은 다양한 프로그램을 개발하여 공유하고 있다. 책으로 프로그램을 공부하고 학원에 가서 코딩을 배운 아이와 구글링, 유튜브를 매일같이 보고 전 세계 개발자들이 만든 오픈소스 코드를 풀어가며 문제해결 능력을 키운 아이, 이 둘의 능력치는 얼마나 다를까? 아마 후자의 아이가 새 문명을 이끄는 데 더 적합한 능력치를 가질 것이다. 이제 스마트폰 문명에 기반한 디지털 학습 능력은 인류에게 필수 요건이다.

디지털 플랫폼과 빅데이터 그리고 인공지능은 가장 핵심적인 기술 분야의 학습 영역이 되었다. 구글 신을 이용해 관련 정보를 파악하는 방법도 익혀야 하고, 유튜브로 관련 강의도 찾아내 들을 줄 알아야 한다. 관련 기술 전문가들과 네트워킹도 하고 정기구독을 통해 꾸준히 새로운 정보를 확대해야 한다. 가능하다면 스스로도 새로운 걸 개발하고 그 결과물을 공유해 지식의 공유 문명에 동참해보자.[13]

새로운 관계는 새로운 상식을 만들고 새로운 비즈니스의 기회를 만든다. 융·복합시대, 네트워크 사회가 도래하면서 다양한 분야의 사람과 협력하면서 일할 수 있는 집단 창의성의 중요성이 더 강조하고 있다.

다른 사람과의 관계와 협력을 통해 창의성을 발현하기 위해서는 무엇보다 NQNetwork Quotient를 필요로 한다. 즉 아이가 공동체와의 공감 능력, 소통 능력, 협동적 문제해결력이 기본으로 갖추어야 집단 창의성을 기르고 발현할 수 있다.

AI, 국가와 기업의 미래 성장을 이끄는 핵심 동력이다

인공지능 패권을 쥐기 위해 글로벌 경쟁 중이다. 시장 규모 2,000조 원, 4차산업혁명 주축인 AI 주도권을 가져가기 위한 세계 각국의 경쟁이 치열하다. 이에 맞서 한국은 기업간 동맹전선을 넓혀 AI 플랫폼 확장에 나서고 있다. 'IT 강국을 넘어 AI 강국으로'를 비전으로 내세우며 정부는 AI 국가전략을 기반으로 AI 경쟁력을 끌어올리겠다는 계획이다. 2020년 6월3일 정보통신기술ICT업계는 AI에 대해 국가와 기업의 미래 성장을 이끄는 핵심 동력으로 정의했다.

당장 AI 주도권은 미국, 중국이 쥐고 있다. 정보통신기획평가원IITP의 ICT 기술수준조사 보고서에 따르면 2018년 기준 미국 AI 기술 수준을 100%로 봤을 때 중국은 88%, 일본 86% 수준이라고 보았다. 우리나라 기술은 81.6%, 기술 격차 기간도 2년에 달하는 것으로 나타났다. 글로벌 경쟁이 AI로 결집되는 것은 AI가 가진 확장성 때문이다. AI는 4차산업혁명의 기반 기술로 꼽힌다. 이에 정부도 연초 AI 국가전략을 통해 2030년까지 최대 455조원의 경제 효과를 창출한다고 전망했다.

정부 정책에 맞춰 국내 기업들도 AI 기업으로 도약을 목표로 내걸었다. 국내 시장 상황을 감안하면 독자적으로 사업을 키워 구글, 아마존 등과 어깨를 나란히 하는 것은 불가능하다. 때문에 AI 인력풀을 공유하고, 데이터를 넓혀 플랫폼 자체를 키워야 한다. ICT 업계 관계자는 "세계 최고 수준인 5세대5G 통신과 높은 교육 수준, 신기술 수용성 등 한국은 AI 강국이 되기 좋은 여건을 가지고 있지만, 당장 이것만으로 미국, 중국과 벌어진 AI 격차를 좁히기는 쉽지 않다"라고 하며 "우선은 인재, 데이터 공유와 협력을 통해 플랫폼 경쟁력 키우기에 나선 것"이라고 설명했다. 출처: [뉴스토마토 이지은 기자]

최근에 개최된 글로벌인재포럼의 사전행사로서 세계은행 주최로 열린 워크숍에서 내린 결론은 "인공지능이 주도하는 제4차 산업혁명 시대에는 창의적 인재를 키우는 나라가 리더이며, 지성과 감정을 결합한 융합형 인재가 미래를 이끈다,"라고 했다.

교육의 다양성을 배워 지식소비자가 아니라 '지식생산자'로 바뀌어야 한다. 인공지능과 딥러닝을 최대한 활용하여 풍요로운 삶을 이끌어야 한다.

AI 기능은 인간의 편리성에 중점을 두고 있다. 기계같은 삶을 사는 것이 아니라 창의성을 발휘하도록 지원하는 것이다. 인공지능의 주인이 되는 것이다. 디지털 문명시대에 새로운 기술이 접목되었을 뿐 사회를 이루는 중심은 '사람'이다.

유튜브를 통해 교육받고 SNS로 소통하라

미래에는 어떤 실력을 갖춘 인재를 원할까?

과거에는 IQ가 높은 인재를 원했다면 이제는 NQ가 높은 인재를 원한다. NQ는 'Network Quotient'의 약자로 '네트워크 지수' 또는 '공존지수'라고 한다. 공존지수는 인간관계를 잘 유지하고 운영하는 지수이다.

과거의 우리 사회는 수직적 관계로 이루어져 있었지만, 지금은 수평적 관계로 바뀌어 가고 있다. 이런 수평적 관계 속에서 사람들과의 네트워크를 잘 만들어 가는 능력이 중요하다.

NQ가 높은 사람은 함께 일해 볼 만한 사람이다. NQ가 높을수록 다른 사람과 소통하기 쉽고, 협력하기 쉬우며 동반성장을 이루기 쉽다.

지금처럼 무한경쟁의 교육 환경에서 자란 아이들, 그리고 형제자

매가 없이 혼자 큰 아이들은 이 능력을 키울 수 있는 기회가 상대적으로 미흡하다. 우리 아이들이 활동할 미래에 NQ가 중요해지는 이유는 비단 사람들과 좋은 관계를 유지하고 소통을 잘하면서 살기 위해서가 아니다. 미래 사회에서 중요한 지식 생산력과 지식 공동체 형성에 NQ가 핵심적인 역량이기 때문이다.

미래를 준비하는 청년들도 포노 사피엔스 시대의 문명에 집중해야 한다. 이제 과거와는 다른 패러다임의 생각이 필요한 시대이다. 이제는 디지털 문명으로의 전환이 필요한 기업들도 새로운 문명에 대한 이해도와 기획능력이 뛰어난 인재를 뽑는다. 인간존중을 바탕으로 사람을 귀하게 여기는 리더와 조직이 필요하다. 리더는 소통능력, 미래에 대한 비전, 공감능력, 창의성, 도덕성을 보는 안목을 가지고 조직을 운영해야 한다.

세종世宗은 인재경영에 있어 뚜렷한 원칙을 가지고 있었다. 우선 그는 인재에게 일을 맡기는 데 있어서 인재의 성향부터 파악하여 업무를 달리했다. 능력을 발휘하는 방식은 사람마다 모두 다르다. 주어진 일을 잘하는 유형이 있는가 하면, 창의적이고 주체적인 일에 더 능력을 보이는 유형이 있다. 세종은 전자의 유형에는 구체적이고 명확한 과제를, 후자의 유형에는 개방적인 과제를 주고 간섭은 최소화했다.

스마트폰이 인류의 손에 들리자 구글은 인간의 뇌 활동을 새롭게 해석한다. 더 이상 많은 지식과 숫자를 암기할 필요가 없게 되었다. 학습 방식도 텍스트 위주에서 동영상으로 전환했다. 구글의 유튜브는 이제 거의 모든 것의 학습을 동영상으로 가능하게 했다. 페이스북을 통해 인간관계를 맺고 감정을 표현하며 인스타그램으로 자신의 일상을 표현한다. 이 경험을 바탕으로 인류는 새로운 인간관계를 형성한다.[14]

유튜브는 검색뿐 아니라 직접 방송하고, 경험을 많이 쌓아야 한다. SNS는 이제 기본 커뮤니케이션 수단이다. 다른 사람들과 소셜 플랫폼에서 공유하면서 개인과 조직이 필요한 지식을 부단히 창조하고 활용하면서 성과를 창출하고 나누는 일종의 지식 생태계다. 지식생태계에서 활동하는 학습자는 각자의 경험과 능력, 그리고 통찰력을 나누면서 혼자서는 미처 생각할 수 없는 세렌피티serendipity 즉, 직관적 아이디어를 공유하고 발전시킨다.

글로벌 AI 플랫폼 기업엔 특별한 것이 있다

글로벌 AI 플랫폼 기업은 무엇인가? 뉴욕대 스턴 경영대학원의 스콧 갤러웨이Scott Galloway교수는 2017년 새로운 인류의 삶에 지대한 영향을 미친 4개의 기업에 관해《플랫폼 제국의 미래》을 출간했다. 그가 책에서 'The Four'라 언급한 4개의 기업은 애플, 구글, 아마존, 페이스북이다.

이 기업들은 사실 인류의 삶을 바꾼 기업이다. 애플은 10년간 30억이 넘는 사람이 스스로 스마트폰을 사용하게 만든 기업이다. 아이폰의 창시자 스티브잡스는 순식간에 인류를 스마트폰 문명으로 이동시켰다. 거기에 모든 사람을 실시간으로 연결하여 즐길 수 있는 '앱'이라는 생태계를 조성했다.

구글의 수도원장으로 불리는 노먼 피셔Norman Fischer는 "구글의 가치는 이윤 추구만을 위해서 힘들게 일하는 것이 아니다. 구성원이 창조성과 이타심을 계발할 때 더 큰 이익을 창출하고, 더 좋은 일을 할 수 있다고 진정으로 믿고 실천하는 데 있다."라고 한다. 구글은 20% 시간을 활용해 전체 업무 중 20% 여가 시간에 활용하는 대표적인 회사다. 구글은 20% 프로젝트로 구글 자동완성suggest, 구글 나우now, 구글 뉴스news, 지메일 광고, 안드로이드용 스카이맵 등을 출시한 바 있다. 20퍼센트는 노는 게 아니라 새로운 발견에 투자하는 것이다.

아마존의 CEO 제프 베조스는 '데이터는 고객의 마음이다'라고 했다. 말하자면 '빅데이터'라고 쓰고 '소비자의 마음'이라고 읽는 것이다. 아마존은 디지털 플랫폼, 빅데이터 그리고 인공지능을 가장 잘 결합해서 성공한 기업이다. 그리고 포노 사피엔스로부터 가장 많은 선택을 받은 기업이다. 그 성공 철학은 한마디로 '고객 중심 경영'이다. 이것이 디지털 플랫폼을 기반으로 한 비즈니스 학습이다. 디지털 플랫폼의 생존 여부는 고객의 선택을 받느냐, 못 받느냐에 따라 결정한다. 모든 순간 '고객이 왕이다'라는 생각을 잊지 말아야 한다.[15]

〈포브스〉에 따르면 마크 저커버그는 260억 달러의 재산을 보유하여 역사상 가장 젊은 자수성가형 억만장자다. 하버드 2학년생이던 그는 웹사이트를 하나 만들어 하버드 학생들의 소통 플랫폼으로 삼아야겠다고 생각했다.

학생들은 이 무료 소통 플랫폼으로 친구의 최신 소식을 확인하고 이야기를 나누었으며 새로운 친구를 찾기도 했다. 이후 페이스북은 하버드를 넘어 미국의 주요 대학으로 확대되었으며 캐나다 등 북미지역에까지 진출했다. 그리고 현재는 전 세계 눈 시장을 휩쓸고 있다.

자신을 둘러싼 주변 일상에서 변화를 관찰하는 작은 연습을 하는 것이 어떨까? 일상에 관심을 가지면 변화의 작은 틈을 볼 수 있다. 무언가에 집중하는 힘이 생긴다. 변화의 단서를 발견하게 되는 것이다. 단서를 찾는 순간 주변을 찬찬히 살펴본다. 주변의 다양한 변화와 맞물

미래인재 모든 것

려 있음을 발견한다. 한번 이런 경험을 하게 되면 변화를 보는 시야가 넓어진다.[16]

자신이 행하는 선택이 자신의 가치관과 목적에 대한 확신을 가져야 한다. 인간의 창의성은 가장 필요로 하는 것을 만족시켜야 한다. 아무도 안하는 것을 보아야 한다. 그 변화를 만들어낸 커다란 사회적·경제적 배경 즉, 누구나 글로벌 AI 플랫폼 기업의 CEO가 될 수 있다.

구글의 경영진은 직원의 행동과 생산성을 연구하는 데 엄청난 자원을 투자한 덕분에 글로벌 플랫폼 기업를 이루었다. 이제는 어떠한 인재를 어떻게 양성하고 확보할 것인가가 중요한 문제로 대두되었다. 혁신의 또 다른 얼굴은 기본이다. 기본을 회복하는 것, 모두가 알고 있는 것을 실행하는 것, 누구나 지켜야 한다고 생각하는 것을 지키는 것, 모두가 원하는 것을 가능케 하는 것이다.

04.
개인역량 육성이란 무엇인가?

디지털 트랜스포메이션 경쟁이 코로나19 이후 제조, 유통 등 산업전반으로 확산되고 있다. 디지털 기술교육이 필요하다. 4차 산업의 중심인 소프트웨어 융합 역량을 높여야 한다. 이렇게 혼란스러운 시대에는 강인한 자아가 필요하다. 시대의 변화에 따라 개인역량 개발계획을 세워야 한다.

자신의 정체성과 능력을 고려하여 에듀테크 교육을 활용해야 한다. 창의융합형 인재는 바른 인성을 겸비하여 새로운 가치를 창출할 수 있는 사람이다. 인성을 갖춘 정서 역량이 중요하다. 아이의 창의로운 역량을 키우기 위해 부모도 진정한 공감과 혁신을 할 줄 알아야 한다.

개인의 역량을 육성하기 위한 실천 방안을 모색하라

코로나19 확산 이후 비대면 소비가 늘어나면서 기업들이 디지털 전환 경쟁이 불붙고 있다. 인터넷 기반의 클라우드로 바꾸고 인공지능, 빅데이터 기술을 업무에 접목하는 디지털 전환에 가속도를 붙이고 있다. 정보기술IT 기업의 전유물로 여겨졌던 디지털 트랜스포메이션 산업이 코로나19 이후 제조, 유통 등 전반으로 확산하고 있다.

비대면 기술을 이용한 반전을 모색하는 시도를 여러 방법으로 하며 언택트는 코로나19 이후 경제계의 핵심키워드로 자리 잡았다.

국립현대미술관은 소셜미디어인 인스타그램을 통해 작품을 소개하고 시청 중인 관객과 소통했다. 2020년 프랑스 루브르 박물관은 가상현실VR 투어 프로그램을 진행하면서 3월 12일부터 5월 22일까지 (71일) 루브르 박물관 홈페이지를 방문한 사람은 총 1,510만명을 기록했다. 2019년 루브르 박물관을 찾은 전체 관람객 수(1,400만 명)보다 많았다. 4차 산업혁명이 그동안 천천히 진행되었는데 코로나19로 인해 5년 앞당겨진 디지털 기술로 전환을 맞이하고 있다.

앞으로 교육도 실전에 투입해 빠르게 흡수할 수 있는 디지털 교육이 필요하다. 기업은 신입사원 채용에서 온라인으로 진행하고, 원격방식으로 지원자를 감독했다. 디지털 전환에 따른 생존 온라인교육이 시급하다.

기업은 이미 사물인터넷IoT과 인공지능, 로봇 등을 활용한 스마트 팩토리 기술을 진행하고 있다. 디지털 트랜스포메이션은 선택이 아니라 필수다. 이젠 전략을 바꾸어 빠른 추격자fast follower가 아닌 선도자 first mover가 되지 않으면 도태된다.(참조: 한국경제, 2020년 6월 8일)

이런 측면에서 학교는 미래교육의 방향을 설정하고, 교육 혁신을 통해 학습자 개인의 역량을 육성해야 한다.

첫째, 4차 산업의 중심인 소프트웨어 융합 역량을 높여야 한다. 소프트웨어는 4차 산업의 기본이다.

둘째, 창조적 문제 해결 역량을 강화해야 한다. 미래사회는 직업이 아니라 일 중심으로 개편될 것이다. 반복적 단순 노동은 로봇이 하고 사람은 고차원적이고 창의적인 업무에 종사할 가능성이 높다.

셋째, 학생 수요 맞춤형 교육이 필요하다.

넷째, 프로젝트 기반교육이 필요하다. 프로젝트 학습 방식은 다양한 학문적 입장에서 공동으로 주어진 과제를 해결한다.

다섯째, 타인과 공동보조를 맞추는 능력을 기르는 것이 필요하다.[10]

미래 보호전략으로 문제를 해결하라

사람들은 미래를 예측하며 문제 대응을 할 때 다음에 어떻게 행동할지 결정하며, 최선의 정보를 분석한 뒤 행동방향을 선택한다. 이렇게 혼란스러운 시대에는 자신의 정체성과 능력, 가치를 분명하게 아는 강인한 자아가 필요하다.

외부에서 안정을 찾을 수 없다면 스스로 내면을 만들어 내야 한다. 따라서 자존감이 낮은 사람에게는 특히 힘든 시대이다. 실리콘밸리에 종사하는 대부분의 엔지니어들도 개인역량 개발계획이라는 걸 설정한다.

소크라테스의 말을 빌리자면, 자기계발 계획(IDP:individual development plan)은 "너 자신을 알라"라는 성찰로부터 시작한다. 미국의 소설가 마크 트웨인Mark Twain은 "일단 과거의 경험에서 지혜를 얻었다면, 과거의 경험에 집착하는 우를 범하지 않도록 조심해야 한다. 뜨거운 난로 위에 앉은 고양이처럼 행동해서는 안 된다. 뜨거운 난로에 덴 고양이는 뜨거운 난로 위는 물론이고 차가운 난로위에도 앉지 않으려고 한다."라고 했다.

여기서 고양이는 과거의 경험을 잘못 해석하고 판단을 내리는 사람을 상징한다. 과거를 거울로 삼아야지 과거에 휘둘려서는 안 된다. 시대의 변화에 따라 새롭게 부상하는 질서와 표준을 세워야 한다. 나도 존중하지 않으면 나를 존중해 줄 사람은 없다.

지난 100년 동안 세계는 과학기술의 변화를 따라가는 것만으로도 힘든 것이 사실이다. 불과 10년 전만 해도 상상할 수 없었던 기술이 현실이 되었고 엄청남 발전을 이루었다. 2020년 언택트 시대는 엄청난 가치관의 혼란을 발생시켰다. 사회적 거리두기로 우리의 생활은 스트레스를 받고 있고 교육·경제 활동 등에서 많은 제약을 받고 있다.

지금껏 누리던 편리함이 사라지고 불편함을 걱정해야 한다. 전 세계 거의 대부분의 사람은 급격한 변화로 심각한 강박증을 호소하고 있다. 빠른 변화에 대응하지 못해 혼자만 뒤처질지 모른다는 불안감이 약한 자아를 만들고 있다.

신종 코로나19와 싸우기도 힘든 데, 인공지능과 소통하는 방법을 배워야 한다. 기계와 소통하는 시대가 왔고 대항할 힘을 키워야 한다.

미래인재 모든 것

굴복당할 것인가? 다스릴 것인가? 중요한 티핑포인트tipping point 시대가 왔다.

뉴 노멀 시대를 맞이하며 온택트on-tact와 디지털 트랜스포메이션을 경험하고 자기주도 학습을 해야 한다. 뉴 노멀 시대는 '새로운 기준' 혹은 '새로운 일상'을 말한다.

정책 결정자들은 지금 우리가 겪고 있는 일상을 파악하여 빅데이터 분석기관에 나온 통계를 중심으로 전략을 세워야 한다. 과거를 반성하고 새로운 질서를 모색하여 풍요 속 빈곤이 사라져야 한다. 일단 중소벤처기업부는 온라인 플랫폼 스타트업 교육기관에 경제적인 안정 지원을 통해 시민들이 무료로 활용할 수 있는 에듀테크 교육을 장려하고 맞설 힘을 키워줘야 한다.

모든 온택트는 디지털 기술을 기반으로 하고 있기 때문에 교육, 의료, 일, 비즈니스 등을 변신해야 한다. 이제는 자유롭고 독립적인 미래형 인재가 되기 위한 '인디펜던트 워커independent worker'만이 살아남는다.

성장의 원동력이 되는 힘을 길러라

제4차 산업혁명으로 급격한 사회 구조의 변화 속에서 결국 어떤 역량을 가진 인재가 경쟁력을 가지고 개인의 생존력을 강화시킬 것인가가 가장 중요하다. 이런 점에서 바람직한 산학협력을 강화하기 위해서 대학이 앞으로의 필요한 인력의 역량을 어떻게 키울 것인가가 중요 관건으로 떠올랐다.

이제 오프라인으로 생활했던 습관을 온라인 플랫폼(화상회의, 원격교육, 소비활동, 소득창출 등) 환경으로 옮겨 학습해야 한다. 제4차 산업혁명시대 미래 인재 역량도 바뀐다. 교육이 궁극적으로 추구하는 인간상은 '창의융합형 인재'이다. 창의융합형 인재는 인문학적 상상력과 과학기술에 기반한 창조력을 요구한다.

바른 인성을 겸비하여 새로운 지식을 창조한다. 다양한 지식을 융합하여 새로운 가치를 창출할 수 있는 사람이다. 특히, 인성人性을 강조하면서 교육부에서는 '바른 인성을 갖춘 창의융합형 인재'를 추구하고 있다.

제4차 산업혁명 시대에 필요한 미래 창의 혁신 인재는 4대 핵심 기반 역량을 바탕으로 이루어진다. 이 네 가지 역량은 개별적인 것이라기보다는 상호 연결되어 있다.

첫째, 온라인 수업과 소셜네트워크 서비스를 통해 초연결성을 가져야 한다. 이 영역은 창의로운 인지 역량 영역으로 창의성과 해결 사고력, 미래 도전력, 인문학적 소양 등을 말한다.

둘째, 인성을 갖춘 정서 역량 부분이다. 인공지능은 윤리·도덕적 문제를 판단하고 해결하는 능력이 없다. 이는 사람의 영역이다.

셋째, 협력하는 사회 역량 부분이다. 소통과 협력, 사회적 자본 이해, 글로벌 시민의식, 스포츠·체력과 관련된 역량이다.

넷째, 생애주기 학습 역량이다. 이 역량은 자기주도 학습력, 과학기술 변화 이해, ICT 활동 능력, 평생학습능력 등이 해당한다.

이러한 미래 인재에게 기본이 되는 4대 핵심 기반 역량을 바탕으로 하여 제4차 산업혁명시대에 창의적 인성을 갖춘 인재를 양성해야 한다.[11]

디자인 씽킹design thinking은 디자인 과정에서 디자이너가 활용하는 창의적인 전략이다. 기계 같은 삶을 사는 사람을 위한 것이 아니라 매 순간 인간답게 살기 위해 치열하게 노력하는 사람을 위한 것이다. 창의로운 역량은 진정한 공감과 혁신을 할 줄 알아야 한다. 아이의 강점을 데이터로 분석하여 창의적인 자기계발과 자신만의 시간관리 플랫폼을 설계하고 '자신의 스쿨'을 직접 디자인 해보자.

05.
암기형 인재가 아니라
창의 융합형 인재가 필요하다

융합형 인재는 통찰력과 상상력으로 가득하다. 융합교육은 과학과 예술을 융합하여 새로운 창의를 만들고 있다. 자유로운 놀이를 통해 신체적, 지능적 기술을 배워 협업과 적응력을 기른다. 인공지능을 통해 빠른 속도로 자료를 데이터화 시켜 창작활동을 할 수 있다.

창의융합형 인재는 인공지능프로그램을 이용하여 작품을 만든다. 고정관념을 탈피하고 창의적 재능을 발견해야 한다. 창의적인 인재들도 모방으로부터 시작하여 자신만의 독창적인 아이디어를 발굴했다. 창의적인 사람들은 내면에서 우러나오는 동기에 의해 열정을 쏟아 붓는다. 지속적인 열정은 새로운 방식의 작품을 만들고 있다.

융합인재 교육은 어떻게 해야할까?
융합교육을 줄여서 〈STEAM〉이라고 부르는데 과학Science, 기술

Technology, 공학Engineering, 예술Arts 나아가 수학Mathematics을 연결해서 사고력을 키우고 창의적인 문제 해결 능력을 갖추게 하는 것이 목표다.

공부는 학교나 교과서에서만 배우는 것이 아니다. 우리 주변의 물건들, 생활모습, 사회변화에 대해 '왜?'라는 질문을 던질 수 있어야 한다. 세상에 일어나는 현상의 비밀을 알아보려는 '융합형 사고'를 해야 한다. 그래야만 생각하는 힘과 창의력, 복잡한 문제를 꿰뚫어 볼 수 있는 통찰력과 놀라운 발상을 하는 상상력으로 가득 찬 융합형 인재가 될 수 있다.

놀이를 통해 스스로 배우게 하라!

생물 진화적 관점에서 놀이를 연구해온 보스턴대학교의 심리학 교수인 피터 그레이 박사는 "자유로운 놀이는 아이들에게 학습 수단이다. 자유로운 놀이를 통해 아이들은 친구를 사귀고 두려움을 극복하고 자신만의 문제를 해결한다. 자신의 삶을 전반적으로 통제하는 요령을 배운다. 또한 놀이를 통해 자신이 자라는 문화에서 성공을 위해 필수적인 신체적, 지능적 기술을 학습하고 습득한다. 이런 놀이에서 엄청난 혜택을 얻는다. 자신이 관찰했던 문화권의 아이들은 가장 똑똑하고 행복하며, 협력적이고 적응력이 좋다."라고 했다.

생물 진화적 관점에서 놀이는 인간을 포함한 어린 포유동물이 기술을 습득하게 하는 자연적 수단이다. 역사속에서도 철학자와 심리학자는 놀이의 가치와 중요성을 인식했다.

창의적 학습의 4P라고 부르는 틀 즉, 프로젝트project, 열정passion, 동료peers, 놀이play를 통해, 학부모와 교육자들이 어린이들에게 그들의 열정을 기반으로 한 프로젝트를 친구들과의 협력을 통해 놀이하듯

미래인재 모든 것

이 수행할 기회를 제공해야 한다.

창의적 학습 경험에 쉽게 참여할 수 있도록 도와주는 새로운 기술과 활동을 개발하는 데 중점을 두어야 한다.[17]

얼마 전 마이크로소프트와 램브란트 박물관은 인공지능 프로그램을 이용해 램브란트의 작품을 만드는 데 성공했다. 이 프로젝트의 이름은 'The Next Rembrandt'이다. 무려 346장의 램브란트 작품을 분석한 인공지능이 새로운 작품을 만들었다. 램브란트가 주로 사용하는 그림 구도와 색, 형태 등을 분석한 인공지능이 그 기법을 그대로 이용하여 작품을 그렸다. 사람들은 이것이 실제 램브란트의 작품인지 인공지능이 만든 것인지 헷갈릴 정도였다.

예술분야에서 이미 인공지능의 이러한 분석 능력을 보조도구로 사용하려는 움직임이 일어났다. 음악계에서는 사람들이 좋아하는 음악을 분석하고 그것을 기초로 새로운 음악을 만든다. 실제로 현재 미국에서 발표되고 있는 많은 음악이 인공지능을 통해 태어난 것이다. 인공지능이 1차적으로 만든 기본 음악을 바탕으로 작곡가가 새로운 연주를 덧붙여서 만들었다.

그러면 인공지능과 사람의 능력이 만들어 낸 더욱 매력적인 작품이 탄생하는 것이다. 창작활동을 하는 많은 사람이 작품을 시작하기 전 자료를 수집한다. 기본 작업을 할 때 인공지능을 이용할 수도 있다. 창의융합형인재란 이런 능력을 가진 사람이다.

4차 산업혁명시대에도 창의적 사고는 반드시 필요하다. 인공지능과 로봇과 일자리를 놓고 인간이 경쟁해야 하는 시대는 엄청난 변화가 불가피하다. 역사를 돌이켜보면 과거 농업혁명, 산업혁명 등 폭발적인 변화 속에서 살아남은 사람은 신체적 능력이 뛰어난 사람이 아니었다. 유연한 사고로 호기심을 가진 사람들이다.

지금 4차 산업혁명을 앞두고도 우리에게 필요한 것은 마찬가지이다. 일찍이 인류가 경험해보지 않은 로봇과 인공지능 시대에 직면할 수밖에 없는 문제를 해결하기 위해서 창의적 사고는 필수이다.

창의성은 어떻게 발견할 수 있는가?

사람들은 자신이 가지고 있는 고정관념, 경직된 사고에서 벗어나기 힘들어 한다. 늘 생각하던 방식대로, 행동하던 양식을 취하고 남들과 크게 다르지 않다는 것에 안심한다. 창의성은 이와 같은 고정관념에서 탈피하고, 과감하게 남과 다르게 생각하고 행동하는 데서부터 비롯된다.

켄 로빈스Ken Robinson 경은 그의 유명한 〈TED 창의성 강연〉에서, 위험을 감수하고 실수를 마다하지 않는 것이 중요하다며 "틀릴 준비가 되어 있지 않다면 당신은 결코 창의적인 일을 할 수 없다. 실수가 최악의 상황이라고 정의하는 교육시스템에서는 사람들의 창의적 역량을 빼앗는 교육만 가능할 뿐이다."라고 강조했다.

우리는 창의적 재능을 쉽게 알아볼 수 있는가? 창의적인 사람의 특성을 아는 것이 창의적인 인물을 파악하는 데 도움이 되지만, 창의적 재능을 완벽하게 파악해 내는 것은 쉽지 않다. 다른 사람에 의해 창의적인 사람으로 인식하지 못한 인물들의 일화를 생각해 보자. 비록 재미있는 일화이지만 이와 같은 역사적인 사실들은 창의적 재능의 미묘함과 복잡성을 보여 준다. (출처: 이경화 외 역, 교실에서 창의성 교육.2005)

◆알베르트 아인슈타인은 4세가 되어서 말을 할 수 있었고, 7세가 되

어서야 겨우 글을 읽을 수 있었다. 그의 고등학교 성적은 형편없었다.

- 윈스턴 처칠은 학교에서 성적이 거의 하위권에 속했으며, 입학시험에서 두 번이나 실패하였다.
- 파블로 피카소는 10세가 되어서야 겨우 읽기와 쓰기를 할 수 있었다. 그래서 그의 아버지는 가정교사를 고용했지만, 그의 가정교사도 그를 가르치는 일을 포기해 버렸다.
- 월트 디즈니는 좋은 아이디어가 없다는 이유로 신문사 편집부에서 해고당했다.
- 토마스 에디슨은 교사로부터 공부하기에는 너무 둔한 학생이라는 평가를 받았다.
- 카루소의 음악 교사는 그에게 '너는 그런 목소리로는 절대 노래할 수 없어'라고 말했다.

개인이 아무리 높은 창의적인 능력을 가지고 있다고 하더라도 타인의 도움이나 협동 없이는 이러한 창의력을 발휘하기 어려울 수도 있다. 인간은 타인의 영향을 받게 되어 있는 것이다. 독자적이고 창의적인 작품을 만들어 냈다고 여겨지는 수많은 사람도 사실은 선인들의 작품을 보고 더욱 발전시키는 것으로 아이디어를 얻었다. 모방하는 것을 시작으로 그들만의 독창적인 아이디어를 창조해 낸 경우가 거의 대부분이다.

한국과학기술기획평가원의 보고서에 의하면 2000년대 노벨상 공동 수상 비율을 90%로 분석하면서 집단 창의성의 힘을 강조하였다. 함께하는 창의를 의미하는 집단 창의성이 기업과 사회 각 영역에서 강조되고 있다. '집단 창의성'이라는 주제가 이제는 중요한 테마가 되었다.

창의적인 토론에 리더의 역할이 중요한 기능을 한다. 집단에서는 다수결의 원칙을 적용하지만 다수의 의견만 채택하고 소수가 굴복한다면 집단 창의성은 기대하기 어렵다. 소수의 의견은 문제에 관해 시각을 확장하고 다양한 의견을 내도록 집단구성원에게 요구한다. 그럼으로써 집단 구성원은 더 나은 창의적인 아이디어를 찾는다.[18]

창의성을 발휘하기 위한 조건

창의성에 관련한 요소를 크게 6가지 요소로 요약할 수 있다.

튼튼한 기초 지식, 흑백논리가 아닌 애매모호한 것의 문제에서도 해결을 찾아가는 퍼지 사고력, 문제해결 대신 문제를 제기할 수 있는 호기심, 새로움을 수용할 수 있는 여유, 안락함에 만족하지 않고 낮은 성공률에도 도전할 수 있는 모험심, 그리고 실패하더라도 다시 일어설 수 있는 긍정적 자세 등이다.

아이들은 프로젝트를 하면서 도구와 기술사용법을 배우지만, 더 중요한 점은 이를 하면서 창의적 프로젝트를 위한 보편적 전략을 배운다는 것이다.

① 간단하게 시작하라.

② 좋아하는 것을 하라.

③ 뭘 할지 모르겠으면 이렇게 저렇게 해봐라.

④ 실험해보는 것을 두려워하지 마라.

⑤ 같이 할 친구를 찾고, 아이디어도 공유하라.

⑥ 남의 것을 모방하여 아이디어를 얻어도 괜찮다.

⑦ 아이디어를 기록으로 남겨라.

⑧ 만들고, 분해하고, 다시 만들어라.

⑨ 많은 일이 잘못되어도 포기하지 마라.

⑩ 자신만의 학습 도움말을 만들어라.

암기력이 소비적 활동이라면 창의성은 자기 것, 새것을 머릿속에서 만들어 내는 생산적 활동이다. 창의성에는 독창성이 필수이지만, 경제활동이 되기 위해서는 마켓과 소비자 등을 고려한 사회적 트렌드를 분석해야 한다. 세상에 둘도 없는 생각과 더불어 세상을 둘러보는 생각이 필요하다는 뜻이다.

그리하여 의도적으로 기존 틀에서 벗어나는 행위다. 여기에는 위험을 무릅쓰는 모험심이 따른다. 모험이란 예측불허한 사항에 도전하는 것이니 실수와 실패의 부담이 따른다. 실패했다고 주저앉고 포기하면 결국 절망만 남게 된다. 다시 희망을 품고 도전할 때 성공할 수 있다. 이러한 능력을 '탄력성 또는 긍정심'이라고 한다.

애니메이션업계 종사자인 에드 캣멀Ed Catmull은 그의 저서《창의성을 지휘하라》에서 "창의성을 발휘하는 일에 환상을 가진 사람이 많다. 많은 사람이 창의적인 일을 한다고 하면, 뛰어난 비전을 가진 외로운 천재가 번뜩이는 통찰력으로 영화나 제품을 구상하고, 팀원들을 이끌고 고난과 역경을 헤쳐 나가 마침내 위대한 성공을 거두는 영웅담을 상상한다. 이런 영웅담을 경험해본 적이 없다. 픽사와 디즈니뿐 아니라 다른 기업에서 일하는 창의적인 천재들을 알고 있지만, 이들 가운데 자신의 비전이 어떤 것인지 처음부터 정확하게 말할 수 있었던 사람은 한 명도 없었다라고 고백한다."라고 했다.

그가 지켜보고 경험한 바에 다르면, 창의적인 사람들은 어느 날 갑자기 번뜩이는 영감으로 비전을 만드는 것이 아니라 오랜 세월 헌신하고 고생한 끝에 비전을 발견하고 실현한다.

창의성은 100미터 달리기보다는 마라톤에 가깝다. 목표에 도달하기 위해 오랫동안 페이스를 유지해야 한다. 유타대학 시절 알게 된 인연으로 에드 캣멀에게 스티브 잡스를 소개해준 컴퓨터공학자 앨런케이Alan Kay는 핵심을 찌르는 말을 했다. "미래를 예측하는 가장 좋은 방법은 미래를 창조하는 것이다."

창의적인 놀이를 즐겨라!

버클리 대학의 바론Frank Barron, 1969과 맥키논Donald Makinon, 1978에 따르면, 창의성의 대가들은 어떤 일에든지 자신감이 있으며 자율적이고 독립적인 사람들이다. 이들은 복잡하거나 어려운 일에 도전하기를 즐기고, 때로는 이상주의적인 것으로 보인다. 목표달성이나 문제해결을 위해서는 인내할 줄도 아는 특징을 갖고 있다.

창의적인 사람들은 자신이 좋아하고 즐거워하는 일에 완전히 몰입하여 집중하는 사람들이다. 대개 문제를 해결하기 위해 열정적이고 의욕적이어서 노력을 다한다. 외부의 보상이나 인정에 대해 연연하지 않으며, 내면에서 우러나오는 동기에 의해 행동한다. 도전적인 일을 좋아하고 열정을 다해 참여한다.

베스트셀러 작가인 세스 고딘Seth Godin은 열정으로 무장한 사람만이 미래를 여는 획기적인 작품을 창조할 수 있다고 했다. 페이스북의 마크 주커버그는 창의적 인재가 되기 위해서는 '지속적인 열정'이 중요하다고 강조하였다.

창의적인 기업이나 사람들의 공통점을 보면 "지독한 의지와 열정"을 근본으로 하고 있다. 창의적인 사람은 자신의 일을 즐겁게 하며 또는 자기가 잘하는 일에 빠진다. 자신이 무엇을 좋아하는지 발견할 줄

미래인재 모든 것

알고, 새로운 일에 몰입할 수 있는 사람이다

2016년 일본에서 아주 특별한 소설이 세상을 깜짝 놀라게 했다. 하코다테 미래 대학의 인공지능이 쓴《컴퓨터가 소설 쓰는 날》이라는 작품이 일본 유명 문학상인 호시 신이치상 1차 예선을 통과했기 때문이다.

이 소설은 A4 세 페이지 분량의 단편 소설로 주인공인 인공지능이 느끼는 감정을 잘 표현해 놓은 작품이다. 음악, 미술, 문학 등 창작 분야만큼은 인간이 인간지능보다 뛰어날 줄 알았는데…. 이젠 이런 생각도 접어야 한다. 이미 인공지능은 사람들의 예상을 뛰어넘었다.[19]

그렇다면 인공지능은 어떻게 창작할 수 있는 것일까? 인공지능 추상화가 '구글 딥드림생성기Deepdream Generator' 안에 '인셉셔니즘Inceptionism'이란 프로그램이 있다. 일종의 이미지 합성 알고리즘이다. 여러 개의 사진과 그림을 본 후 이것들을 잘 섞어 다시 새로운 이미지를 만들어 내는 것이다.

대부분의 인공 지능 작가는 사람이 느끼는 보편적인 감수성을 자극하도록 설계되어 있다. 각 분야별로 사람에게 사랑받았던 작품의 특징을 데이터화해 메모리에 입력한다. 인공지능은 이 자료를 바탕으로 사람이 가장 좋아하는 요소를 활용해 작품을 만드는 것이다.

바로 이런 점 때문에 많은 사람이 인공지능이 만든 작품을 훌륭하다고 생각하는 것이다. 사람의 감수성을 자극하는 요소만 골라서 예술 작품을 만들기 때문이다. '하이컨셉'은 예술적, 감성적 아름다움을 창조해 만들어내는 능력이다.

어떤 사람은 인공지능 예술가는 기존 데이터를 분석해 또 다른 작품을 만들기 때문에 한계가 있을 것이라 생각한다. 인공지능 화가를 두려워 할 필요도 없고 고용하면 된다. 아이가 생각하는 인문학 위에 예술가적 감수성을 더해 '하이컨셉High-Concept'으로 창작한다. 기술이 더 발전하면 인공지능이 딥 러닝이나 강화학습 통해 전혀 새로운 방식의 작품을 창작할 수 있다.

2장

미래 사회를 리드하기 위한
미래인재의 습관

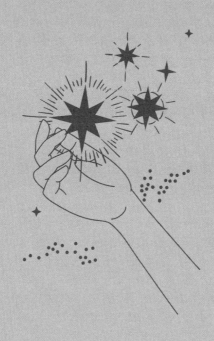

파워 엘리트의 특징은 무엇일가?
이들은 대부분 스스로가 자신의 고용주이며 피고용이다. 이들은 매우
선별적인 경쟁을 통해 서 새로운 창조적 계급, 즉 하이퍼 계급(Hyper-Class)을
형성하며 이들이 하이퍼 제국(Hyper-Empire)을 움직인다.
이들에게 학습이란 살아가는 데 없어서는 안 될 필요조건이며, 호기심은
절대적 요구사항, 대중의 심리조작은 익숙한 습관이 될 것이다.
독특함은 이들이 추구하는 미와 오락, 문화의 기준이 될 것이다
_자크 아탈리,《미래의 물결》

01.
꾸준한 노력이
타고난 지능을 이긴다.

우리는 성공의 비밀을 알고 싶어 하고 성공한 사람들의 이야기를 통해 교훈을 얻는다. 에릭손 교수는 "10년 동안 매일 세 시간씩 연습하면 누구든 전문가가 될 수 있다"라고 주장했다. 그가 과학적으로 분석한 내용은 꾸준한 연습량이 타고난 지능을 이긴다고 말해준다.

성공법칙에서 가장 중요한 것은 무엇일까?

자신에게 귀를 기울이고, 계획을 세워 연습해야 한다. 자신이 좋아하는 일에 집중하고 훌륭한 스승을 찾아 전문가가 되어야 한다. 자신이 하는 일을 사랑한다면 창의성은 향상된다. 구체적으로 실천하는 계획을 세우고 올바른 습관을 만들어야한다. 창의적이고 효율성이 최고인 환경을 만들어 '딥워크' 단계에 올라야한다.

재능이 많은 사람도 노력하는 사람은 이길 수 없다

스웨덴 출신의 유명 심리학자이자 플로리다 대학의 교수인 안데르스 에릭손은 "아무리 재능이 많은 사람도 노력하는 사람은 이길 수 없다"라고 한다. 최근 출간한 저서《정상: 전문성에 관한 신과학의 비밀》에서 그는 "성공의 진짜 비밀을 밝힌다"라고 하면서 세상의 모든 노력하는 사람에게 용기를 주고 싶다고 밝혔다.

독일 시사주간 〈포쿠스〉는 그의 주장을 바탕으로 과연 노력형 천재란 가능한지에 관해 소개했다. 천재 작곡가로 알려져 있는 모차르트에 대해 에릭손 교수는 "모차르트는 타고난 신동은 아니었다"라고 했다. 그러면서 "모차르트는 15세가 되어서야 제대로 된 작곡을 시작했다"는 점을 지적했다.

모차르트의 예를 들면서 그는 "재능은 간혹 지나치게 높이 평가되는 경향이 있다"라고 했다. 세계 정상에 오르는 것은 노력과 헌신만으로도 충분히 가능하다는 것이다. 가령, 어릴 때부터 춤과 노래에 미쳐 있었던 가수 비욘세나 일찌감치 소문난 연습 벌레였던 골프 선수 타이거 우즈와 축구 선수 메수트 외질의 경우도 마찬가지다.

이는 다시 말해 열심히 연습하거나 제대로 된 훈련만 받으면, 누구나 충분히 성과를 낼 수 있다고 한다. 이는 운동선수뿐만 아니라 팝가수, 체스 기사, 바둑 기사의 경우에도 모두 해당하는 이야기다. 단, 신체적 혹은 정신적 손상을 입지 않았을 경우에 한해서라고 에릭손 교수는 덧붙였다.

에릭손 교수는《정상: 전문성에 관한 신과학의 비밀》에서 천부적인 재능이란 과연 무엇인지, 성공을 향한 비결이 있는지에 관해 과학적으로 분석했다. 그는 "10년 동안 매일 세 시간씩 연습하면 누구든 전문가가 될 수 있다"라고 주장했다. 자신의 연구팀이 실시했던 예술대학에 재학하고 있는 30명의 바이올린 연주자들을 대상으로 실험을 진행했다.

대학 교수들의 도움을 받아 학생들의 실력을 3단계로 나누었다. '우수한' 단계의 학생들은 음악 교사가 되기에 충분한 실력을 갖춘 학생들이었다. '보다 우수한'과 '가장 우수한' 단계의 학생은 세계적 오케스트라단에서 연주할 수 있는 수준의 실력이다. 연구팀은 피실험자들에게 교육 방식부터 생활 방식까지 자세하게 질문했고, 인터뷰를 바탕으로 몇 가지 특성을 분석했다. 그 결과 각 단계별 학생들 사이에서 유일하게 눈에 띄는 차이점을 찾았다. 그것은 '18세가 될 때까지 혼자 연습했던 시간'이었다.

가령 최고 실력의 연주자들은 평균 7400시간을 연습했던 반면, 중간 그룹은 평균 5300시간을, 그리고 그 아래의 그룹은 평균 3400시간을 연습했던 것으로 나타났다. 이 실험 결과는 음악가뿐만 아니라 운동선수, 암산 대회 선수 등에게 적용했을 때도 비슷하게 나왔다. 결국 문제는 연습량이었던 것이다.

에릭손 교수는 성공을 꿈꾸는 사람들에게 다음의 다섯 가지 성공 법칙을 제시했다.

첫째, 스스로를 채찍질해야 한다.

성공하고 싶다면 안전지대를 벗어나야 한다. 가령 조깅을 할 때 머릿속으로는 회사일이나 TV 프로그램을 생각하고 있다면 아마 건강은 지킬 수 있을지 몰라도 실력 향상은 기대할 수 없다. 실력을 한 단계 향상시키려면 달리는 자세와 몸의 움직임에 주의를 기울여야 한다. 자신에게 귀를 기울이고, 계획을 세워 연습을 해야 한다.

둘째, 좋은 스승을 찾아야 한다.

그 누구도 스승 없이는 결코 성공할 수 없다. 이때 스승은 훌륭한 교육자이고 그 분야의 진정한 전문가다. 물론 가장 이상적인 스승은 이 둘을 합쳐놓은 사람이다. 힘들지만 스스로를 통제하거나 실수를 자각하는 내적 훈련을 하는 것도 좋다.

셋째, 나에게 알맞은 연습량을 찾아야 한다.

연습은 매일 하되, 집중력을 유지할 수 있을 때까지만 하는 것이 좋다. 에릭손은 "더 이상 집중할 수 없다고 느끼는 순간, 연습을 중단해야 한다"고 했다.

넷째, 알맞은 연습 환경을 만들어야 한다.

잠은 충분히 자고, 건강하게 먹고, 스마트폰은 꺼둔다.

다섯째, 지루함을 극복해야 한다.

지루하면 자연히 몸도 피곤하다. 지루함을 이길 수 있는 방법으로는 연습 방식에 변화를 준다. 마음이 맞는 사람을 만나 이야기를 나누는 방법이 있다.(출처: 일요신문,2016,08,12, 김민주 해외정보작가 world@ilyyo.co.kr)

꾸준히 노력하면 창의성이 향상된다

영국의 철학자 앨런 와츠Alan Watts는 유튜브 동영상, 〈돈이 목적이 아니라면?〉에서 돈이 목적이 아니라면 무엇을 하고 싶은지 묻는다. 자신의 꿈이 무엇인지, 무엇을 원하는지 몰라 방황하는 젊은이들에게 길을 제시하여 반향을 일으킨 동영상이다.

삶을 지속하기 위해서는 자신이 좋아하는 것으로 가득차야 한다. 본인이 싫어하는 일을 하면서 시간낭비를 하지 말라! 향후에는 그 분야의 전문가가 될 수 있다. 너무 걱정하지 말라! 내가 진정 무엇을 원하는가? 어떻게 하면 정말 행복하게 살 수 있을까? 생각의 자유를 가져보자.

어떤 문제가 누군가의 관심사로 떠오르게 되는 방식은 두 가지가 있다. 모든 사람들이 무엇이 필요한지 알고 있지만 해결책이 없다는 것이다. 이것이 주어진 문제다. 반면에 아직 아무도 의문을 갖지 않고 어떤 문제가 있다는 것조차 모르는 상황이 있다. 이때 창의적인 사람은 문제와 해결책을 모두 찾아낸다.

이것이 '스스로 발견하는' 창의성이다. 아인슈타인의 진정한 업적은 단지 기존의 문제를 해결하기보다는 과거의 문제들을 재구성하거나 새로운 문제를 발견했다는 것이다. 창의적인 사람은 여러 면에서 서로 다르긴 하지만 한 가지 점에서는 일치한다. 그것은 자신이 하는 일을 사랑한다는 사실이다.

영국에서 태어난 프리먼 다이슨은 양자 전기역학의 기반을 닦은 이론 물리학자이자 과학에 관한 다양한 대중서를 집필한 작가이다. 그는 "과학자들은 연구할 문제가 있을 때 오히려 마음이 편하다. 어려운 부분은 문제를 발견하는 것이다."라고 했다.

그들을 움직이게 하는 것은 자신이 좋아하는 일을 할 따름이다. 자신이 좋아하는 것을 찾아 그것을 잘하면 열정이 생긴다. 예를 들어 자신이 무엇을 재미있어 하는지 또는 무엇을 더 알고 싶은지를 찾아낼 수 있도록 다양하게 활동하고 경험하는 것이다. 자신의 강점과 약점, 좋아하는 것과 싫어하는 것, 신념을 진지하게 탐색해보자. 일에서 얻는 것보다 일 자체를 사랑하고, 결과에 상관없이 전념해보자. 자신을 이해하고, 가장 재미있고 잘할 수 있는 무엇을 찾는 과정이 중요하다. 이와 같은 활동을 통하여 관심 분야에 대한 전문성을 개발하자. 처음의 단순한 관심이나 흥미를 강렬한 열정으로 전환해보자.

사람들에게 자신이 가장 좋아하는 일을 하고 있을 때 느끼는 기분을 물어보면, 가장 많이 나오는 대답은 '무언가 새로운 것을 만들거나 발견한다'는 것이다. 무용가, 등산가, 작곡가가 느끼는 즐거움이 발명가가 느끼는 기분과 비슷하다. 사람들이 무언가를 발견하고 창조하는 과정을 즐기는 것은 행복한 일이다.

집중력을 한곳으로 모아 꾸준하게 실천하라

만일 우리가 무언가 배우기를 원한다면 배우고자 하는 지식에 관심을 기울여야 한다. 그런데 우리의 집중력은 제한되어 있다. 예를 들어, 물리학과 음악을 동시에 배울 수는 없다. 간단히 말하자면, 우리의 제한된 집중력 중에서도 상당 부분이 하루하루를 살아가는 일에 소모한다.

따라서 우리의 생활 속에서 음악이나 물리학과 같은 영역을 배우기 위해 남겨지는 집중력은 아주 작은 일부에 불과하다. 이러한 단순한 전제로부터 필연적인 결론이 따라온다. 즉, 기존의 영역에서 창의성을 발휘하기 위해서는 우리가 기울일 수 있는 집중력에 여유가 있어야 한다는 것이다.[1]

금붕어의 집중할 수 있는 지속시간은 9초이다. 그렇다면 현대인의 집중력은 얼마나 될까. 놀랍게 2015년 마이크로소프트 캐나다 연구팀이 발표한 자료에 의하면 고작 8초다.

약 2,000명의 뇌파를 측정한 결과 '2000년에는 인간의 집중력 지속시간이 12초로 금붕어보다 길게 나왔지만, 최근 들어 8초까지 떨어졌다'는 사실을 확인했다. 원인은 스마트폰이나 PC 등의 영향 때문인 것으로 알려졌다. 수없이 쏟아지는 정보가 오히려 인간의 집중력 저하를 불러왔다는 얘기다. 이와 관련해 일본 경제지 〈주간다이아몬드〉는 극적으로 집중력을 높이는 방법을 소개했다.

〈주간다이아몬드〉에 의하면, 집중력 향상 열쇠는 뇌의 기능을 이용하는 데 있다. 기억과 학습의 핵심 기관은 바로 해마이다. 해마는 대뇌 측두엽의 안쪽 깊숙이 자리 잡고 있으며 아주 민감하게 반응한다. 이 해마는 스트레스에 매우 약하다. 며칠간의 스트레스는 회복이 가능하

미래인재 모든 것

지만, 몇 달 혹은 몇 년간 지속적인 스트레스는 해마의 뉴런을 완전히 죽일 수도 있다. 스트레스를 받게 되면 우리 몸은 아드레날린이 분비되어 기억력을 예민한 상태로 만든다. 특히, 나태해지기 쉬운 일상에서 집중력을 높이려면 생활습관이 중요하다. 구체적으로 어떻게 실천해야 좋은지 5가지 습관으로 나눠 살펴본다.[2]

①장소 습관

책상은 일과 공부만 하는 곳이라는 기억을 뇌에 덮어씌울 필요가 있다. 우선 일을 하는 책상, 스마트폰을 보거나 음식을 먹는 장소를 구분하는 것부터 시작하자. 이를 4일 이상 지속하면 뇌의 기억이 새롭게 저장되어, 자리에 앉는 순간부터 일에 집중하기 쉬워진다.

②시간 습관

집중력을 유지하기 위해서는 시간을 짧게 쪼개고, 작업모드와 휴식모드로 나누는 편이 좋다.

예를 들어 '25분 집중, 5분 휴식'이라는 뽀모도르 시간관리법이 있다. 뽀모도로 기법Pomodoro Technique은 시간 관리 방법론으로 1980년대 후반 '프란체스코 시릴로Francesco Cirillo'가 제안했다. '뽀모도로'는 이탈리아어로 토마토를 뜻한다. 요컨대 '이것저것 잡다하게 신경 쓰기보다 25분이라는 짧은 시간 동안 한 가지 일에 집중하는 일이 훨씬 효율적'이라는 것이다. 또 5분이라는 휴식시간을 가짐으로써 일에 대한 의욕도 유지할 수 있다.

③식사 습관

집중력을 유지하려면 혈당치를 안정화하는 것이 중요하다. 요동치는 혈당은 뇌를 쇼크 상태에 빠트리고 집중력을 떨어트린다. 혈당 변화 폭이 가장 적은 식사법은 규칙적으로 세 번의 식사를 하는 것이다. 이때 포도당, 아미노산, 필수지방산, 인지질, 비타민, 미네랄 등 6가지 영양소를 골고루 섭취해야 뇌가 최적의 상태에서 활동하게 된다.

④ 자세와 호흡 습관

허리를 펴고, 턱은 당기고 바른 자세로 앉는 게 베스트다. 그러나 아무리 자세가 좋다고 해도 계속 앉아만 있는 것은 위험하다. 장시간 앉아 있다 보면 혈류 흐름이 감소한다. 뇌로 가는 산소공급량이 줄어들고 집중력이 떨어질 수밖에 없다. 또 신진대사가 활발하지 않아 당뇨병과 비만의 위험도 덩달아 높아진다. 시간 나는 대로 틈틈이 몸을 움직여주는 것이 좋다.

⑤ 수면 습관

수면은 뇌의 피로회복에 결정적인 역할을 한다.

의학적으로 수면은 크게 렘REM수면과 논렘Non-REM수면으로 구분된다. 건강한 사람의 경우 우선 깊은 수면인 논렘수면에 접어든다. 이어 몸은 쉬고 있지만 뇌는 활발하게 움직이는 렘수면 상태에 빠진다. 이 두 가지 수면이 밤새 4~5회 교차해야 피로가 풀리는데, 이 과정을 밟으려면 적어도 6~7시간의 수면이 필요하다.

에릭손 교수는 '10년 동안 매일 세 시간씩 연습하면 누구든 전문가가 될 수 있다'고 주장했다. 먼저 내 안에 숨은 1% 감각을 찾아도 늦지 않다. 1%의 영감을 찾아 끊임없이 노력하는 자세를 가져보자. 에디슨이 말한 1% 영감은 바로 자신의 감각을 따르는 직관이었다. 1%의 영감을 받고 99% 노력을 쏟아 부어보자. 그리고 아이가 세 시간씩 하루 생활습관을 향상시킨다면 전문가가 될 수 있다.

미래인재 모든 것

자동화와 인공지능의 시대에 '딥 워크Deep Work'가 필요하다

급속히 변화하는 정보 사회에서 우리는 늘 초심자일 수밖에 없다. 가치 있는 일을 해내려면 복잡한 것을 신속하게 학습해야 한다. 디지털 네트워크 혁명으로 전 세계가 연결되어 있어 미숙한 결과물은 바로 대체한다.

'딥 워크'란 자신이 진정 원하는 중요한 일에 집중할 수 있는 환경을 만든다. 그것에 몰두하는 능력이다. 절대적으로 뛰어난 성과를 내려면 몰입은 필수다. 그러나 정보 홍수와 각종 디지털 기기, 온라인 접속을 요구하는 사회 분위기 속에서 일에 몰두하는 능력은 점점 더 낮아지고 있다. 동시에 딥 워크를 수행하는 능력의 가치는 점점 더 높아지고 있다.

'딥 워크'는 단순히 계획을 짜서 일하는 것이 아니다. 운동선수들이 훈련 외에도 몸을 관리하는 것처럼, 딥 워크를 하기 위해서는 정신을 끊임없이 훈련해야 한다. 온전하게 집중하는 상태를 유지하는 환경과 습관을 개발하고 익히는 것이 핵심이다.

《딥 워크》저자인 칼 뉴포트는 '몰두하라, 무료함을 받아들여라, 소셜 미디어를 끊어라, 잡다한 것을 차단하라'라고 원칙을 제시한다. 성취감을 느끼면서 정신적으로 행복한 상태를 가리켜 '딥워크'라고 한다. 그는 딥워크 단계를 가리켜 '극도로 창의적이고 효율적이 되는 집중의 단계'라고 했다. '딥워크'에 도달하면 해결할 수 없던 문제가 풀리고, 새로운 것을 창조하게 된다.

빌 게이츠는 1년에 두 차례 외부와의 접촉을 완전히 끊고 미래를 설계하는 '생각 주간'을 가진다. 조앤 롤링은 해리 포터 시리즈의 마지막 이야기를 집필하기 위해 에든버러 도심의 호텔 스위트룸을 빌렸다. 칼 구스타프 융은 스위스의 정신의학자로 분석심리학의 개척자이다. 그는 호숫가의 작은 마을에 별장을 짓고 자신만 들어갈 수 있는 방에서 분석심리학의 기틀을 완성했다. 와튼 스쿨에서 동료들과 학생들에게 그랜트는 '기버Giver'로 알려져 있다. '오리지널스'와 '기브 앤 테이크'로 유명한 애덤 그랜트는 강의를 한 학기에 몰아넣는다. 연구 학기에는 누구의 방문도 받지 않는다. 연구에 몰입하는 기간을 만들어 둔다.

이들이 공통으로 추구한 것은 방해받지 않고 최고의 집중력을 발휘할 수 있는 환경 즉, 딥 워크를 할 수 있는 환경이다. 오랜 시간 집중해서 일할 수 있을 때 탁월한 결과물이 나온다. 그러나 방해 요소가 나타나는 환경에서는 작업능력이 떨어진다.

결국 딥 워크도 올바른 습관을 꾸준하게 실천하면 집중력을 높일 수 있다. 집중력은 훈련으로 발달하는 근육과도 같다. 방해요소들로부터 자신만의 전략을 세워야 한다. 가령 일을 하는 동안에는 일정시간 스마트폰을 꺼놓는 규칙을 세워 놓는 것이다. 효율적으로 일하기 위해서 뉴포트 교수 역시 10년 동안 집중하는 능력을 키웠다.

02.
언제, 어떤 상황에서도 자신을 사랑하라

인생의 모든 실패를 겪고 세계 여행을 떠난 스티븐

캘러핸은 죽음 앞에서 철학을 발견했다. 자연 앞에서 겸손함을 배웠다. 실패에 대한 두려움은 누구에게나 존재한다.

스티브잡스는 자신이 하는 일에 대한 사랑과 확신이 있었기에 절망 속에서 다시 시작할 수 있었다. 그의 철학은 '위대한 일을 하는 것이 자신을 사랑하는 길'이었다. 무엇보다 중요한 것은 자신의 마음과 직관을 따르는 용기가 필요하다. 앤 미우라 고Ann Miura-Ko는 '내가 가진 역량을 가장 잘 아는 건 자신뿐'이라고 한다.

삶의 끝에서 비로소 자신을 사랑하는 법을 안다

스티븐 캘러핸의 에세이《표류》는 76일 동안 표류하면서도 끝까지 삶을 포기하지 않은 자신의 이야기다. 그는 이혼하자 비참한 마음에서 벗어나려고 배를 타고 세계 여행을 떠났다.《표류》는 그가 긴 시간 동안 어떻게 살아남았는지를 생생하게 보여주고 있다.

그가 생존한다는 건 누가 봐도 불가능해보였다. 간절하게 그리고 진지하게 고난을 이겨내고 삶을 포기하지 않았다. 망망대해에서 파도에 떠밀려 다니는 캘러핸은 뼈저리게 후회하고 있었다.

"내가 했던 모든 실수를 후회했다. 나는 이혼했다. 사람관계에서도 모두 실패했다. 사업도 실패했고 심지어 항해도 실패했다."

그는 다시 세상으로 돌아가 실패한 모든 것을 바로 잡고 싶었다. 태양증류기를 이용해 소량의 물을 만들어 먹었다. 가라앉은 배에서 적은 양의 식량과 물을 챙겼다. 짧은 작살과 총, 조명탄, 침낭도 가져왔다. 무엇보다 바닷물을 증발시켜 식수를 만드는 태양 증류기는 생명을 연장하였다.

무엇보다 그를 지탱하게 한 힘은 자연에 대한 겸손이었다. 바다는 죽음의 신이자 식량을 주고 물을 제공하는 생명의 신이기도 했다. 또, 바다생선의 한 종류인 만새기로 생존을 연장하였다. 작살총과 낚시로 잡은 만새기는 굶어죽는 것을 막아주었다. 캘러핸은 만새기를 강아지라 부르며 대화를 나누곤 했다.

《표류》에서 얻은 교훈은 존재에 대한 한없는 존경심이다. 냉엄한 바다 앞에서 너무도 미약한 내 존재 때문에 분노하지 않는다. 바다는 인간이 얼마나 보잘것없는 존재인지를 뼈에 사무치게 일깨워 준다.

절망과 고난에 절규하는 그의 모습은 지극히 평범한 인간의 모습이다. 스티븐 캘러핸은 대서양을 4번이나 횡단한 해양 모험가이자, 선박 설계·연구가였다. 1980년 모든 재산을 처분하여 나폴레옹 솔로호를 만들었다. 1982년 항해에 나선 지 6일째 폭풍우가 몰아치던 밤, 고래와 부딪쳐 배가 난파하며 대서양을 표류했다.

조난 전에는 세상에서 취할 욕심이 많았다. 표류를 겪은 후에는 낯선 풍요를 얻었다. 그에게 역경은 낯설고도 중요한 풍요를 줬다. 통증, 절망, 배고픔, 목마름, 외로움이 없는 모든 순간을 소중히 여기게 됐다. 끝없이 겸손해지는 놀라운 감정을 경험하게 했다.

이런 경험을 담은 《표류》 발행하자, 13개국 언어로 번역되어 세계적인 베스트셀러가 되었다. 《전복》이라는 두 번째 책도 출판했다. 스티븐 캘러핸의 실화는 「올 이즈 로스트」라는 영화로 만들었는데, 인간의 실존 문제를 다루었다. 절망의 순간에서 다시 살아보겠다는 목적이 있기에 자신을 포기하지 않았다.

자신을 사랑하는 사람이 이긴다

실패에 대한 불안감을 갖지 않는 것이 중요하다. 스티브잡스는 30세

미래인재 모든 것

에 애플로부터 해고당한다. 잡스는 해고를 당한 뒤 충격을 받았으나, 그는 여전히 열정이 있었고 다시 시작하기로 결정했다. 그를 계속 유지하게 하는 것은 자신이 하는 일에 대한 사랑과 확신이 있었다.

곧 넥스트사와 픽사를 설립하고 크게 성공한다. 잡스는 5년 뒤 다시 애플의 CEO로 복귀했다. 잡스는 애플에서 해고당한 사건을 가리켜 "인생의 최고 사건이었고 성공이라는 중압감에서 벗어나 최고의 창의력을 발휘할 수 있었다"라고 회고했다.[3] 사랑하는 것을 찾고 사랑하는 사람에게 하는 것처럼 일에도 진실하라고 말한다.

그를 진정으로 만족할 수 있는 유일한 길은 그가 하고자 하는 일이 위대한 일이라고 믿었다. 그리고 위대한 일을 하는 것이 자신을 사랑하는 길이라고 한다.

"아직까지 발견하지 못하셨다면, 계속해서 찾으십시오. 안주하지 마세요. 마음의 문제들을 따라가다 보면 언젠가 발견하게 될 것입니다. 어떤 위대한 관계처럼, 세월이 흐르면 점점 좋아지게 됩니다. 찾을 때까지 계속 찾으시고 안주하지 마세요."

무엇보다 중요한 것은 자신의 마음과 직관을 따르는 용기가 필요하다. 자신이 진정 되고 원하는 것이 무엇인지 알고 있다면 실패와 성공의 집착에서 벗어나라! 내가 오늘 하고자 하는 일을 원하는가? 계속해서 찾아라!

앤 미우라 고는 스타트업에 투자하는 벤처캐피털 기업의 임원이다. 스탠퍼드 대학교에서 기업가정신을 강의하는 교수다. 「포브스」는 그녀를 두고 '우리 시대 스타트업 분야에서 가장 막강한 힘을 가진 여성'이라고 논평했다. 미국에서 자랐지만 집에서는 일본어만을 사용했기에 영어를 쓰는 것에 두려움을 갖고 있었다.

토론 대회를 준비하던 그해 여름, 그녀는 두 가지를 깨달았다.

첫째, 뭔가를 충분히 사랑한다면 그 일에 온전히 전념하기가 훨씬 쉬워진다. 당신이 지금 몰입을 하지 못해 고민하는 일이라면, 하지 않는 게 좋다는 뜻이다. 모든 힘을 쏟을 만큼 사랑하는 일이 아니라면 승부를 걸어서는 안 된다. 십중팔구 패배할 것이기 때문이다. 내가 정말 사랑하는 일인데, 엄청나게 많은 경쟁자가 존재해서 망설여질 수도 있다. 하지만 그럴 때는 반드시 승부를 걸어야 한다. 경쟁자보다 더 많은 것을 준비해야 한다. 시간이 없다면 시간을 만들고, 재능이 없다면 재능을 만들어야 한다. 성공을 거둔 사람의 중요한 특징 중 하나는, 그들은 경쟁하지 않는다. 그들은 처음부터 이겨놓고 시작한다.

둘째, 내가 가진 역량을 가장 잘 아는 건 자신뿐이다.

투지와 결단력, 노력 등등 인간이 지닌 잠재력을 온전하게 측정하는 건 매우 어려운 일이다. 하지만 기회가 생기면 우리는 그것을 누구보다 명확하게 파악할 가능성이 있다.

그해 여름 나는 토론 대회에서 우승할 것이라고는 예상하지 못했다. 단, 누구보다 토론을 좋아하고, 토론을 위해 완벽할 준비를 할 수 있다는 사실을 알았을 뿐이다. 사랑하지 않는 일에는 무서운 집중력을 발휘할 수 없다. 사랑하지 않는 일에서는 절대 자신의 잠재력을 파악할 수 없다. 교과서 같은 애기로 들릴지 모르겠지만 이것이 인생의 거의 유일한 진리다.[4] 아이의 잠재력을 키우는 단 하나의 방법은 무엇일까? 내면의 고요함에 집중하여 자신이 사랑하는 일을 찾아야한다.

너 자신을 알라!

21세기만큼, '너 자신을 알라'라는 질문이 절박함을 가지는 때도 없다.

경쟁이 치열하기 때문이다. KBS 방송국에서 1,000명 만 선발하여 언택트 공연을 펼쳤다. 나훈아가 부른 〈테스형!〉이 국민의 가슴을 울렸다. 남녀노소 세대가 달라도 공연에 참가한 시청자들은 함성과 박수를 보내며 시청율 기록을 세웠다. 인생을 생각하게 만드는 가사의 일부를 적어본다.

"죽어도 오고 마는 또 내일이 두렵다. 아! 테스형, 세상이 왜 이래. 왜 이렇게 힘들어. 아! 테스형, 소크라테스형 사랑은 또 왜 이래. 너 자신을 알라며 툭 내뱉고 간 말을 내가 어찌 알겠소. 모르겠소 테스형."

델포이의 아폴로 신전 앞마당 기둥에는 '너 자신을 알라'라는 문구가 조각되어 있다. 소크라테스가 나타난 이후, 철학의 관심은 인간 자체의 본질로 옮겨졌다. 그의 철학 활동이 아테네의 청년들에게 악영향을 준다고 기소된 재판에서, 자신에게 생명과 힘이 남아 있는 한 결코 철학을 실천하는 일을 그만두지 않겠다고 했다.

소크라테스에게 철학은 자신의 영혼과 대화하는 일이다. 자신의 영혼을 알고 돌보는 일이 삶의 실천이었다. 그에게 영혼이란 자기 자신을 부르는 또 다른 이름이다. 자신을 만드는 과정에서 참된 진리를 깨우치는 중요한 과정이었다.

그는 살면서 자신이 아는 것이 제대로 없다는 것을 발견한다. 그럼에도 불구하고 자신은 지혜로운 사람이라고 했다. 그 이유는 다른 사람은 자신이 잘 모른다는 것을 모르는데, 그는 최소한 자신이 잘 모른다는 것을 알고 있다. 그래서 자신보다 지혜롭다고 생각되는 사람들을 찾아다니면서 알고자 했다.

그러나 누구도 소크라테스의 몇 가지 질문에 제대로 대답하는 이를 찾지 못했다. 오히려 그들이 현명하지 않다는 사실을 알게 되었다.

그들은 자신이 모르고 있다는 것조차 알지 못했다. 따라서 자신에 대해 잘 알아야 하는 수밖에 없다. 자신이 누구이고 어떤 삶을 원하는지 알아야 한다.

4차산업혁명 시대에는 다르다. 자신에게서 가장 중요한 것을 가장 중요하게 행동해야 한다. 변화를 두려워하고 안정적인 세계관을 고수하면 세상에 뒤처진다. 극도의 회복력과 균형 잡힌 정서가 필요하다. 우리 자신에 대해 잘 알게 되면 조종당하지 않고 통제받지 않는다. 자신이 아는 것에 전문 지식·기술을 배워 전문성을 계발할 때이다. 시간과 공간에 대한 흥미를 가지고 창의적 열망을 지속해야 한다.

나만의 성공스타일을 찾아라!

프랑스 출신인 기업가 제롬 자르는 뉴욕에서 최초의 모바일 인플루언서 마케팅 회사를 세웠다. 그가 살던 토론토를 떠나 뉴욕에서 도착한지 7일 만에 '그레이프스토리Grape story'를 설립했다. 친구에게 400달러를 빌려 뉴욕에 도착한 그는 회사에서 숙식을 해결했다. 그는 이렇게 말한다.

"화려한 아파트보다는 내 책상에 불빛이 밝혀진 사무실이 적성에 맞는다. 그렇게 사무실에서 먹고 자면서 깨달았다. 성공이란 자신만의 스타일을 찾아가는 길이다."

우리의 궁극적인 목표는 일회성 성공이 아니라 지속 가능한 성공이다. 오랫동안 유지되는 성공을 얻으려면, 자신만의 스타일이 필요하다. 내가 누구인지 정확하게 표현해야 한다.

모든 건 자기 내면에 달렸다. 스스로를 존중하라! 진정한 자신을 찾고 스스로를 신뢰하면 답을 알게 된다. 우리의 마음은 머리보다 백만

배 더 강한 힘을 갖고 있다. 그것을 빨리 깨닫는 사람은 성공하고, 뒤늦게 깨닫는 사람은 후회할 뿐이다.

최고의 마케터이자 CEO인 제롬은 창조적인 성공은 조화의 에너지를 통해 구현할 수 있다고 했다. 진정한 성공에는 우선순위가 필요한 게 아니라 조화가 필요하다. 우리는 모두 연결되어 있고, 모두 똑같으며, 우주라는 더 큰 존재의 일부라고 설명한다.[5] 여기서 중요한 부분은 피드백을 나누는 조화이다. 피드백을 얻을수록 더욱 창의적인 결과를 얻을 수 있었다.

애덤 로빈슨Adam Robinson은 미국 와튼스쿨과 영국 옥스퍼드 대학원에서 학위를 받았다. SAT를 준비하는 맨해튼의 전문적인 사립학원에서 학생들을 가르치는 강사로 지냈다. 그가 합류한 프린스턴 리뷰사는 1982년 이후 미국에서 테스트 및 교육기관으로는 초고속 성장을 이루었다.

그는 극도로 내성적인 사람이었다. 복잡한 것이 싫어서 혼자 밥을 먹고, 혼자 연구하고, 아이디어를 짜고 결론을 내렸다. 어느 순간부터 창의적인 일들에서 멀어져갔고, 더 큰 독창성과 새로움이 없을 것이라는 생각이 들었다. 타인에게서 '복잡함을 해결하려면 복잡한 세상으로 나가라'라는 피드백을 받고 다른 사람을 인정하기 시작했다.

사람들과 만나는 시간은 마법을 푸는 즐거운 일이었다. 타인을 알게 된 후에 자신의 아이디어를 공유하며 단순화 작업을 이어갔다. 혼자서 모든 것을 처리할 때는 엄청난 압박에 시달렸다. 놀랍게도 그의 스트레스와 우울함이 줄어들었다.

성공은 늘 한 걸음 앞서 나아가야 하지만 단순화 작업이 필요하다. 그에게 삶의 지혜란 자신의 아이디어를 정리하고 세상 밖으로 표출하고 소통하는 일이다. 그리고 깨달았다. 지혜를 얻으려면 자신의 비전과 계획을 타인과 공유해야한다는 것을. 나만의 성공스타일은 누구에게나 있다. 변화를 시도하는 일에 삶의 피드백은 중요하다. 현재 상태를 비교적 정확하게 파악하고 객관적으로 바라보게 한다.

03.
어떤 분야이든
몰입을 잘하면 역량이 생긴다

몰입기술을 교육에 적용하는 사례가 점차 증가하고 있다. 몰입하는 사람은 일을 즐긴다. 그들은 무엇을 좋아하고 해야 하는지 분명히 알고 있다. 피드백과 칭찬은 동기부여를 한다. 몰입의 결과로 자신감을 갖게 되면서 자아가 확장하고, 창의성을 발휘한다. 지속적인 훈련을 통해서 몰입의 경지에 도달할 수 있다.

차세대교육에서 에듀테크를 활용한 몰입기술 방법을 연구해야 한다. 가상현실은 비디오 게임만큼 강렬하면서도 교육적인 경험을 제공할 수 있다. 에듀테크는 기존의 교육 방식에 IT기술이 결합해, 기존의 공부법이 가진 한계를 뛰어넘기 시작했다. 4차 산업혁명 그리고 '에듀테크'가 교육현장에 펼쳐졌다.

에듀테크에서 몰입의 기술을 배워라

몰입의 효과와 가치는 이미 넘치도록 증명되었다. 펜실베니아대학교 와튼스쿨의 교수 애덤 그랜트는 31세에 펜실베니아대학교 와튼경영대학원에서 최연소로 테뉴어tenure를 얻으며 2014년 정교수가 되었을 때 이미 60여 편의 논문을 쓴 것으로 알려져 있다.

테뉴어는 대학에서 연구 성과와 실적, 강의 평가 따위의 자격을 갖춘 교수에게 주는 종신 재직권을 받았다. 어떻게 그 많은 일을 할 수 있었는지 비결을 묻자, 그는 주저 없이 몰입을 꼽았다. 몰입의 경험이 많을수록 일의 질은 좋아진다. 몰입은 반드시 필요한 활동이다.

4차 산업혁명의 기술로 몰입을 교육에 반영하려는 움직임도 보인다.《에듀테크》의 저자인 홍정민 휴넷 연구소장은 "능력에 비해 너무 높은 도전 과제를 주면 공포를 느끼고, 능력에 비해 너무 낮은 과제를 주면 지루함을 느낀다"라고 했다.

지속적 몰입을 위해 능력에 따른 적절한 과제가 필요하다는 칙센트미하이의 말을 빌려 학습의 몰입 기술을 이야기하고 있다. 대표적으로 가상현실 교육과 게임러닝이 있다. VR교육은 주로 과학, 역사, 지리를 중심으로 확산하는데, 구글의 익스피디션 파이오니아와 이온리얼리티의 가상 실험실 등에서 활용하고 있다.

에듀테크는 교육education과 기술technology의 합성어이다. 빅데이터, 인공지능 등 정보통신기술을 활용한 차세대 교육이다. 선풍적인 인기를 끌었던 포켓몬GO 열풍은 G러닝의 가능성을 엿본 대표 사례다. 증강현실(가상현실)이 교육현장에 가져올 수 있는 몰입효과 때문이다.

시간, 장소의 제약, 심지어 비용 등 경제적 한계까지 뛰어넘을 수 있다. 과거로 돌아가 '역사의 현장'을 가르칠 수도 있다. 구글이 출시한 교육 프로그램 '익스피디션 파이오니아 프로그램'을 보자. 만리장성 등 100개 이상의 역사적인 장소를 준비하여 학생이 각 지역을 여행하듯 돌며 생동감 있게 역사교육을 진행한다.

로봇에게 배우는 프로그래밍 로봇도 에듀테크의 사례이다. SK텔레콤의 교육용 로봇 알버트는 스마트폰과 결합해 작동한다. 몸체에 교육 애플리케이션이 설치된 스마트폰을 장착하면 학습도우미가 된다. 본체에는 근접 인식 센서와 내비게이션, 근거리 통신 기술을 활용한 스마트 펜, 스마트 주사위 연동 기능, 광학인식 센서 등을 탑재했다.

미국의 한 IT 기업이 발명한 교육용 AI로봇은 북미를 비롯한 중남미의 수천 개의 교육현장에서 사용하고 있다. AI로봇 선생님이 실제로 교사를 도와 학생들에게 지식을 전달하고 있다. AI로봇은 학업 성취도가 다소 느린 학생에게 큰 도움을 주고 있다.

몰입하는 사람들

영재발굴단 수학영재 백강현 군은 학원 수강없이 홈스쿨링으로 공부하고 자기주도학습 능력이 뛰어나다. 수학, 음악, 언어 등에 관심이 많고 유튜브로 자신이 작곡한 곡을 공개하며 근황을 알리고 있다. 만 3세 5개월 때 영재발굴단에서 실시한 검사결과 웩슬러 아동지능검사 기준 IQ 164, 멘사 기준204로 측정됐다. 꼬마 모차르트 백강현 군은 작곡영재, 코딩영재 그리고 수학영재로 주목받자 백강현 공부방법이 화재가 되기도 했다.

스탠포드 터먼 교수가 영재 1,528명을 대상으로 성인으로 자랄 때까지 추적한 결과 성인이 되어서도 영재성을 유지할 확률은 약 15%이다. 이때 중요한 역할을 하는 건 바로 부모님이다.《SBS 스페셜 영재들의 성장 시크릿》은 아이들에게 동기부여를 해주고 칭찬의 기술을 전하고 있다. 부모가 아이를 어떻게 대하느냐에 따라 영재성이 발현되고 유지될 수 있다고 한다. 부모의 행동에 따라 아이의 창의력은 달라진다. 서강대학교 수학과 김종락 교수는 강현이 부모님의 칭찬 기술은 영재에서 천재성으로 가는 한 단계를 뛰어 넘었다고 말한다.

몰입하는 사람들은 어떤 특성을 갖고 있을까?

①무엇을 해야하는지 분명히 알고 있다.

②자신이 얼마나 잘하고 있는지 정확히 알고 있다.

③자신이 지금하고 있는 일에 부족하다고 생각하지 않는다.

④지금하고 있는 일에 주의력이 집중한다.

⑤지금, 그 자리에서 하는 일만 의식한다.

⑥실패를 걱정하지 않는다.

⑦지금하고 있는 일에 몰입하느라, 다른 사람에게 잘 보이려고 애쓰지 않는다.

⑧시간이 빨리 간다.

⑨일을 즐길 수 있다.

자생력과 몰입은 깊은 연관이 있다. 영재발굴단의 아이들은 독서를 통해 자신의 신념을 도화지에 옮기며 표현하는 습관을 가졌다. 자신이 하는 일에서 즐거움을 갖고 부모님의 피드백과 칭찬에 동기부여를 가졌다. 영재들이 남보다 빨리 학습을 터득할 수 있었던 건 자아가 확장되고 표현하는 기술이 훌륭하지만 그걸 인정해주는 부모와 기관 등이 있었다.

누군가의 지시, 명령, 비판에 따르기보다 스스로 즐기고 배움을 터득했다. 감성적 창의성을 발현하기 위하여 통찰력 있는 생각이 기본 바탕이 되어야 하는데, 통찰력은 딥 싱킹, 몰입에서 나올 때가 대부분이다. 몰입을 생활화한 사람을 보면 자신만의 시간을 갖고 있었고, 그 시간만큼은 어떤 방해도 받지 않았으며, 그 가운데 창의성을 발휘한다. 몰입의 결과로 자신감을 갖고 자아를 확장한다. 다른 사람을 전혀 의식하지 않는다. 자신이 해야 할 일에 집중하고, 더 명확해진다. 어느 순간 '유레카!'를 외치는 것처럼.

마지막으로 아이에게 필요한 건 학습역량만이 아니다. 아이에게는 기본적인 인지능력IQ과 함께 타인의 마음을 공감하는 감성능력EQ, 대인관계를 잘 풀어갈 줄 아는 사회 능력SQ 역시 필요하다.

몰입하는 것도 습관이다

몰입하였을 때 감성Emotion, 창조Creativity, 상상Imagination 능력을 발휘한다. 몰입이란 무엇인가에 집중하게 되는 것으로 선천적인 것이 아니다. 누구나 훈련을 통해서 몰입의 경지에 도달할 수 있다. 동일한 행위나 활동에 지속적으로 집중하면 습관이 된다.

몰입하기 위해서는 매일같이 나타나는 자신의 감정이나 행동에 주의를 기울이는 습관을 형성할 필요가 있다. 어떤 습관을 가졌든 자신의 리듬에 맞추어 일을 하는 것이 중요하다. 즉, 어떤 방식이 자신에게 가장 적합한지 파악해야 한다. 한 분야에서 자신의 입지를 다진 사람 치고 몰입하지 않은 사람은 없다. 몰입은 프로의 근성이다.

사람들은 동시에 여러 가지 일을 처리하는 멀티태스킹에 대한 환상을 가지고 있지만 이것은 좋지 않은 습관이다. 우선순위에 따라 한 가지 일에 집중하는 것이 성과를 올리는 최고의 방법이다. 사람은 컴퓨터와 달리 멀티태스킹하면 어떠한 것에도 집중하지 못한다.

사람의 뇌는 한번에 한 가지씩 밖에 집중할 수 없어 여러 가지 작업을 동시에 하기 위해서는 작업 간 전환이 필요하다. 이 때 두뇌는 일정한 적응시간이 필요하다. 다시 집중할 수 있을 때까지 그만큼 시간적 손실이 발생한다. 이를 볼 때 멀티태스킹은 결코 생산성 높은 업무처리 방식이 아니다.(출처: https://oneceo.co.kr/m/245)

1998년 개봉한 영화 〈머큐리〉에서 사이먼은 자폐증세가 있었고 퍼즐을 좋아하는 소년이다. 우연히 퍼즐잡지에 나온 문제를 풀고 전화로 코드명을 말해준다. 국방 일급 비밀인 코드명 '머큐리'를 해독하게 되면서 NSA에게 쫓긴다. FBI 요원 아트는 사이몬의 실종을 찾으라는 명령을 받는다. 사이몬을 죽이려는 NSA의 음모를 확인한 후, 사이먼과 도망을 간다.

철저히 세상으로부터 소외당하지만 그의 동료의 도움으로 사이몬을 구출한다. 영화의 대사에서 아트는 "사이몬도 그의 코딩능력을 살려 대학에도 가고 한 사회의 청년으로 성장하길 바란다"라고 말하며 동료에게 간곡히 도움을 청한다.

아트는 자신의 직업으로 죄책감과 우울증에 시달리며 주기적으로 우울증 약을 복용한다. 혼자 남은 사이먼은 특수아동 보호소에서 남겨져 치료를 받는다. 어느 날 아트는 보호소를 방문하여 사이먼에게 퍼즐책을 선물한다. 사이먼은 퍼즐책을 선물하는 아트에게 눈을 맞추고 목을 끌어안는다. 사이먼에게 책을 선물한 선생님과 아트는 그에게 소중한 능력을 감지하고 작은 선물을 했다. 개인적으로 사이먼이 코딩교육을 받아서 해커를 차단하는 프로그램을 만들기를 기도한다. 자폐아는 사물을 감지하고 분별하는 시각 기능이 뛰어나다. 캐나다 몬트리올대학 전반적발달장애pervasive developmental disorder센터의 로랑 모트롱Laurent Mottron 박사는 자폐증(자폐스펙트럼장애) 환자는 보통 아이들에 비해 인지기능을 담당하는 뇌의 전두엽 기능이 떨어진다. 반면 시각 기능을 관장하는 측두엽과 후두엽이 크게 발달되어 있다고 영국의 BBC인터넷이 보도했다.

사이몬은 매일 습관적으로 엄마와 낱말 카드로 대화하고 항상 아빠가 사다주신 퍼즐을 매일 보고 관찰한다. 몰입을 방해하는 환경에 상관없이 자신이 좋아하는 일에 집중하는 사이몬이 부럽기도 하다.

아이가 연습하지 않고 몰입하지 않으면 아무리 뛰어난 재능을 타고 났더라도 프로가 될 수 없다. 한 분야에서 자신의 입지를 다진 사람치고 몰입하지 않은 사람은 없다. 프로와 아마추어의 차이는 자연스럽게 찾아오는 몰입을 즐긴다.

항상 능동적으로 몰입할 수 있는 환경을 만들어 간다. 몰입은 프로의 근성이다. 몰입은 집중력이라는 형태로 나타나 집중력을 극대화시킨다, 몰입의 첫걸음이다. 아이가 아무리 주어진 일을 열심히 해도 그 일을 통해 성장할 수 없다는 느낌이 들면 몰입하기가 어려워진다.

04.
나의 능력을 무한히 신뢰하라
-나를 믿는 힘

인류 역사 속의 위인은 대부분 많은 실패를 경험했

고 그러한 실패 경험을 재기와 성숙의 발판으로 삼았던 사람이다. 인간은 자신의 관점으로부터 진실을 찾아가고 과거의 상처로부터 살아남기 위해 분투한다. 자기 신뢰 연습은 다양한 방식으로 진행된다. 어떤 수업은 말하기와 집단 치료의 형식이 있다.

엘레노어 루스벨트Eleanor Roosevelt는 '누구도 우리 자신의 허락 없이 우리를 열등하게 느끼게 만들 수 없다'라고 한다. 어릴 때, 들었던 부정적인 이야기가 기억에 남아있다. 자기 비하적인 내면의 목소리와 당당히 마주하고 스스로의 모습을 대면해야 한다. 자신을 직시하며 부정적인 경험을 방지하는 신뢰 연습을 해야 한다.

내 영혼에 말을 걸어라

소만 차이나니는 하버드대학교에서 공부하며 자신만의 동화 세계를 구축하였다. 그의 첫 소설《뉴욕 타임스》와 베스트셀러인《선과 악의 학교 시리즈》는 6개 대륙에서 27개 언어로 번역되었다.

그는 컬럼비아대학교 대학원에서 영화를 공부하여 직접 연출한 영화로 150여 개 영화제에 참여했다. '선밸리 작가 콘퍼런스Sun Valley Writer's Fellowship'에서 작가상을 수상하여 시나리오 작가로 찬사를 받았다. 소면이 외롭고 지칠 때, 가장 좋아하는 동화책《피터 팬》을 꺼내어 읽는다. 영혼의 목소리를 들을 수 있기 때문이다.

그는 졸업영화를 최종적으로 발표하기 전날 한 교수와 시사회를 하고 조언대로 편집하였다. 발표회가 끝나고 무척 실망한 심사위원들의 표정을 보았다. 소만은 우연히 그의 재능을 아끼던 교수를 만나 원본을 보여주었다. 소만은 당시를 회상하며 말했다.

"영화 속에서 내 영혼을 봤다는 교수의 말, 그것이 내가 얻은 인생에서 가장 소중한 교훈이다. 목적지에 도달하기 전에 다른 사람이 내 삶을 방해하게 놔두면 안 된다.《피터 팬》에 내가 수없이 밑줄 긋고 메모로 적어 넣은 게 불쑥 떠올랐다. 나를, 내가 한 일을 믿어라. 그렇다. 항상 나 자신을 믿으라고 내 영혼은 속삭여왔던 걸 까맣게 잊고 있었던 것이다."[6]

소만의 영화에서 '자네의 영혼을 보았다'라고 자신 있게 말한 교수는 그의 본능을 이끌어주었다. 베스트셀러 작가인 그는 자신의 영혼을 지키는《피터 팬》의 문장을 중요한 매개체로 삼았다.

스티븐 핑거Steven Pinker는 하버드 대학교 심리학 교수이자 우리 시대 가장 중요한 지성인이다. 1954년 몬트리올에서 태어난 스티븐 핑커는 진화심리학의 아버지로 불린다. 또한, 그는 과학자, 언어학자, 작가이기도 하다. 그는 아이들의 인식과 언어 발달에 크게 기여를 했다. 그의 좌우명은 '내가 나를 위하지 않으면 누가 나를 위해줄 것인가? 지금 하지 않으면 언제 할 날이 있겠는가?' 이 두 문장이 그를 존재하게 이끌었다. 인간에게는 본성적 한계를 뛰어넘을 수 있는 창의성이 있음을 강조한다.

"우리에게는 한 묶음의 수많은 다른 자아들이 있죠. 서로 다른 자아들이 서로 다른 모습을 서로 다른 상대에게 드러내고 있어요. 연인에게, 가족에게, 친구에게, 또 낯선 이들에게, 때에 따라 달리 보이죠. 우리가 스스로에게 보인다고 생각하는 그 자아조차도 일종의 시스템입니다."

내 안에 수많은 자아가 존재한다.

운명의 화살을 기회로 만들어라

자신의 운명은 자신이 결정한다는 건 어떤 뜻일까? 실패를 하더라도 다시 일어설 수 있는 사람이 된다는 뜻이다. 타인의 말과 결정에 크게 의존했다가 실패하는 사람은 거의 회복이 불가능한 수준으로 추락한다. 흔히 성공한 사람들은 운이 좋은 사람들이다. 그러나 운이 좋은 사람이 모두 성공하는 것은 아니다. 사람마다 좋은 기회가 찾아온다. 문제는 기회가 와도 알아채지 못하거나, 유리하게 이용하지 못하는 데 있다.

이처럼 우리도 행운을 만드는 습관을 기른다면 주어진 기회를 잘 이용하여 평범한 삶을 성공을 이끌 수 있다. 성공한 사람은 기회를 만들 줄 아는 사람이지만, 기회는 억지로 만들 수 없다. 많은 조사와 연구를 거치며 때를 기다려야 한다. 또 기회가 왔을 때는 성급하게 다가서지 말고 부정적인 요소까지 따져 보며 차분히 일을 진행해야 내가 원하는 성공을 거둘 수 있다. 타고난 재능을 찾고 싶다면 지금도 늦지 않다. 위대한 일을 이루는 창의력이나 추진력, 위험을 감수하는 용기는 학교에서 가르쳐 주는 것이 아니다.

본인에 대한 신뢰는 매우 중요하다. 스스로를 믿지 않기 때문에 중간에 멈췄던 때를 생각해보아야 한다. 얼마나 많은 기회와 길을 저버렸는가? 스스로를 믿을 수 없으면 의심, 두려움, 약점이 삶을 살면서 자신을 괴롭힌다. 스스로에 대한 신뢰가 있어야만 다른 사람 역시 우리를 믿는다.

자기의 운명을 개척한 사람을 보면 감동이 일어난다. 그 사람이 결코 위대해서가 아니다. 불굴의 의지로 어떤 역경과 고난에도 굴하지 않았기 때문이다. 여기서 결과는 별로 중요하지 않다. 성공하고 못하고는 그 다음의 문제다.

미국의 16대 대통령을 지낸 링컨은 학력이라고 내세울 만한 게 없다. 독학으로 변호사가 되었다. 오하이오강의 나룻배 사공에서부터 잡화점의 점원, 우체국장, 측량기사 등의 여러 직업을 전전했다. 교통수단이나 미디어가 제대로 발달되지 않았던 19세기 중반, 보잘 것 없는 경력의 링컨은 전국적인 유명 정치인으로 성장했다.

빈틈없는 논리로 무장한 토론 실력과 청중을 사로잡는 언변이었다. 이런 링컨은 어려서 풍부한 독서를 통해 정규교육을 받은 사람들 이상으로 폭넓고 깊은 지식을 습득했다. 게티즈버그 연설과 대통령 취임사 등 그의 명 연설문은 모두 자신이 직접 쓴 글이다.

탄생 200년을 맞은 지금 미국에서 링컨이 여전히 존경받는 이유는 가난을 딛고 성실과 정직으로 대통령까지 올랐기 때문이 아니다. 대통령 후보 경선과정에서 자신의 정적이었던 인물을 내각의 국방부 장관과 재무부 장관으로 기용하여 포용력과 통합의 리더십을 통해 연방의 분열 위기를 극복하여 상처를 치유하고 지금의 초강대국 미국의 토대를 마련했기 때문이다.

자신을 발전시켜라

스스로를 비하하기보다는 사랑과 희망으로 보듬어주어야 한다. 자신을 사랑하며 동기부여를 하라. 본인에게 도움이 될 긍정적이고 낙관적인 메시지를 보내라. 자기 경멸과 자기 비하를 멈추고 스스로를 발전시켜라.

로버트 로드리게즈는 창의력 분야를 대표하는 인물이다. 로버트는 프리맥 원리premack principle를 효율적으로 다루면 정말 큰 변화가 일어난다고 한다. 이는 선호하는 일이 덜 선호하는 일을 도울 수 있다는 사실을 알려준다. 덜 선호하는 일을 한 다음, 선호하는 일을 하면 덜 선호하는 일의 능률을 높일 수 있다. 모든 일은 과제와 방해물로 나뉜다. 방해물노트를 작성하는 이유가 여기에 있다.[7]

과제노트와 방해물노트를 한 권씩 준비하자. 노트 한 권에는 과제라고 적고 중요한 일 2~3가지를 기입한다. 또 다른 노트에는 방해물이라는 제목을 적는다. 20분 동안 1회, 그리고 30분 동안 1회 집중하여 과제를 수행한다. 그 사이에 방해물이 튀어 나온다. 튀어나온 생각을 방해물노트에 바로 적는다. 원래하던 과제로 돌아간다.

이번에는 최대 30분까지 작업을 한 후 15분간 보상휴식을 갖자. 휴식 동안 자리에서 일어나 잠시 걷기도 하고 뇌를 편안하게 쉬어주자. 보상 휴식 동안 방해물노트를 보면서 그중 한 가지를 골라서 한다. 이 방해물을 한 번에 끝내지 않아야 한다.

끝내지 못하면 다음 보상 휴식 시간에 이어서 한다. 방해물 업무를 할 때도 10~15분간 타이머를 맞춰 놓는다. 이제 다시 본 과제로 돌아간다. 노트를 작성하지 않으면 우리는 작업과 방해물이 엉켜있는 채로 뭐가 뭔지 제대로 알지도 못한 상태에서 매일 중요한 일을 하게 된다. 일상생활에서 프리맥 원리를 적용하여 효율성을 높여보자.

예를 들면 학생에게 놀기(선호)와 공부(덜 선호)가 있을 때, 공부를 먼저하고 놀게 한다. 놀기 위해서 공부하고, 결과적으로 놀기라는 행동은 공부라는 행동을 하게 만드는 유인책으로 작용하는 것이다. 프리맥 원리는 상대적 가치이론이다.

바람직한 행동을 증가시키려는 방법의 하나로서 빈도가 높은 행동을 이용하여 빈도가 낮은 행동을 강화하는 원리이다. 약점을 강점으로 바꾸기 위하여 어느 정도의 창의력이 필요하지만 가능하다. 이를 해낸다면 새롭고 아주 대단한 기회가 찾아온다.

아이가 마주하는 모든 실수, 역경, 고난이 새로운 기회와 지속적인 교훈으로 활용할 수 있다는 사실을 기억해야 한다. 아이의 약점을 분석하고 두려움을 찾아내어 태도에 변화를 준다면 아이의 잠재력은 일의 효율성을 높일 수 있다. 자신감은 후천적으로 얻을 수 있다. 많은 노력과 연습으로 언젠가는 자신감을 얻을 수 있다.

내가 가진 능력에 관해 무한히 신뢰하라

자신에 대한 신뢰감은 원하는 목표를 이루기 위한 여정에 반드시 필요한 연습이다. 본인에게 부여하는 신뢰보다 더 안전하고 든든한 것은 없다. 자신을 믿을 수 없다면, 아무것도 이룰 수 없다. 자신에 대한 신뢰가 낮아서 공포나 부끄러움이 생겨난다.

만약 자신에 대한 신뢰가 없다면 다른 사람도 신뢰하지 않는다. 그러므로 한번 자신을 돌아보고, 발견해야 한다. 아직 우리 안에는 드러나지 않은 잠재력이 가득하다. 대다수의 사람이 자신을 믿지 않는 이유는 본인의 걱정과 열정에 대한 고민이 없었거나, 고민이 있었지만 다른 사람과 나눌 기회가 없었기 때문이다.

이런 한계를 극복하고, 자신의 장점이 무엇인지에 대해 고민해라. 마치 언어를 배우는 과정과 비슷하다. 사람이 무언가를 시도하는 이유는 그것을 해낼 수 있다는 생각 때문이다. 만약 애초에 성공할 것이라고 믿지 않는다면 시도조차 안 했을 것이다. 자신을 믿을 수만 있다면, 비록 성공은 보장할 수 없지만 적어도 시도할 것이다.

자신감은 후천적으로 얻을 수 있다. 많은 노력과 연습으로 언젠가

미래인재 모든 것

는 자신감을 얻을 수 있다. 사람들은 자신을 평가할 때 다양한 기준을 적용하는데, 어떤 기준을 적용하느냐에 따라 자기평가가 달라진다.

첫째, 자신이 중요시하는 사람들 즉 친구, 동창생, 직장동료, 친척 등이다. 어떤 사람들을 자신의 비교 대상으로 삼느냐 하는 점이 자기평가에 중요하다.

둘째, 과거의 자기 모습이다. 과거보다 현재의 자기 모습이 개선되었다고 평가할 때 긍정적인 자기평가를 내린다.

셋째, 자신이 이상적으로 바라는 자기 모습이다. 과도하게 높은 이상적 자아상을 지닌 사람은 늘 현재의 자기 모습을 부족하게 느낀다.

마지막으로 부모, 가족, 친구와 같은 중요한 타인이 자신에게 기대하는 모습이다. 주변 사람이 자신에게 과도하게 높은 기대를 지니고 있다면, 현재의 자기 모습이 그에 미치지 못하기 때문에 늘 불만스럽다.

제삼자가 보기에 매우 탁월한 사람도 지나치게 높은 이상적 자아상을 지니거나 주변 사람들로부터 과도하게 높은 기대 부담을 갖고 있으면, 자신에 대한 만족감과 자신감을 느끼기 어렵다. 긍정적인 자아상을 지니고 자신감 있게 사는 것은 행복과 성공의 관건이라고 할 수 있다. 자신감을 지니려면 자기 자신의 긍정적인 측면을 소중하게 여기는 것이 중요하다.

인생은 크고 작은 성공과 실패의 연속이다. 성공 경험을 통해서 자신의 장점과 강점을 기쁜 마음으로 받아들이지만 실패 경험으로부터 자신이 보완해야 할 교훈적 의미를 건설적으로 발견하는 태도가 중요하다.(출처: 뇌 2004년 1월호, 권석만, 서울대 심리학과 교수)

05.
성공을 결정짓는
키워드는 습관이다

자신에게 맞는 좋은 습관을 만들려면 열정적이고 지속 가능해야 한다. 일단 쉬운 것부터 시작하여 매력적으로 시스템을 만들고 만족스러운 결과를 이끌어야 한다. 여기서 중요한 것은 완벽주의를 추구하다 보면 실패에 대한 두려움이 생겨 흥미를 잃게 된다.

더크워스 교수는 "우리의 인생은 두 가지 요소로 결정된다. 내가 제어할 수 있는 것과 제어할 수 없는 것. 성공한 사람들은 대부분 이 두 가지 차이를 매우 잘 인지하고 제어할 수 있는 요소에만 집중한다"라고 했다.

굳이 내가 해결할 수 없는 외부적인 상황에 대해 겁먹고, 걱정하는 것일까? 자신이 감당할 수 있는 최적화 시스템을 만들어 보자. 자신을 있는 그대로 인정하고 사랑할 수 있다.

아이와 함께, 생활 속 위대한 습관 만들기

미국 최고의 자기계발 전문가인 제임스 클리어는 어렸을 때부터 타고난 재능으로 촉망받는 야구선수였다. 그는 훈련 중 얼굴 뼈가 30조각이 나는 사고를 당했다. 야구에 인생을 걸었던 그에게 이 사건은 사망 선고와도 같았다.

하지만 그는 좌절 대신, 매일 1퍼센트씩의 성장을 목표로 일상의 작은 성공들을 이뤄나갔다. 6년 후, 꾸준한 노력 끝에 그는 대학 최고

남자 선수로 선정되었고, ESPN 전미 대학 대표 선수로도 선출되었다.

이 경험을 바탕으로 그는 자신을 인생의 나락에서 구해준 '아주 작은 습관의 힘'을 전 세계에 알리게 되었다. 스탠퍼드 대학교에서 초청받아 선보인 '아주 작은 습관의 힘'에 관한 강연은 지금까지 온라인에서 유명하다. 그뿐만 아니라 온라인 학습 사이트 습관 아카데미HABITS ACADEMY를 설립해 누구나 달라질 기회를 제공하였다.

저자는 자신의 생생한 경험과 생물학, 뇌과학, 심리학의 최신 연구 결과를 집약해서 습관 하나로 인생을 변화시킬 수 있는 노하우를 제시한다. 제1 법칙은 습관을 만들기 위해서는 결심이 분명해야 하고. 제2 법칙은 매력적이어야 하며. 제3 법칙은 쉬워야 하고. 제4 법칙은 만족스러워 한다. 이 네 가지 법칙을 바탕으로 어떻게 하면 빠르고, 효율적이고, 확실하게 변화할 수 있는지 알려준다.

제1 법칙에서 '결심'은 동기부여이다.

동기부여는 개인의 행동이 열정적이고 지속해서 작동되도록 유도하는 내적 힘이다. 방탄소년단 뷔(김태형)는 마음속에 있는 아미(방탄소년단의 팬)의 이미지에 관해 '아미는 뮤지션으로 가는 여정에서 우리를 이끄는 빛이다. 아미가 없었다면 오늘의 우리는 여기에 없었을 것. 앞으로도 우리가 음악과 함께 더 성장할 수 있도록 인도하고 동기부여를 하는 존재'라며 고마움과 자부심을 동시에 나타냈다. 자신을 만들어 가는 과정에서 끝없이 응원해주고 지켜봐 주는 팬덤이 있었다.(출처: tvX 이정범 기자, 2020년 11월 12일)

제2 법칙에서 '매력적이어야 한다는 것'은 아이의 흥미를 이끄는 직접적인 경험이어야 한다. 내 아이에게 경험이라는 재산을 쌓을 수 있는 습관을 길러야 한다. 직접 경험한 것에 대해 아이들은 좀 더 관심과 흥미를 보인다. 더 큰 호기심과 집중력을 가진 아이는 우리가 상상하는 것 이상을 발견한다. 직업 체험은 실제 생활에서 학생들의 태도와 흥미를 바탕으로 학생이 자발적으로 참여하는 활동이다. 대상과 직접적 접촉을 함으로써 실제적 지식을 체득한다. 자녀들이 그동안 막연하게 생각했던 직업에 대해 실제적이고 현실적인 정보를 얻을 수 있다.

또는 직업에 대해 아무 생각도 없었던 학생도 진로에 대해 다시 한 번 생각할 기회를 갖는다. 공부를 강요하지 마라, 배움은 즐거워야 한다. 실제로 노래에 소질이 없는 학생이 가수의 직업을 체험한 결과 '이건 아니잖아'라고 하면서 마음을 바꾼 예도 있다.

그러면 자녀에게 직업 체험을 어떻게 시킬 수 있을까? 직업 체험의 종류에는 아르바이트, 직업 진로체험 캠프, 진로체험 학습, 청소년 진로체험 교육, 희망하는 학교 방문, 현장 방문 등이 있다. 그 가운데 초등학생에게 적절한 직업 체험은 직업 현장을 견학하거나, 실제로 체험하거나, 직업 관련 캠프에 참여하는 것이다.

다양한 시민단체나 민간단체에서 운영하는 직업 체험 프로그램이나 직업 체험 캠프에 참여해보는 것도 좋은 방법이다. 이밖에 서울시교육청 교수학습센터(ssem.or.kr), 대구교육청 진로정보센터(career.dge.go.kr), 전남교육과학연구원(jeri.or.kr) 누리집에 들어가 보면 여러 가지 직업 및 진로체험 정보를 얻을 수 있다.

직업 체험 기관은 물론이고, 체험 내용, 체험 효과 등도 꼼꼼히 제공하고 있다. 다양한 경험과 감성, 풍부한 상상력을 지닌 아이가 진정한 행복을 누릴 수 있다. "탁월함은 한 번의 행동이 아니라 반복의 습관에서 나온다"라는 말을 믿는다.(출처 http://www.hani.co.kr/이영대/ 한

미래인재 모든 것

제3 법칙에서 '쉬워야 한다는 것'은 실행 가능한 것부터 실천해야 한다. 목표를 너무 크게 세우면 다이어리에 계획을 적기만 하고 실행을 하지 않는다. 쉬운 것부터 단계별로 시스템을 만들어 보자. 즉 쪼개기 학습으로 1% 업그레이드 습관을 지녀보자. 매일 1%씩 꾸준히 좋은 습관을 지니며 성장한다면 한 달 후, 1년 후 모습은 어떨까? 얼마나 자주 반복하느냐가 중요하다.

누적된 좋은 습관은 될 때까지 흉내 내라! 하루 10분이라도 글쓰기 연습을 꾸준히 한다면 이미 '작가'라는 생각을 가져라. 따라서 습관을 자동화하기 위해 얼마나 많은 시간을 들였느냐는 중요하지 않다. 그 과정에 필요한 행동을 취했느냐가 중요하다. 쉽게 만들어라!

제4 법칙에서 '만족스러워야 한다는 것'은 좋은 습관을 오랫동안 수행하면 반드시 '차이'를 만든다. 완벽하게 무언가를 한꺼번에 해야겠다는 강박감을 느끼지 말자. 새로운 습관을 세우는 가장 좋은 방법의 하나는 이미 하는 현재의 습관이 무엇인지 파악한다. 그 위에 새로운 행동을 쌓아 올리는 것이다. 어떤 사람이 되고 싶은지 결정하고 작은 성공들로 자신에게 증명해 보이자.

작은 습관의 결과물은 정체성을 만든다. '글을 한 페이지 쓰는 매 순간 나는 글 쓰는 사람이다'라고 말한다. 자신의 행동 변화로 인해 정체성의 변화를 가져온다. 작은 습관 하나는 자신을 신뢰하게 만든다. 자신이 하는 일을 변화시키는 것이다.

창의적 아이로 만드는 놀이습관

창의력과 좋은 습관을 동시에 잡을 놀이법은 없을까? 작가와 아이들이 협업한 '솔스킨스터널Solskinstunnel 프로젝트'에서 그 답을 찾을 수 있을 것이다. 시간을 효율적으로 활용하라! 휴식을 통해 즐기는 공부습관을 길러야 한다.

잘 노는 아이가 공부도 잘한다. 영어에서 놀이 또는 논다라는 뜻의 play란 단어는 다양하게 쓰인다. 게임을 할 때play games, 스포츠를 할 때play sports, 악기를 연주할 때play musical instruments, 노래를 틀 때play songs, 주식을 할 때play the stock market, 장난감을 가지고 놀 때play the toys, 아이디어를 생각할 때play with ideas 등등 다양한 부분에서 표현하고 있다.[8]

역사 기록을 보면, 철학자와 심리학자는 놀이의 가치와 중요성을 인식해왔다.[9] 놀이는 소크라테스 이전의 고대 그리스 철학자들에게 특별한 의미로 조명되었다. 대표적으로 헤라클레이토스는 삶을 장기 놀이 하는 아이에 비유하였다. 놀이가 가진 우연성과 만들어 가는 과정을 삶의 본질과 연결함으로써, 놀이의 가치를 높이 평가하였다.

놀이의 특성에서 가장 중요한 요소는 '즐거움'이다. 실제로 아이들의 놀이에 대한 에피소드를 관찰해보면 '즐거움'임을 확인할 수 있다. 놀이는 재미있으면 기분이 좋아지고, 지루함을 없애준다. 즐거움은 놀이를 계속하여 수행하게 하는 가치를 준다.

동시에 아이들은 자신을 가치 있게 생각하는 기쁨을 받는다. 놀이가 자유로운 행위라는 것은 놀이 안에 자유가 깃들어 있음을 알 수 있다. 인간의 자유의지는 철학적 입장과 연관이 있다.

즉, 놀이는 자유 그 자체로서 자유 시간에 한가롭게 할 수 있는 행위이며, 언제라도 놀이를 시작하고, 그만둘 수 있다. 따라서 아이는 재미있어서 놀이하는 것이며, 거기에 그들의 자유가 깃들어 있다. 놀이는 사회적 활동이다. 결과보다 과정을 중요시하고 꿈과 상상력과 밀접한 관계가 있다. 놀이는 사회적 성격이 강하며, 서로 경쟁하고 협동하는 과정에서 놀이의 기쁨은 배가 된다.(정낙림, 2017)

- 1년간의 대화보다 한 시간의 놀이를 통해 그 사람에 대해 더 많은 것을 알 수 있다. -플라톤
- 사람들은 늙어서 놀이를 중단하는 것이 아니다. 놀이를 중단하기 때문에 늙는 것이다. -조지 버나드쇼
- 놀이는 아이들이 자신의 한계를 넘어설 수 있게 한다. -레프 비고츠키
- 아이에게는 놀이가 일이다. -장 피아제
- 놀이를 통해 아이는 다른 어떤 활동보다도 더 잘 외부 세계에 숙달할 수 있다. -브루노 베틀 하임
- 장난감과 게임은 진지한 아이디어를 위한 서곡이다. -찰스 임스

덴마크는 2016년 국제연합UN에서 발표한 '세계 행복 보고서'에서 행복지수 높은 나라 1위에 올랐다. 경제협력개발기구OECD가 조사한 '더 나은 삶의 질 지수'에서는 38개국 중 3위를 차지했다. 창의력 계발 놀이법 예시로 덴마크 문화예술교육 BKABørne Kulturhus Ama'r 프로그램을 소개한다. 경쟁이 없는 예술 놀이를 진행한다. 덴마크의 아이들은 다양한 예술가와의 워크숍을 통해 즐거운 문화예술 체험을 할 수 있다.

16세 이하의 아이들을 대상으로 음악, 춤, 연극, 요가, 디자인 등 각종 문화예술 워크숍과 이벤트를 제공하고 있다. 모든 프로그램에는 재미와 함께 명백한 교육적 가치를 담는다. 아이가 스스로 문제를 해

결하고 결과물을 만들어내는, '자기 주도형 콘텐츠'가 주를 이룬다. 아이들은 이 프로그램에 참여하며 문화예술의 즐거움을 느끼고 자기계발을 하게 된다. 또는, 자신을 사랑하는 마음과 함께 세상을 바라보는 시야도 키운다.

BKA는 아이들의 일상적인 놀이와 관찰이 특별한 경험으로 확장되는 것을 지향한다. 특정 대상에 대한 호기심이 생겼다면 그것을 어떤 방식으로 관찰할지, 아이들이 어떤 결과를 만들어내는지, 그 사고의 확장에 주목하는 것이다. BKA의 역할은 탐구와 분석의 즐거움을 느끼는 아이의 예술성을 포착하여, 그들만의 작품과 전시로 끌어낼 수 있는 환경을 마련하는 것이다.

아이들의 사소한 말과 행동에도 그냥 지나치지 않고, 숨어있는 의도와 의미를 발견하려 하는 것이 인상적이다. 솔스킨스터널은 BKA의 예술부서 소속인 마리아 라우 크로그Maria Lau Krogh 작가와 피더 리케 학교, 그리고 지역 유치원이 협업한 예술 프로젝트다.

아이들의 창의력을 공공시설 디자인에 투입한 것이다. 이 지역에는 주민들이 잘 사용하지 않는 지하 터널이 있었다. 300여 명의 아마게르 지역 아이들이 이 터널에 밝고 아름다운 옷을 입혀주기 위해 공동작업을 하였다. 작가는 아이들과 함께 수백 개의 모자이크를 만들었다. 어둡고 퀴퀴하던 지하가 갤러리로 재탄생했다. 홍보대사의 역할도 기꺼이 소화했다.

공공시설 디자인에 참여한 아이들은 프로젝트를 통해 지역 사회의 일원으로서 당당히 인정받았다. BKA의 사례처럼 덴마크의 문화예술 교육은 어린이의 주체성과 협동심 강화에 집중한다. 자신의 능력을 믿고 생각을 표현할 수 있도록 자신감을 불어넣는다.

경쟁보다 교류의 즐거움을 느끼도록 화합의 순간을 끊임없이 제공한다. 사회의 일원으로 살아가는데 필요한 기본적인 태도를 가르치지만, 생각하고 행동하는 자유가 우선이다. 아이들의 행동에는 각자의 의도와 주체성이 있기 때문이다.(출처: https://froma.co.kr/523)

한국은 1인당 GDP가 세계 29위인데 행복지수는 58위에 불과하다. 덴마크 행복연구소장이자《휘게 라이프Hygge Life》의 저자인 마이크 비킹은 한국이 행복지수가 낮은 이유 중 하나로 타인과 비교하는 사회 분위기를 지적했다.

"한국인은 자신이 필요한 것보다 남들이 얼마나 가졌는지 비교하며 불행하다고 느끼는 것 같다. 특히 청소년의 경우 부모와 사회가 기대하는 학교에 가야 한다는 스트레스에 시달리고, 자살률 또한 경제협력개발기구 회원국 중 1위인데도 항우울제 처방률은 최하위권에 속한다. 사회적으로 낙인찍히는 것이 두려워 정신적 치료조차 제대로 받지 못하고 있다는 건 큰 문제라고 생각한다."

창의 두뇌를 만드는 놀이공부는 아이에게 행복지수를 높여준다. 편안하고 아늑한 상태를 추구'하는 생활양식을 만들어 준다. 사회적 분위기로 인해 생각하고 행동하는 자유를 빼앗아 우울하게 만드는 건 분명 잘못된 일이다. BKA의 경쟁 없는 놀이는 협동심이 사회구성원으로 중요한 요소임을 일깨워준다.

마이크 비킹은 "덴마크는 물가가 높고 날씨도 궂지만, 가장 살기 좋고 행복한 나라로 꼽히는 이유는 바로 삶의 행복의 기준을 관계, 따스함, 친밀함, 평등함에서 찾기 때문"이라고 역설했다. 잘 노는 아이가 공부도 잘하고 성취감을 가지려면 타인과 경쟁하고 비교하는 마음부터 없애야 한다.

회복력과 끈기를 만드는 습관

버락 오바마, 빌 게이츠 등 세계적 리더들에게 극찬을 받은 심리학자 앤절라 더크워스Angela Duckworth 미국 펜실베이니아대 교수는 출간된 《그릿》을 통해 성공의 핵심은 재능과 천재성이 아닌 끈기와 노력이라고 주장했다.

그녀는 가르치는 직업이 천직임을 깨닫고 뉴욕 공립고등학교의 교사가 되어 학생들에게 수학을 가르쳤다. 여러 해에 걸쳐 학생들의 성장을 지켜보면서 인생의 성공에 재능 외에 다른 요인이 작용한다는 것을 깨닫는다. 그것이 무엇인지 밝혀내기 위해 대학원에서 심리학을 공부했다. 그녀는 타고난 재능이 없더라도, 끈기와 열정을 가지고 몇 번이고 다시 일어선다면 반드시 목표를 이룬다고 보았다.

그녀는 대학 졸업 후, 미국 비영리단체 '티치 포 아메리카'에서 12~13세 아이들에게 수학을 가르쳤다. 그곳에서 성적이 우수한 학생이 단순히 IQ가 높기 때문은 아니란 사실을 깨달았다. 오히려 IQ와 성적에 큰 상관관계가 없다고 느껴질 정도였다. 그녀는 어린 시절 아버지로부터 재능이 없다는 말을 반복적으로 들으며 성장하였다.

"넌 머리가 안 좋은 편이야. 재능이 없으면 평생 성공하지 못한다고."

그 말은 평생 트라우마로 남았다. 재능 없이도 성공할 수 있다는 걸 증명하고자 성공에 관한 연구를 진행했다. 그녀는 43살이 되던 해에 전 세계 단 20명의 천재만 받는 '맥아더 상'을 수상했다.

어린 시절 내내 스스로가 천재가 아니므로 영재반에 들지 못한다고 믿고 있었는데, 오히려 천재가 아니라고 생각되는 아이들이 더 좋은 성과를 내는 경우를 자주 보았다.

그릿이란 목표를 향해 달리고, 어려움과 역경에도 포기하지 않는 능력을 말한다. 그릿을 구성하는 두 요소는 열정과 끈기다. 나는 노력가다. 나의 관심사는 해마다 바뀐다. 나는 좌절을 딛고 중요한 도전에 성공한 적이 있다. 나는 몇 개월 이상 걸리는 일에 계속 집중하기 어렵다. 나는 어떤 아이디어에 사로잡혔다가 얼마 후에 관심을 잃은 적이 있다 등 몇 가지 질문을 통해 개인의 그릿을 점수화할 수 있었다.

하버드에서 학생 130명을 대상으로 최대 속도의 러닝머신에서 5분 정도 달리게 한 러닝머신 실험이다. 하버드는 40년간 그들을 추적 조사하여 당시 참가자들이 60세가 되자 직업과 연봉 만족도 조사를 하였다. 러닝머신 실험에서 그들의 공통점을 '그릿' 점수로 매겼다.

체력이 한계가 왔음에도 불구하고 포기하지 않고 몇 발자국이라도 더 뛰었는가를 바탕으로 하버드에서는 점수를 측정하였다. 결국, 한계라고 느끼면서도 한 발짝 내디딘 사람이 40년 뒤 성공적인 삶을 살고 있었다. 더 나아가 육군사관학교 실험, 초임교사 실험, 세일즈맨 실험, 이후 진행된 실험들에서도 똑같은 결과가 나왔다.

분명 재능보다는 그릿이 성공에 더 많은 영향을 끼쳤다. 심리학에서 그릿은 한계에 다다랐을 때 끝까지 밀어붙이는 집념이나 목표 지향성을 말한다. 사람들은 궁금해한다.

"그래서, 그릿은 어떻게 기를 수 있나요?"

먼저, 아주 작은 계획들을 정해보고 '작은 일이라도 완료하는 습관'을 만들어야 한다. 대신해 정한 계획은 무조건 끝까지 완료해야만 한다. 이렇게 완료하는 습관을 기르고 나면 사람들은 힘든 순간 포기하기보단 한 발 내딛길 선택한다. 끝까지 해냈을 때 느끼는 성취감은 지금 힘든 것보다 훨씬 위대하다는 것을 알기 때문이다.

전 미 재무장관인 로렌스 서머스는 그릿에 대해 "미국의 국보로 삼아야 할 엄청난 책"이라고 추천사에 적었다. 어떠한 성취를 하기 위해서는 노력이 재능보다 최소 두 배 이상 중요하다. 지속적인 열정과 끈기없이 노력하지 않을 때 재능은 그저 발휘되지 않는 잠재력일 뿐이다.

노력 없이는 아무것도 성취할 수 없기 때문이다. 그녀가 강조하는 것은 순간적인 열정의 강도보다 중요한 것은 시간이 흘러도 한결같은 열정의 진득함이다. 창의적인 인물들은 자고 먹고 일하는 데에 가장 적합한 자신의 리듬을 찾아내고, 다른 유혹이 있어도 그것을 지키려 노력한다.

창의성을 향상하는 생활습관

창의성을 향상하기 위해 자신의 생활습관을 갖는 것은 매우 중요하다. 개인적인 생활습관은 완벽주의에서 벗어나야 한다. 주변을 둘러보면 아는 것은 많지만 행동으로 옮기지 못하는 사람들이 있다.

하버드 대학의 긍정 심리학 교수인 탈 벤 샤하르Tal Ben Shahar는 그의 저서 《완벽의 추구》에서 완벽주의는 결코 행복해질 수 없으며, 단기적으로 성과를 낼 수 있으나 장기적 성과는 낮을 수 있다고 말한다. 현대인들이 행복하지 못한 이유가 완벽을 추구하기 때문임을 역설한다. 모든 일을 완벽하게 해야 한다는 생각은 현재의 성과를 거부한다. 목표를 향해 가는 과정의 즐거움과 의미를 부정하게 한다.

그는 항상 최고점을 받았지만, 불행했고 나중에는 공부 그 자체를 싫어하게 되었다. 모든 걸 완벽하게 하고 싶었지만, 어느 순간 몸도 마음도 지친 그는 점점 불행해져 가는 자신을 발견하였다. 그래서 자신의 불행과 불안에 관한 연구를 시작했다. 완벽함에 대한 집착과 강박으로 인해 끊임없이 뭔가를 해야만 했고, 그런데도 자꾸만 자신이 부족하다고 생각돼 늘 불안했다.

자신의 경험담을 토대로 연구한 그는 과거의 자신처럼 불행한 완벽주의자로 살지 말라고 조언한다. 우리가 행복하지 못한 원인을 사회에 넘쳐나는 '완벽주의에 대한 강요' 때문이라고 말한다. 완벽주의의 가장 두드러진 특성은 실패에 대한 두려움이다.

완벽주의자는 두려움에 의해 움직인다. 완벽주의자를 방어적으로 만드는 두 가지 특별한 심리 기제가 있는데, 첫째는 자기 향상 self enhancement이고 둘째는 자기 확인self verification이다.

자기 향상이란 우리 자신을 더 나은 사람으로 보이고 싶어 하는 욕망이다. 자기 확인은 우리 자신을 있는 그대로, 우리가 알고 있는 자신을 보여줌으로써 자신을 올바로 인식시키고자 하는 욕망이다. 완벽주의자의 경우에는 자기 확인과 자기 향상이 만나 극도로 방어적이다. 다른 사람들에게 잘 보이기를 원하므로 자신의 결점을 드러낼 수 있는 비판을 피하고자 한다.

완벽주의자가 보는 자신의 이미지는 부족함이 없으며, 그런 이미지를 다른 사람에게 보여주기 위해 모든 노력을 다한다. 어떤 대가를 치르더라도 자신이 완벽하지 않다는 사실을 드러낼 수 있는 비판을 막으려 한다. 완벽함에 대한 비현실적인 기대를 버려라!

최적 주의는 가능한 범위 내에서 최선을 다하는 삶을 말한다. 긍정적 완벽주의다. 최적 주의적인 삶을 살 때 우리는 현재의 자신을 있는 그대로 인정하고 사랑할 수 있다. 불안감과 불행에서 벗어나야만 진정으로 행복할 수 있다. 지나친 욕심은 끝이 없고, 충분히 잘하고 있는 자신조차 무기력하게 한다. 당신은 지금도 충분히 잘하고 있다.

06.
일류와 이류를 구분하는
2%의 갭을 극복하라 -한계돌파력

레오나르도 다빈치와 아인슈타인의 생각 공부법은 차이가 있지만, 창의적 성장에 필요한 요소를 모두 갖추고 있다. 두 거장의 2% 포인트 비밀은 창의적인 사람으로 성장하기 위해 꾸준한 사색과 깨달음의 시간을 만들었다. 진정 원하는 것을 발견하려면 자신의 관심 분야를 잘 연결해야 한다.

점을 연결하는 일은 독특한 시각이 필요하다. 여기에는 생각의 시간을 확보하여 서로 밀접한 관계를 탐구해야 한다. 생각의 자유가 있어야 자기 확장으로 나아갈 수 있다. 위대함을 만드는 2% 포인트는 10년을 걸쳐야 비로소 기본을 완성한다. 아이가 왜라는 질문을 가지고 한 걸음 나아갈 수 있다.

위대함을 만드는 2% 포인트에 최고의 비밀이 있다

위대함을 채우는 2% 포인트 비밀은 무엇일까?

레오나르도 다빈치와 아인슈타인은 그저 앉아서 창의성의 가치를 떠들어 대기만 하지는 않았다. 그들의 마음을 사로잡는 대상을 찾고, 그들이 풀 수 있는 문제와 할 수 있는 일에 관심을 가졌다. 그들은 무언가에 푹 빠졌기 때문에 창의적인 사람으로 성장할 수 있었다.

다른 사람의 창작을 이해하고 모든 상황과 문제 또는 프로젝트를 독특한 시각으로 바라봄으로써, 창의적 성장에 필요한 양분을 얻었다. 아이디어는 어떻게 떠오르는지 생각하고 그 생각을 어디에서 얻는지 파악했다.

- ◆ 자기 암시를 해라. 원전을 읽어라. 원전을 필사하라. 홀로 사색하라. 잠들기 전 사색하라. 지식·사색·적용 노트를 써라. 작가와 함께하라. 도서관을 사랑하라. 인문학 서재를 만들어라. 인문 고전 저자의 생각을 극복하라. -레오나르도 다빈치의 생각 공부법
- ◆ 이미지로 생각하라. 고전 음악을 사랑하라. 도서관에서 사색하라. 작가처럼 생각하라. 자기 머리로 생각하라. 생각을 글로 표현하라. 생각을 실천하라. 토론하라. 청강을 완성하라. 겸손하라. -아인슈타인의 생각 공부법

레오나르도 다빈치는 위대한 작가를 존경하고 사랑하고 숭배했다. 레오나르도는 과학 연구에 몰두했다. 그는 느끼고 경험하는 모든 것을 기록했다. 피렌체로 간 그는 레온 바티스타 알베르티LEON BATTISTA ALBERTI에 대해서 연구했다.

특히 자기 시대의 유명 작가였던 레온 바티스타 알베르티의 책을 미친 듯이 읽었다. 그의 《건축론De re aedificatoria》은 1485년에 처음 출판되었다. 알베르티는 르네상스 양식 보급에 앞선 이탈리아 건축가, 예술이론가, 인문주의자, 시인, 음악가, 철학가, 조각가이고 작가이기도 했다. 그리고 그림에 관한 책을 썼고 모든 예술가들이 수학과 시, 역사를 알아야 한다고 주장했다. 알베르티의 사상은 다빈치가 예술을 바라보는 관점을 세우는데 큰 영향을 미쳤다. 그는 당시 부유한 가문의 서자 출신으로 대학에서 공부한 예술가이다. 그의 뒤를 이은 세기

의 천재 레오나르도 다빈치와 비교될 만큼 예술에서부터 다양한 학문의 경지를 이루었던 인물이었다.

다빈치는 알베르티처럼 쓰기 위해 노력했고, 살고자 애를 썼다. 작가를 직접 찾아가서 조언을 듣고 토론을 했으며, 친구가 되어 지도를 받고, 함께 책을 쓰기까지 이른다. 책만 보아서는 알 수 없는 지식과 지혜를 작가들과 교류하면서 폭발적으로 성장했다.

여기에 사색과 깨달음을 더하여 마침내는 당대의 모든 작가를 뛰어넘게 되었다.[10] 다빈치는 르네상스 시대의 가장 유명한 사람들 가운데 몇 사람과 가까이 지냈다. 다빈치의 친구라 해서 전부 화가는 아니었다. 수학자, 건축가, 음악가, 정치가, 철학자, 시인 같은 르네상스 정신을 갖춘 지식인들이었다. 그들은 모두 다빈치처럼 새로운 생각과 발견에 관심이 많았다.

아인슈타인은 과학자임에도 불구하고 숫자나 공식으로 생각한 적이 없다. 그는 예술가처럼, 이미지로 생각했다. 아인슈타인은 상대성 이론을 만들 때도, 빛줄기 위에 올라탄 자신의 이미지를 오래도록 생각했다.

아인슈타인의 'Think Diferent'는 이미지를 그리는 힘이다. 이미지心象란 마음의 그림mental picture이다. 외부의 사물이 우리의 마음에 비친 그림자를 말한다. 말하자면 이미지는 우리의 감각에 호소하여 사물에 대한 감각적 경험을 불러일으킨다. 그는 이렇게 고백했다.

"이미지는 본질이고, 숫자나 기호는 현상이다. 내가 무엇인가를 생각할 때, 먼저 이미지들이 떠오른다."

그는 이미지들을 마음대로 다룰 수 있게 된 후에 비로소 생각을 말이나 숫자로 표현할 수 있다고 한다. 타인의 시선을 신경 쓰지 않고 오직 자신이 생각하는 대로 살기 위해 노력했다. 그의 명언을 살펴보면 지혜를 알 수 있다.

"나는 상상력을 자유롭게 이용하는 데 부족함이 없는 예술가다. 지식보다 중요한 것은 상상력이다. 지식은 한계가 있다. 하지만 상상력은 세상의 모든 것을 끌어안는다."

실제로 아인슈타인이 통념을 벗어나서 사고하고 행동하자 심한 반발이 뒤따랐다. 하지만 그는 굴하지 않고 자기 생각을 실천했다. 생각을 글로 표현하고, 실천하고 토론하는 것을 좋아했다.[11]

흔히 결정적으로 부족한 상태를 지칭해 '2% 포인트 부족하다'라고 한다. 승패를 가르는 치열한 생존 경쟁에서 2% 포인트 부족하다는 말만큼 듣고 싶지 않은 표현도 없을 것이다. 어쩌면 승패를 가르는 2% 포인트는 바로 위대함을 만드는 매직 넘버라고 할 수 있다.[12]

두 거장에게서도 차이가 있다. 레오나르도 다빈치가 당대의 유명 작가라든가 유명 지식인이 아니면 일절 토론을 하지 않았다. 아인슈타인은 상대가 누구든 가리지 않고 토론했다. 토론을 마치면, 격렬하게 불타오른 두뇌를 쉬게 한다. 서로의 관계를 회복하기 위해 맛있는 식사, 소박한 산책, 클래식 감상 및 연주, 등산, 도보 여행 같은 일을 하면서 휴식을 취했다.

진정 원하는 것을 발견하라

스티브 잡스는 리드 칼리지를 중퇴하고 청강하면서 서체를 공부했다. 단지 서체 공부를 좋아했기 때문이다. 잡스는 2005년 6월 12일 스탠포드 대학교 졸업식 축사에서 출발과 시작, 노력의 중요성을 '점을 연결하는 일connecting the dots'이라고 표현했다. 자신의 서체 공부와 매킨토시의 경우처럼 연관되지 않을 수도 있다. 하지만 서로 밀접하게 관계를 맺으면 좋은 결과를 만들어 낼 수 있다는 내용이다. 잡스를 위대하게 만든 2%포인트는 서로 연결되지 않는 '점을 잘 연결한 일'이었다.

영국의 학자·시인인 하우스먼은 캐임브리지대학의 유명한 고전학자이다. 그의 시는 고전적인 간결한 표현과 절제된 소박한 문체이다. 낭만주의를 표현한 서정시를 써서 유명해졌다. 마지막 시 〈Last Poems〉(1922)가 시집으로서는 놀랄 만한 성공을 거두는 데 밑거름이 되었다. 하우스먼의 시는 '생각의 자유'가 있어야 '자기 확장'으로 나아갈 수 있다고 표현한다. 그래야 세상의 중심에 설 수 있다고 말한다. 사색의 시간과 자기 확장으로 이어져야 위대함을 만드는 2%포인트를 채울 수 있을 것이다. '10년 법칙'이란 10년에 걸쳐 2%포인트를 채우려고 노력해야 한다는 말이다.[13]

내 나이 하나 하고 스물이었을 때
어느 어진 이가 하는 말을 들었지.
돈이야 금화든 은화든 다 내주어 버려라
그러나 네 마음만은 간직하라
보석이야 진주든 루비든 다 내주어 버려라
그러나 네 생각만은 자유롭게 하라.

이런 이유에서 자신에게 '왜'라고 물어보자.
"왜 너는 자전거를 타는가?"
"왜 너는 BTS공연을 보고 싶어 하는가?"
"왜 너는 게임을 좋아하는가?"

미래인재 모든 것

"왜 너는 소크라테스를 이야기하는가?"

이처럼 '왜'라고 제기된 질문에 대답하려고 애쓰는 과정이 먼 길을 가기 위한 한 걸음이다. 우리가 한층 중요한 목표에 가까이 다가간다는 것을 의미한다.

해리 포터를 창조해 낸 조앤 롤링Joan Rowling은 얼마 전 하버드 대학교 졸업생들 앞에서 자신의 인생 이야기를 들려주었다. 그녀가 대학에 갔을 때, 가난하게 자라 대학에 가지 못한 부모님은 그녀가 돈벌이가 될 만한 전문 기술을 배우기를 원했다. 하지만 그녀는 영문학을 공부하고 싶었다. 약간의 다툼 끝에 그녀는 현대 언어를 공부하기로 부모와 타협을 보았다. 하지만 그 약속은 지켜지지 않았다. 부모님 눈에는, 그리스 신화만큼 돈벌이에 도움 안 되는 쓸모없는 공부가 또 없었다. 글솜씨 하나로 세계에서 손꼽는 부자가 된 롤링은 그저 자신의 열정을 따랐을 뿐이다.

하지만 고전학으로서의 방향 전환은 그녀 자신에게나 수백만 독자들과 영화 팬들에게나 엄청난 영향을 미쳤다. 지금부터 시작될 여정에서 염두에 두어야 할 세 가지가 있다. 첫째, 가끔은 공부 방향을 바꾸거나 심지어 왔던 길을 되돌아가 완전히 다른 길을 가야 할 때도 있다. 둘째, 실패를 받아들이고 그 경험에서 많은 것을 배울 수 있음을 깨달아야 한다. 조앤 롤링도 이렇게 말하지 않았던가. "실패를 통해 나에 대해 많은 것을 배웠습니다. 실패하지 않았다면 알 수 없는 일들…." 셋째, 공부의 목적을 찾고, 과정을 통제하며, 자신의 능력을 발전시킬 수 있음을 믿어야 한다.

위대해지려고 각오한 사람만이 위인이 될 수 있다

빌 게이츠는 스물다섯 살에 레오나르도 다빈치의 천재성의 원천이었던 10가지 특별한 공부법을 자신에게 적용했다. 그의 모든 성취의 근원이라 불리는, 그 유명한 '생각주간Think Week'를 만들었다. 일과 삶의 전체적 흐름을 통찰하고 성공하려면 '생각의 시간'을 반드시 확보해야 한다는 것이다.

집무실에 레오나르도 다빈치의 초상화를 걸어놓고는 하루에도 수백 번씩 마음속으로 대화를 했다. 스티브 잡스는 아인슈타인의 초상화를 침실에 걸어놓고 하루의 시작과 끝을 함께했다. 그는 아인슈타인의 'Think(문명적 의미의 생각)'를 자신의 창조적 공감 능력과 창조적 상상력의 원천으로 삼고 살았다.

레오나르도 다빈치의 생각 공부법은 빌 게이츠에게, 아인슈타인의 생각 공부법은 스티브 잡스에게 자양분이 되었다. 빌 게이츠가 책을 싸 들고 일 년에 두 번씩 사라지는 이유를 이렇게 말한다.

"이 기간에는 외부와도 철저히 단절합니다. 오로지 책을 읽거나 박사들의 논문과 중요 보고서를 훑어보며 미래에 대해서 깊이 생각하는 시간을 가집니다."

생각주간이라고 부르는 이 기간은 1980년부터 지금까지 이를 실천하고 있다. 혼자 문명에서 완전히 격리된 1주를 보낸다. 7일은 그가 가족, 친구 및 직원과 완전히 분리되어 있다. 독서하고 많은 사고를 할 수 있는 시간이다.

빈 스컬리 전 애플 최고경영자CEO에 따르면, 1980년대 잡스의 집에는 침대 하나, 전등 한 개, 그리고 아인슈타인의 초상화 하나만 있었다. 그 외에는 흔한 장식품 하나 찾아볼 수 없었다고 한다. 최소한의 완벽한 것만을 자신의 곁에 둔다. 완벽주의 미니멀리스트의 성향을 드러낸다.

애플 제품에는 군더더기가 없다. 스마트폰 아이폰은 나사 구멍 하나조차 반듯하게 들어맞아 있다. 잡스가 '최소의 디자인이 최선의 디자인'이라는 가치를 추구하고 있기 때문이다. 그는 많은 것을 포기하는 대신 집중하기로 선택한 부분에 에너지를 집중한다.

하버드 경영대학도 최근 설립 100년 만에 처음으로 교육 개혁을 단행했다. 핵심은 숙련된knowing 위주의 교육을 비잉Being이나 두잉Doing 위주로 바꾸는 것이었다.

비잉은 자기 인식을 통해 조직 구성원과 고객에게 깊은 영향을 미친다. 가치와 신념을 만드는 것을 의미한다. 두잉은 기존 기술에 혁신을 일으키거나 새로운 사업을 창조하는 것을 뜻한다. 즉, 하버드 경영대학원은 지난 100년 동안 추구해왔던 지식Knowing교육을 공감 능력Being과 창조적 상상력Doing을 기르는 교육으로 바꾸었다. 교육 시스템 자체가 경영자를 배출하는 것으로 바꾼 것이다. 노잉knowing을 버리고, 비잉being하고 두잉doing하라!14

역사적 천재들 주변에는 끊임없이 노력하고 집중하며 몰입하는 인물들이 많다는 것을 쉽게 찾아볼 수 있다. 아인슈타인은 하나의 문제를 해결하기 위해 몇 달이고 몇 년이고 생각하고 또 생각했다고 한다. 이렇게 생각하다 보면 99번은 틀리고 100번째가 되어서야 비로소 맞는 답을 얻어 낸 것이다.

그만큼 하나의 문제를 해결하기 위해 쉼 없이 노력에 노력을 거듭하려는 열정을 엿볼 수 있다. 애플의 스티브 잡스나 페이스북의 마크 저커버그 역시 비슷한 색깔과 유사한 스타일의 옷만을 고집한다. 일

상생활의 일을 단순화시키고 업무에만 집중하기 위한 것이다. 목표에
만 집중하고 다른 것에는 신경 쓰고 싶지 않기 때문일 것이다.[15]

독일의 심리학자 볼프강 쾨러Wolfgang Köhler는 '새로운 아이디어는
언제 어디서나 떠오를 수 있다'라고 한다. 특히 사람들이 가장 편하게
생각하는 욕실이나 침대 혹은 버스에 있을 때 아이디어가 잘 떠오른
다. 주로 혼자만의 시간을 갖기에 좋은 장소이기 때문에 휴식하기에
는 최적이라는 것이다.

욕조에서 밀도를 발견하고 유레카를 외쳤던 아르키메데스 실화도
있다. 1965년 미국 음원 시장 1위를 한 예스터데이를 작곡한 폴 메카
트니는 꿈속에서 멜로디를 만들었다.[16] 기초적인 아이디어가 올바른
장소와 만나 핵심 아이디어로 발전할 수 있게 시스템을 만들어야 한
다. 그것이 바로 우리의 생각주간이다.

07.
미쳤다는 소리를 들어야 성공한다

주어진 상황에서 최선을 다하길 원한다면 희망과 믿
음을 절대 버리지 말라. 아이를 위한 교육에 열정을 발굴하는 일은 매
우 중요하다. 열정을 만드는 습관을 길러주고 싶다면 데일 카네기의
생활방식을 본보기로 삼아야 한다.

자아실현을 위해 강력한 힘을 길러야 한다. 그것이 열정으로 가득

한 마음이다. 재미있고 즐거운 일을 찾아 빠져들면 성공은 반드시 찾아온다. 열정을 억지로 피곤하게 만들어서는 안 된다. 아무것도 바라지 말고 순수하게 그냥 반복하는 훈련을 해 보자. 목표를 성취하겠다는 간절한 욕구가 있으면 몰입할 수 있는 열정이 생긴다. 어떤 난관에 부딪혔을 때도 쉽게 포기하지 않아야 한다.

열정의 중요성을 깨닫게 하라

두 마리의 개구리가 신나게 놀다가 우유 통에 빠졌다. 통이 워낙 깊어 정상적인 방법으로는 살아나오기가 불가능하다. 그런데 한 마리는 여기서 벗어나기 위해 필사적으로 헤엄을 쳤다. 반면 다른 한 마리는 절망한 나머지 처음부터 살아나갈 것을 포기했다.

자포자기한 개구리는 얼마 지나지 않아 결국 우유 통에 빠져 죽는다. 그러나 남은 한 마리는 끝까지 포기하지 않고 우유 통에 매달렸다. 그러던 어느 날 남은 개구리는 발밑에서 이상한 감촉을 느꼈다. 우유가 굳어지면서 발판이 생겼고 이로 인해 무사히 살아나올 수 있었다. 우유를 계속해서 저은 결과 우유가 버터로 변해 단단하게 굳었다.

여기서 만약 이 개구리가 헤엄치다가 중도에 포기한다면 굳이 설명하지 않아도 예측할 수 있다. 그러나 개구리는 단 한 순간도 쉬지 않고 몸을 놀린다면…. 우리는 여기서 귀중한 교훈을 하나 얻을 수 있다. 주어진 상황에서 최선을 다하면 반드시 길이 보인다는 사실이다.

고난과 시련이 찾아왔다고 신을 원망하거나 남 탓을 하지 말고, 궁지에 몰렸다고 쉽게 포기하지 말자. 희망을 안고 다시 시작하라! 하버드대 교수들은 학생들에게 '희망과 믿음을 가진 사람들은 어떤 불행도 잘 이겨낸다'라고 했다.

진정으로 아이를 위한 교육에 중요한 까닭은 열정은 그 자체만으로도 동기가 되기 때문이다. 자신이 무엇에 열정을 느끼는지 파악하려면 깊이 파고들어야 하는 일도 있다. 대부분 사람마다 열정 분야 하나씩은 가지고 있다.

아이들에게 정말로 필요하고 아이들도 원하는 것은 어떤 분야이든 자신의 열정을 찾아내어 세상을 개선하는 가치 있는 일에 그 열정을 발휘하는 것이다. '열정이 있는 사람은 타인의 적개심보다는 마음을 얻는다'라는 말은 하버드대에서 오래전부터 전해오는 말이다. 이는 성공의 길로 나아가는 이정표이다.

하버드대 출신들이 하나같이 멋진 인생을 사는 이유는 그들이 매사에 온 힘을 다하고, 항상 자신의 삶에 충실했다. 열정 가득한 순간이 곧 자아가 실현되는 순간이다. 하버드대의 한 철학 교수는 "당신이 붙잡을 수 있는 시간은 오늘뿐이다"라고 한다.

당신의 모든 지혜와 열정을 다해 전심전력으로 이 순간의 삶을 받아들여라! 그 속에 빠져들어 경험하고 시간을 낭비하지 않아야 한다. 하루를 어떻게 보내야 할지 모르겠다면 하버드대생들의 사랑을 한 몸에 받는 유명교육가 데일 카네기의 생활방식을 모방하라. 그는 《인간관계론》에서 오늘을 소중히 하고, 오늘을 낭비하지 말며, 오늘에 충실하게 생활하는 것을 핵심으로 하는 계획을 세운 바 있다.

밥을 먹을 때는 식사에만 집중하고, 놀 때는 노는 일에만 흠뻑 빠져라. 대단한 사람이 되고 싶은가? 몸과 마음이 전력을 다해 앞을 향해야 한다. 열정이 이토록 강력한 힘을 가지고 있는 것은 마음에서 우러나는 아드레날린이기 때문이다.

열정은 온몸의 세포를 깨워 새로운 마음을 가지고 더 적극적으로 행동하게 만든다. 또한, 열정은 전염성이 있어서 다른 사람이 자신도 모르는 사이에 당신을 지지하게 만들고 당신을 따르게 하는 힘이 있다. 아이가 열정으로 마음을 채우면 자아실현의 기쁨을 누린다.

열정을 만들어내는 습관

미국의 한 잡지에서 사업에 성공한 경영인과 경영대학에 재학중인 우수한 학생을 대상으로 진행한 설문조사에 따르면, 성공에 가장 도움이 되는 것은 열정이었다. "나이는 숫자에 불과하다. 세월은 피부를 주름지게 하지만, 열정을 잃으면 영혼이 시든다"라고 말했던 맥아더 역시 열정을 매우 중요시했다.

열정은 우리네 삶을 뜨겁게 만드는 긍정의 에너지다. 열정Enthusiasm 이란 단어는 원래 그리스어로 '내 안에 있는 하느님'이라는 뜻이다. 열정이야말로 내가 가장 따라야 할 가치라는 의미다. 어느 한 분야에 관심을 두고 열정적으로 미치면 분명 밑바닥을 친다. 그렇게 재미있고 즐거운 일을 찾아서 빠져들면 성공은 반드시 찾아온다. 피곤한 게 아니라 즐거워야 한다. 재미가 있으면 누가 시키지 않아도 밤을 새며 일하게 된다. 그런 일을 찾아야 한다.

열정을 만들어내는 습관을 연습을 해 보자.

첫째, 그냥 훈련하라,

아무것도 바라지 말고 순수하게 그냥 반복하여 훈련 해야 한다. 그게 꾸준한 습관을 만드는 훌륭한 훈련법이 될 수 있다.

둘째, 감정을 다스려라.

자기 전에 잠시라도 명상하는 게 좋다. 오늘 하루 얼마나 어리석게 보냈는지 곱씹어 보면서 개선점을 찾는 자기 수양의 시간이 필요하다.

셋째, 사명감을 가져라.

프로는 의욕으로 일하는 사람이 아니라 할 일이 있으면 그냥 하는 사람이다. 프로에겐 사명감이 더 중요하다.

넷째, 반복하라.

열정은 언젠가 사라진다.

최고의 운동선수도 슬럼프가 있다. 하지만 슬럼프라고 아무렇게나 행동하지 않는다. 열정을 유지하는 건, 열정이 없어도 상관없이 지속적인 상태가 되는 것이다. 능력을 빨리 궤도에 올린 후 반복으로 습관화해라. 체화되지 않은 능력은 금세 사라진다.

사람의 행동 가운데 99%는 습관에 영향을 받는다. 그 습관 속에서 자질이 조금씩 길러진다. 목표를 성취하겠다는 간절한 욕구가 있으면 몰입할 수 있는 열정이 생긴다. 이미 목표가 달성된 것처럼 믿으면 목표는 더 빨리 성취된다.

다섯째, 다른 사람에게 목표를 말하라.

습관을 바꾸기로 한 순간부터 다른 사람에게 알리는 것을 주저하지 마라.

예일대학교와 스탠포드 대학에서 실시한 오키프O'Keefe 교수 연구팀의 실험에 따르면 열정은 우리를 가슴 뛰게 만드는 어떤 구체적인 한 가지 분야나 업종에 뛰어드는 것이 아니라고 한다. 다양한 분야에서 끈기와 탐구를 통해 지속하여 발전시켜 나가야 한다는 관점에 무게를 둔다.

성장형 사고방식을 가지는 사람들은 지능은 체험을 통해 강화될 수 있다고 믿는다. 어떤 난관에 부딪혔을 때도 쉽게 포기하지 않는 유

미래인재 모든 것

형이다. 자신이 진정으로 열정을 가지고 할 수 있는 관심 분야 혹은 일을 직업으로 삼는 사람은 정말 행복한 사람이다.

열정을 가진 부모는 아이와 대화하며 대단한 사람을 만든다

열정은 기적을 만들어낸다. 기적을 만든 세바시 강연에 참여한 사람을 보면 '대단한 사람이 도전하는 것이 아니라, 도전하는 사람이 대단하다'라고 한다. 열정은 유난히 견디기 힘든 상황에서 역량을 유감없이 발휘하며, 중요한 결과를 가져온다.

특히, 고난에서도 왕성한 힘을 보여준다. 열정과 목표를 가진 아이들에게 부모의 대화법은 이 때문에 중요하다.

첫째, 자존감을 높여주는 공감 대화를 구사한다.

보통 아이들은 부모님이 자신의 이야기를 듣고 느낀 점을 자신에게 이야기해주면서 공감해주기를 바란다. 똑같은 말로 대답하기보다는 이야기에 대한 개인적인 느낌을 구체적으로 표현해주면 자녀의 정서 발달에 큰 도움을 준다.

둘째, 아이와 공감하는 대화법이다.

부모님은 아이와 대화할 때 마음을 드러내어 소통하려고 노력해야 한다. 만약 자녀가 게임하길 원한다면 무조건 '하면 안 돼. 들어가서 공부해'라고 말하기보다는 '하루에 1시간 게임을 하는 시간을 정해두자'라고 이야기하는 것이 좋다.

아이의 제안에 대해 무조건 거절하거나 비난을 하면 아이는 대화를 단절하려 한다. 부모 몰래 행동하려는 습관도 생길 수 있다. 자녀의 잘못된 행동이 있다면 잡아줘야 한다. 강요보단 둘이 앉아 조목조목 대화로 풀어나가야 한다. 잘못된 행동에 대해서도 조건 없는 강요를 하게 되면 그 순간은 억지로 따르겠지만, 속으로 불만이 쌓여 사춘기에는 더 큰 반항심을 불러일으킬 수 있다. 존중하는 마음으로 부탁하는 것이 좋다.

셋째, 성취감을 높여주는 대화법이다.

아이들에게 칭찬할 일이 있으면 구체적으로 한다. 단순히 잘했다, 최고야 보다는 분명하고 구체적인 점을 들어 칭찬해주는 것이 좋다. 또한, 결과보다는 과정을 중심으로 칭찬해주시는 것이 좋다.

결과를 이루기까지 아이가 들인 노력을 칭찬해주면 과정의 중요성을 배울 수 있고 성취감도 더 크게 느낀다. 그뿐만 아니라 아이가 할 수 있는 범위 내에서 이야기하는 것이 좋다. 쉽게 성취하기 어려운 성적이나 장학금보다 '집중력이 좋아졌다, 표정이 밝아졌다' 등 쉽게 자녀가 실천할 수 있는 범위에서 칭찬하면 더 커다란 성취감을 안겨준다.

넷째, 아이를 격려하는 대화법이다.

아이들은 경쟁에서 지고 돌아와 낙심하는 때도 있다. 하지만 이때, '괜찮아, 노력하면 될 거야' 등의 이야기는 위로가 되지 못한다. '이렇게 노력을 많이 했는데 져서 속상하겠다, 어제보다 더 빨리 달렸는데 정말 아쉽다' 등 상대방과의 비교가 아닌 아이가 잘한 점을 찾아 이야기 해주어야 한다. 또한, 아이가 잘못을 저질러 부모가 아닌 다른 사람들에게 혼난 경우, 아이의 잘못일 수도 있지만, 오해로 인해 혼나는 경우도 있다.[17]

그 자리에서 부모님까지 함께 아이를 혼내는 것은 바람직한 행동이 아니다. 이는 부모님은 자신을 지켜주리라 생각했던 아이의 믿음을 깨는 행동이기 때문이다. 먼저 아이를 진정시키고 억울한 점은 없는지 물어보고 이야기를 들어주시는 것이 필요하다.

미래인재 모든 것

친구와 다투고 돌아왔을 때도 아이의 관점에서 마음을 달래주는 것이 필요하다. 그다음, 앞으로 그 친구와 어떻게 지내고 싶은지 물어보고 잘 지낼 방법에 대해 함께 이야기를 나누는 것이 좋다. 아이가 열정으로 채워져 있어도 부모의 대화법이 다르다면 그 열정이 사라질 수도 있다. 부모가 해야 할 일의 대화법 목록을 만들어야 한다.

교육하면 가장 많이 떠오르는 민족이 누구인가? 바로 유대인이다. 이미 우리에게 익숙한 유명인사만 보아도 아인슈타인, 에디슨, 프로이트, 우디 앨런, 워렌 버핏, 마크 저커버그 등등 다양하다. 유대인은 세계 인구 0.2%에 속하는 것에 불과하지만 역대 노벨상 수상자는 22%, 아이비리그 중 23%, 미국 억만장자 40%를 차지하는 민족이다.

유대인들이 아이를 임신했을 때 태아에게 책을 읽어주고 이야기를 들려주는 것도 하브루타 교육이다. 가정에서 식사하면서 아버지와 자녀가 질문하고 답변하는 것도 교육이다. 자녀가 잠들기 전에 어머니가 동화를 들려주면서 대화를 나누는 것도 교육이다.

하브루타 교육은 '서로 짝을 지어 질문하고 대화하고 토론하고 논쟁하는 것'이다. 이것을 단순화하면 함께 이야기를 나누는 것이다. 아버지와 자녀가 이야기를 나누고, 친구끼리 이야기를 나누고, 동료와 이야기를 나누는 것이다. 그 이야기가 약간 전문화하면 질문과 대답이 되고, 대화가 된다. 거기서 더 깊어지면 토론이 되고, 더욱 깊어지고 전문화하면 논쟁이 된다. 하브루타는 의사소통 능력, 경청하는 능력, 설득하는 능력을 기르는데 가장 효과적인 방법이다.

현대에 들어 소통과 관계의 중요성은 더욱 드러나고 있다. 아무리 실력을 갖추어도 그것을 인간관계를 통하여 풀지 못하면, 그것은 썩고 만다. 아이가 아무리 좋은 아이디어와 생각을 가졌다 하더라도 그것을 다른 사람에게 설명하지 못하고 설득하지 못하면 전혀 쓸모가 없다.

하브루타 자체가 대화하고 토론하는 것이기 때문에 의사소통 능력이 저절로 생긴다. 다른 사람의 말을 경청할 수 있게 하고 다른 사람을 설득하는 능력을 길러준다. 아이의 열정을 유지하는 습관교육, 부모의 하브루타 대화법은 대단한 사람을 만든다.

미래인재 모든 것

3장

미래 인재로
성장하기위한 우리의 자세

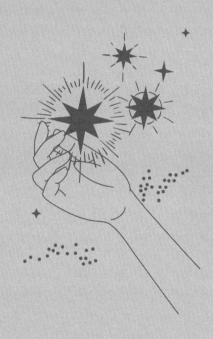

강점은 '한 가지 일을 완벽에 가까울 만큼
일관되게 처리하는 능력'이다.
타고난 재능에 습득한 지식과 기술이 더해짐으로써
강점으로 발휘된다.
_《위대한 나의 발견, 강점 혁명》-저자. 마커스 버킹엄과 도널드 클리프턴

01.
붕어빵 인재는 그만,
자신만의 콘텐츠를 만들어라

어떤 열정이 자신을 움직이게 하는지 알아가는 길은 중요하다. 오랫동안 존재한 사고방식의 연장선 위에서 혁신적인 사고는 필요하다. 자신만의 콘텐츠를 통해 세상을 탐색하고 창조와 혁신의 길을 걸어가야 한다. 모든 사람은 각자 독립적으로 방법을 찾아야 한다. 절대 자신의 능력을 의심하지 말라! 자신만의 특기와 장점이 있다.

독특한 감성으로 세상과 타인을 바라보자. 자신의 능력을 의심하고 스스로 비하하는 사람은 절대 더 나아지거나 성공할 수 없다. 모든 사람은 기질도 원칙도 다르다. 아이를 타인과 비교하고 비하할 시간에 자신만의 콘텐츠를 만들게 하라!

스스로 콘텐츠를 선택하라

창의적인 사람이 되고 싶다 마음먹는다고 해서 창의력이 생기는 것은 아니다. 성공하겠다 마음먹는다고 해서 성공할 수 있는 것은 아니다. 자신이 어떻게 움직이고 창작하는지 이해하려면 자신과의 대화가 꼭 필요하다.

초점을 맞춰야 할 것은 창의성을 바라는 욕심이나 자신의 감정이 아니다. 무엇을 배우고, 보고, 하고, 바꾸고 싶은지, 어떤 의문점을 가졌는지, 어떤 열정이 자신을 움직이게 하는지에 집중해야 한다. 성공은 부수적으로 얻어지는 것이다. 자신에게 중요하게 느껴지는 일에 관심을 쏟고, 그 열정으로 삶을 살아야 한다.

한 예술가가 9달러짜리 동판을 28만 달러에 팔겠다고 말했다. 사람들이 대체 무슨 소리냐고 묻자 그는 이렇게 대답했다.

"이 동판으로 문고리를 만들면 그 가치가 약 21달러입니다. 공예품으로 만들면 300달러 정도 되겠고요, 하지만 제가 이걸로 멋진 조각상을 만들면 가치가 28만 달러를 훌쩍 넘지 않겠습니까?"

예술가의 자신만만한 태도에 매료된 월가의 한 금융가가 동판을 사서 그에게 아름다운 흉상 제작을 요청했다. 이렇게 9달러짜리 동판은 예술가의 손을 거쳐 어느 유명인사의 기념상이 되었고 그 가치는 30만 달러에 달했다. 9달러에서 30만 달러까지! 이것이 바로 혁신적인 사고다. 이 예술가는 지능이 뛰어난 동시에 감성까지 뛰어났다. 그는 사람들의 호기심을 자극할 줄 알았기에 성공했다.

독일의 심리학자 칼 던커Karl Duncker는 다양한 연구를 통해 사람의 심리적 활동이 '기능적 고착'을 받는다는 결론 내렸다. 이는 합리적이고 실현 가능한 기존의 사고방식을 가리킨다. 던커에 따르면 '사람은 동일한 문제나 사물을 대할 때 오랫동안 존재한 사고방식의 연장선 위에서 전통적이고 습관적인 영향을 받는다'라고 한다. 그래서 창의적이고 혁신적인 무언가를 만들어내지 못하는 것이다.

다음은 한 작가가 혁신에 관해 쓴 글이다.

이 세상에는 세 종류의 사람이 있다.

첫째, 지치지도 않고 끊임없이 노동하는 사람이다. 이들은 오랫동안 강한 의지와 힘에 기대어 자신을 둘러싼 각종 장애물을 하나씩 깨부수며 위대한 목표에 도달한다.

둘째, 천재성을 지닌 사람이다. 이들은 타고난 지능과 재능에 편승

미래인재 모든 것

해 유유자적 큰 힘 들이지 않고 산다.

셋째, 앞의 두 가지를 결합한 유형이다. 꾸준하고 성실한 노동을 통해 원래 없던 천재성을 스스로 길러내는 사람, 혹은 타고난 천재성 위에 성실한 노동을 더한 사람이다. 이들은 언제나 세상을 탐색하고 창조와 혁신의 길을 걸어간다.

자신의 능력을 의심하지 마라

사람들의 눈에 폴 드 센네빌Paul de Senneville은 특별히 하는 일 없이 무위도식하는 남자이다. 하지만 센네빌은 남의 시선에 흔들리지 않고 언제나 자신이 특별하다고 생각한다. 어느 날, 그는 머릿속에 떠오른 멜로디를 대충 흥얼거리면서 녹음했다. 그리고 아는 사람에게 부탁해 이 멜로디를 악보에 옮겼다. 제목은 '아드린느를 위한 발라드'라고 정했다. 아드린느Adeline는 첫째 딸의 이름이었다. 얼마 후, 그는 완성된 악보를 가지고 로뱅빌에 사는 피아니스트를 찾아가 연주를 부탁하고 녹음까지 했다.

센네빌은 이 가난한 피아니스트에게 리차드 클레이더만이라는 예명을 지어주었다. 그들이 함께 만든 이 피아노곡은 음악계에 돌풍을 일으키며 엄청난 사랑을 받았다. 이 음반은 총 2,600만 장이라는 어마어마한 판매량를 올렸고 센네빌은 순식간에 엄청난 부자가 되었다.

"나는 연주하는 악기도 없고, 악보를 볼 줄 모릅니다. 화성악和聲樂 같은 것은 전혀 몰라요, 하지만 난 흥얼거리는 것을 좋아했어요, 단순하면서도 모든 사람이 좋아할 만한 아름다운 멜로디를 늘 흥얼거렸죠."

미스터 트롯에서 출연자에게 진정성을 담은 화법으로 유명한 조영 수 작곡가는 10년간 국내에서 저작권료를 가장 많이 받는 톱 작곡가이다. 정성껏 듣고 정중하게 말하는 그의 태도는 청중에게 효과적으로 전달한다.

고교 시절부터 수학을 좋아했고 음의 배분, 화성의 순서, 박자, 작곡에 이르기까지 수학적 감각을 활용했다고 한다. 자신이 좋아하는 일의 기준이 확고하고 청중에게는 신뢰감을 주었다. 음악을 정식으로 배우지는 않았지만, 그의 철학은 간결함이다. 간단한 음률로 대중이 기억하기 쉽고 듣기 편하게 만든다. 대중의 취향 데이터를 분석하고 재능 있는 사람에게 좋은 스승이 되고자 꿈꾼다.

사람은 누구나 자신만의 특기와 장점이 있다. 누구나 독특한 감성으로 세상과 타인을 바라본다. 자신의 능력을 의심하고 스스로 비하하는 사람은 절대 더 나아지거나 성공할 수 없다. 타인과 비교하고 자신을 비하할 시간에 자신만의 콘텐츠를 개발하라! 자기 목소리를 들려줄 기회를 찾다 보면 실력이 늘고, 기회가 생긴다. 세상에 자기를 드러내는 좋은 욕심을 길러라! 자기를 내보이고 단점도 칭찬도 받다 보면 팔로워가 생긴다.

타인의 말에 휩쓸리지 마라

모든 사람은 기질도 원칙도 다르다. 어떤 기질을 가지고 원칙으로 어떻게 살든 스스로 행복하다고 느낀다면 다른 사람은 신경 쓰지 말자. 그러면 자신에 대한 만족도가 점점 높아질 것이다. 천성을 억누르지 말고 자신만의 원칙을 잃지 않도록 하자.

이탈리아의 시인 단테도 "남들이 뭐라고 말하든 내버려 둬라."라고 말했다. 자신감과 특유의 개성을 드러내며 살자. 괴테는 말했다. "잠재능력이란 매우 강한 에너지다. 이 에너지가 폭발하면 세상을 놀라게 할 수도 있다." 당신은 당신의 인생에서 가장 중요하고 소중한 사람이다. 그리고 당신 안에 있는 잠재능력은 영원히 고갈되지 않고, 쓰면 쓸수록 더 풍요로워지는 보물 창고와 같다.

롬바르디, 베토벤, 다윈, 아인슈타인, 톨스토이……. 모두 각 분야에서 위대한 성공을 거두었다. 만약 그들이 다른 사람이 정해놓은 길을 따라 걸었다면, 혹은 환경에 무릎 꿇고 자신의 삶을 포기했다면 과연 성공할 수 있었을까? 그들은 남들이 뭐라고 하든 오로지 자신의 길을 걸었다.

조앤 롤링은 부모님을 속이고 대학에서 불문학과 고전학을 공부하였다. 그때 당시 배운 고전학을 통해 '해리포터'시리즈가 출간되었다. 출판사로부터 여러 차례 거절을 당해 어려움이 많았다. 그녀는 백만장자가 되었고 2000년에는 영국 여왕으로부터 작위를 받았다. 아이의 진정한 가치를 드러내라! 주인공은 언제나 아이 자신이다.

자신의 삶을 사랑하는 사람은 언제나 자신만만하고 능력을 100% 발휘한다. 조앤 롤링은 일자리가 없어 1년 동안 정부 생활보조금으로 살았다. 조앤 롤링은 빈곤한 생활을 하면서 아이들을 위한 동화를 쓰기로 했고 '해리포터시리즈'를 완성하였다.

이들은 어디에 가든 자신만의 세상을 개척하며 타인의 인정과 존중을 얻는다. 감정과 마음가짐을 잘 조절하라! 자신의 삶에 원칙을 정하고 역량을 발휘하는 사람, 적극적으로 배우고 훈련을 통해 학습하는 사람, 이런 사람만이 성공할 수 있다. 엄마의 아집으로 아이의 삶을 흔들어서는 안 된다.

나부터 바뀌면 세상이 변화한다

미국의 정치인이었던 벤저민 프랭클린은 모두에게 균형 잡히고 공평한 교육이야말로 미국의 꿈을 제대로 꽃피우는 데 극히 중요한 요소임을 깨우쳤다. 이는 모든 사람이 꿈을 실현하는 데 중요한 요소다. 세계가 점점 복잡해지고 위험성이 높아가는 가운데 교육을 혁신해 사람들에게 유용한 학교를 만들어야 한다는 필요성이 그 어느 때보다 높아졌다.

간디의 명언을 인용하면 '세상을 변화시키고 싶다면 자신부터 변해야 한다. 많은 사람이 변화한다면 그것은 운동이 되고, 그 운동이 열정으로 이어진다면 그것은 혁명이 된다'라고 한다. 현재의 교육에도 바로 이런 변화과정이 필요하다.

프랭클린은 세상에는 세 종류의 사람이 있다고 말했다.

"절대 변하지 않는 사람과 변할 여지가 있는 사람 그리고 변화하는 사람이다."

여기에 담긴 뜻은 분명하다. 어떤 사람은 변화의 필요성을 깨닫지 못하고 또 깨달으려고도 하지 않는다. 시냇가의 돌덩이처럼 그 자리에 딱 들러붙은 채 주위의 급물살 속에서도 요지부동 꼼짝하지 않는다. 이런 사람들은 그대로 내버려 두는 편이 낫다.

현재는 시대의 조류가 혁신의 편에 서 있으며, 이런 사람들은 변화의 흐름 앞에서 결국 시대에 뒤처질 것이다. 변화의 여지가 있는 사람들도 있다. 이런 사람들은 변화의 필요성을 깨닫는다.

어떻게 해야 할지 방법을 모른다 해도 마음이 열려 있다. 함께 협력해 꿈과 계획을 세워야 한다. 마지막으로 변화하는 사람들이 있다. 새로운 미래의 모습을 깨달은 후 스스로 분발하고 일어나 다른 사람들과 협력한다.

방탄소년단은 한국 가수 최초로 메인 앨범 차트인 '빌보드200'과 '핫 100'차트에 1위를 모두 석권했다. 방탄소년단의 디지털 싱글 '다이너마이트' 뮤직비디오 유튜브 조회 수가 3억 뷰를 넘었다. 스스로 만든 유튜브와 SNS로 마케팅을 시작하여 전 세계 아미 팬덤을 만들었다. 7년 전 '흙수저 그룹'에서 빌보드 양대 차트를 점령한 자타공인 월드 스타가 됐다.

02.
단점이 아닌 타고난
자신의 강점에 집중하라

성공한 많은 이들은 자신의 강점을 일찍 발견하고 이를 발휘하며 사는 사람들이다. 강점이란 무엇이고, 강점을 발견하는 방법에는 어떠한 것이 있을까?《위대한 나의 발견, 강점 혁명》의 저자인 마커스 버킹엄과 도널드 클리프턴은 강점을 '한 가지 일을 완벽에 가까울 만큼 일관되게 처리하는 능력'이라고 정의한다.

자신이 가진 타고난 재능은 직관으로 알 수 있다. 습득한 지식과 기술이 더해짐으로써 강점으로 발휘된다고 본 것이다. 우리가 일상에서 무의식적으로 반응하는 것이 각자의 재능이라면, 누구에게나 타고난 재능이 있고, 그 재능은 제각기 다르다. 주변 사람에게 아이의 강점을 제대로 인식해주고 설명해보자.

개개인의 강점에 집중하라

왜 강점에 집중하는 게 중요한가?《위대한 나의 발견, 강점 혁명》의 저자인 마커스 버킹엄과 도널드 클리프턴은 진정한 혁명의 시작은 자기 발견이라고 얘기한다. 실제로 성공한 많은 이들은 자신의 강점을 일찍 발견하고 이를 발휘하며 사는 사람들이다.

저자는 서문에서 이 34가지 테마를 피아노 건반에 비유하며, 여러 개의 건반이 조합을 이루어 모든 곡을 연주할 수 있는 것처럼 "적절한 통찰력과 이해력을 가진 사람이라면, 그 조합을 통해 각자의 삶을 연주하는 데 필요한 고유한 테마들이 무엇인지 알아낼 수 있을 것"이라 한다. 비슷한 강점을 가졌더라도 그 조합이 다양하므로 우리는 다른 삶을 사는 특별한 존재이다.

그러면 강점이란 무엇이고, 강점을 발견하는 방법에는 어떠한 것이 있을까? 저자는 강점을 '한 가지 일을 완벽에 가까울 만큼 일관되게 처리하는 능력'이라 한다. 강점의 핵심을 '재능'에 두고 있다. 타고난 재능에 습득한 지식과 기술이 더해짐으로써 강점으로 발휘된다고 본 것이다.

저자가 말하는 재능이 태어날 때부터 가지고 있는 특별한 능력이나 소질이라면, 타고난 재능이 없는 사람들은 강점을 가질 수 없는 것일까? 시냅스란 뇌세포(뉴런) 끼리 서로 의사소통을 하기 위하여 연결한 부분을 일컫는다. 시냅스에 관해 알아야만 재능의 반복되는 패턴을 이해할 수 있다. 결국, 시냅스는 재능을 만들어낸다.

만물을 이해하는 방식은 사람마다 다르다. 우리의 감각 즉, 사고·

감정·행동의 반복적인 패턴은 사람마다 다른 독특한 뇌 회로에 의해 야기된 것이다. 뇌 회로는 어떤 자극에는 반응하고 다른 자극에는 집중하고, 다른 자극은 놓치게 만들어, 세상 만물을 분류하고 걸러내는 필터 작용을 한다.

그저 '타고난 능력'이라고 여겼던 재능이 시냅스의 연결, 즉 뇌 회로에 의해 형성된다는 것이다. 이 관점에 따르면 재능은 생산적으로 적용할 수 있는 사고, 감정, 행동의 반복적인 패턴으로 정의할 수 있다.[1]

왜 강점 위주의 삶을 살지 않는 걸까? 대부분 사람은 자신이나 주위 사람들의 강점을 제대로 인식하거나 설명하지 못하기 때문이다. 우리가 일상에서 무의식적으로 반응하는 것이 각자의 재능이라면, 누구에게나 타고난 재능이 있고, 그 재능은 제각기 다르다는 사실을 알 수 있다.

그렇다면 이 재능을 개인이 어떻게 발견할 수 있을까? 저자는 개인이 재능을 발견하기 위해 쉬는 시간을 두고 자신을 객관적으로 관찰하려는 노력이 필요하다고 말한다. 아이가 어떤 상황에 맞닥뜨렸을 때 보이는 무의식적이고 자발적인 반응을 관찰하다 보면 아이가 어떤 영역에서 뛰어난 학습속도를 보이고 만족감을 느끼는지 확인할 수 있다고 한다.

행복한 일상을 만들려면 강점 주제를 발휘하라

긍정심리학자인 마틴 셀리그만Martin E. P. Seligman도 '행복한 삶은 일상에서 자신의 대표 강점을 날마다 발휘하여 행복을 만들어 가는 것'이라고 말한다. 행복을 원한다면 지금까지 당신이 갖고 있던 행복에 관한 시각부터 바꾸어라! 그는 낙관적인 긍정 정서를 키우고 강점을 찾고 일상에서 발휘해, 내 안에 있는 행복을 끌어내고 키움으로써 '진정한 행복'을 만들 수 있다고 말한다.

얼마나 평소에 긍정 경험을 통해 긍정 정서를 확장하고 구축해 놓았는가? 일상의 일, 사랑, 자녀 양육에서 대표 강점을 발휘하느냐가 행복을 결정 짓는 중요 요소이다. 긍정 정서가 행복한 삶에 미치는 영향을 살펴본 연구 결과 사례가 있다.

◆ 종신서원을 하는 수녀들에게 자신을 소개해달라는 짤막한 글을 부탁했을 때 '참으로 행복하다'라거나 '크나큰 기쁨' 등의 감격적 표현을 사용한 수녀가 긍정 정서가 전혀 들어 있지 않은 내용의 글을 쓴 수녀보다 훨씬 오래 살았다. 즉, 수녀의 수명에 대한 사전 지식이 전혀 없는 연구자들이 긍정 정서의 합계를 기준으로 조사한 결과, 가장 활기 넘치는 수도원에서 지낸 수녀들은 90%가 85세까지 산 반면, 가장 무미건조한 수도원에서 지낸 수녀 중 85세까지 산 사람은 34%에 불과했다.

◆ 밀스 대학의 1960년도 졸업생 141명의 졸업 사진에서 뒤센 미소(마음에서 우러나온 진짜 미소)를 지은 사람은 절반 정도. 이 여학생들이 27세, 47세, 52세가 될 때마다 모두 만나 결혼과 생활 만족도를 조사했다. 그 결과 놀랍게도 졸업 사진에서 뒤센 미소Duchenne's Smile를 짓고 있는 여학생들은 대부분 결혼해서 30년 동안 행복하게 살고 있었다. 긍정적 태도가 곧 행복한 삶과 직결된다는 것을 증명하는 결과인 것이다.

19세기 프랑스의 신경심리학자 기욤 뒤센Guillaume Duchenne은 진짜 행복해서 짓는 미소 근육을 처음 밝혀냈다. 그의 업적을 기리기 위해 진짜 기쁨과 행복으로부터 우러난 미소를 뒤셴 미소라고 이름 붙였다. 연구에 따르면 입가 근육은 아무 감정 없이도 올릴 수 있어 '가짜 미소'를 만들기 쉽지만, '진짜 미소'는 어렵다. 눈 주위 근육은 행복한 감정이나 친절한 마음 없이는 움직이기 힘들기 때문이다.

마스크 착용이 의무화되면서 눈으로 소통한다. 지금 마스크로 우리의 건강과 안전을 지키지만, 사람들의 환하게 웃는 모습을 제대로 볼 수 없어 안타까운 현실이다.

워런 버핏Warren Buffett은 네브래스카 대학 강의실에서 학생들을 향해 "여러분과 나 사이에 차이가 있다면 단지 나는 매일 아침 일어나서 하고 싶은 일을 할 기회를 가진다는 사실입니다. 매일매일 말이죠. 이 말이 내가 여러분에게 해줄 수 있는 최선의 충고입니다."라고 말을 건넸다.

매일 아침 하고 싶은 일을 할 기회가 있다는 버핏의 말은 자신의 존재를 실현하고 있다는 말로 들린다. 그가 가진 느긋한 성품과 실제적인 사고방식, 사람을 무조건 믿는 성향 등은 투자가로서 약점이 될 수도 있지만, 그는 자신이 가진 독특한 재능을 강점으로 발휘함으로써 사회적인 성공과 더불어 인생의 행복을 얻을 수 있다.

긍정심리학자 마틴 셀리그만의 '여섯 개의 상위 덕목' 중 '지혜와 지식(호기심, 학구열, 판단력, 창의성, 사회성, 지능 예견력)'이 있다. 가장 내가 좋아하는 강점 테마이다. 우리 자신이 가진 강점이 무엇인지 정확히 파악하여서 하고 싶은 일을 하라!

우리 인간이 가진 에너지는 한정되어 있으므로 엉뚱한 곳에 에너지를 소비해 버리면 정작 필요한 곳에 에너지를 집중시킬 수 없다. 강점에 좋고 나쁜 것은 없다. 누군가 나의 달란트talent를 이야기하면 기분이 좋아진다. 내가 생각하는 나의 단점이 강점 테마일 수도 있다. 자신감을 가져야 한다. 하지만 대부분의 사람은 자신의 강점이 아닌 약점에 집착하며 시간을 낭비하며 지낸다.

나는 무엇을 잘할 수 있는가?

누구나 즐길 수 있는 체육활동이 되려면 걷기, 뛰기, 점프, 이동, 던지기, 받기. 패스, 들기, 나르기, 내리기 등 수많은 동작에 흥미와 즐거움을 융합시켜야 한다. 신체활동을 통해서 균형 있는 신체, 건강한 마음, 웰니스wellness의 환경 등을 만들면 인성까지 좋은 우수 인재가 길러진다.

제4차 산업혁명 시대에 부합하는 다각적인 체육활동과 스마트 체육교육 방법도 발전시켜야 한다. 클라우드 기반을 활용한 스마트 체육교육, 스마트폰을 이용한 다양한 체육 콘텐츠, IT 장비나 나이스NEIS와 연동되는 체육교육 프로그램 등이 활성화해 제4차 산업혁명 시대에 부합하는 체육교육을 진행했으면 한다.

자신을 '배우, 영화감독, 영화제작자. 그림 그리는 사람. 그리고, 걷는 사람'이라고 소개하는 하정우 이야기다. 그가 최근 에세이《걷는 사람, 하정우》를, 문학동네에서 냈다. 이 책엔 스크린과 캔버스를 넘나들며 활동한 여러 에피소드도 담겼지만, '걷기'에 대한 얘기가 절반 이상이다.

책은 출간되자마자 4일 만에 4쇄를 찍었다. 그는 "이 책을 통해 걷기가 얼마나 중요한 일상인지 전하고 싶었다"라고 했다. 그에게 걷기는 나 자신을 아끼고 관리하는 최고의 투자다. 그는 다른 이들에게도 이렇게 말한다.

"기분이 가라앉는가? 그냥 걸어라, 고민이 생겼는가? 일단 걸어라."

걷기에 대한 그의 열정적인 태도는 소설가 무라카미 하루키의 달리기에 대한 애정을 떠올리게 한다. 하루키의 산문집《내가 달리기를 말할 때 하고 싶은 이야기》를 읽었느냐는 질문에 "인상 깊게 읽었다. 그 책에서 많은 영감을 받은 것도 사실"이라며 "하루키가 말하는 '루틴'(일상처럼 꾸준하게 하기)의 중요성에 대해 특히 공감했다"라고 했다.

걷기에 관한 책으로는 다비드 르 브르통의 저서《걷기 예찬》과 최근에 읽은 구가야 아키라의《최고의 휴식》을 추천했다. 그는 이어 "앞으로 산티아고 순례길도 걷고 싶고, 히말라야 트래킹도 해보고 싶다"라고 덧붙였다.(출처: 중앙일보, 입력 2018. 11. 28 , 하루 3만 보 걷는 하정우 "걷기는 최고의 투자" 예찬)

나의 강점 테마는 어릴 적 습관으로 이어진 환경이었다.

운동을 좋아하는 막내 오빠를 통해 친구들과 다양한 스포츠를 즐겼다. 중국의 위인전을 읽는 데 한자가 많이 나와 옥편을 노트에 필사하여 해석했다. 오래된 엘피판을 통해 클래식, 팝송, 대중가요를 접하며 듣고 싶은 음악을 골라 감정이입을 하였다. 가장 즐겨보는 '말괄량이 삐삐 TV'를 통해 호기심과 상상력을 키웠다. 보통 친구들보다는 활동적이며 용감한 만화 주인공 캐릭터를 좋아했었다. 친구들을 집에 불러 소통과 공감을 불러일으키는 이야기 만드는 일은 너무 즐거웠다. 동화책 스토리는 서로 역할놀이를 하며 상상력 키우기를 만들어 주었다.

대한민국 둘레길 걷기, 100대 명산 도전 등은 나에게 강한 자아를 만들어 주었다. 사람들의 걷는 모습을 보면 마음도 헤아려진다. 경험을 이야기 형식으로 잘 구조화된 사람의 두뇌는 매우 건강하다. 두뇌의 질병은 결국 자신의 경험을 잘 구조화시키지 못하면 발생한다.

우리의 경험들을 새로운 시각으로 해석하고 다양하게 해결해 보는 교육이 필요하다. 긍정심리학자 마틴 셀리그만은 중요한 이정표를 제시한다.

"모든 것은 마음먹기에 달려있다. 사람들의 대응방식은 생각과 감정, 그리고 그에 따른 행동 때문에 전적으로 결정된다. 좋건 나쁘건 상관없이 감정의 95%는 어떤 일이 벌어졌을 때 이를 어떻게 받아들이는지에 따라 달라진다."

03.
어떤 상황에서도 한 발짝 내딛는 힘을 길러야 한다 - 행동력

성장형 사고방식을 가진 사람들은 기꺼이 도전을 받아들이고, 좌절에도 물러서지 않고, 실수로부터 배운다. 자신의 잘못을 인정하고 분석하는 것을 두려워하는 사람은 반드시 똑같은 잘못을 저지른다. 이미 저지른 실수에서 교훈과 깨달음을 얻는 방법을 모르기 때문이다.

성공한 사람은 실패에 대처하는 능력 바탕에는 지능과 능력에 대한 유연한 생각이 존재한다. 그들은 성공과 실패의 원인을 생산적으로 분석한다. 새로운 능력을 기르기 위해 노력하며, 새롭게 발견한 힘을 제대로 사용할 수 있다고 믿는다.

실패가 두려워 도전하지 않을 것인가?

"행복한 기회를 만나려면 행복하게 일하면서 적절한 순간이 오기를 기다려야 한다."

실패로부터 배워라

심리학자 캐롤 드웩Carol Dweck의 성장형 사고방식Growth Mindset을 강조한다. 이런 사람은 지능이 바뀔 수 있다고 보고, 헌신적으로 노력하면 계속 배우고 발전할 수 있다. 그들은 기꺼이 도전을 받아들이고, 좌절에도 물러서지 않고, 실수로부터 배우려 한다.

반면에 '고착형 사고방식Fixed Mindset'을 가진 사람들은 지능이 변하지 않는다고 본다. 그들은 실수가 자기의 타고난 성격 때문에 생긴다고 보고, 도전을 피하고 쉽게 포기한다.

실수의 반복을 두려워하라! 이상하게도 사람들은 늘 같은 잘못을 반복한다. 이미 저지른 실수 속에서 교훈과 깨달음을 얻는 방법을 모르기 때문이다.

사람들은 성공을 거두면 자신의 능력과 그동안의 노력 덕분이라고 생각한다. 진정으로 운이 좋았기 때문이라고 생각하는 사람은 많지 않다. 반면, 실패하면 늘 운이 좋지 않았다고 핑계를 댄다.

자신의 잘못을 인정하고 분석하는 것을 두려워하는 사람은 반드시 똑같은 잘못을 저지른다. 잘못으로부터 깨달음과 교훈을 얻고 타인과 신을 원망하지 않는 사람만이 똑같은 잘못을 저지르지 않는다.

누구나 실패의 쓴맛을 본다. 그러므로 실패를 두려워하지 말고 그

것이 눈앞에 왔을 때 잘 대할 수 있는 마음가짐을 준비해야 한다. 어떤 사람은 이런 부정적 감정을 이기지 못해 자신감과 방향을 잃고 더 큰 실패로 돌진한다.

실패가 두려워 도전하지 않을 것인가? 어떤 일을 할 때는 그 방법을 알아야 하지만, 할 수 있다는 믿음 역시 필요하다. 실패를 극복하는 사람은 높은 수준의 자기효능감self efficacy을 자랑한다. 최고의 학생은 유연하게 사고하고, 성공과 실패의 원인을 적절하게 분석한다. 어떻게 그런 일이 가능할까?

자신과의 대화를 통해, 나를 자극해 움직이는 것이 무엇인지 이해하는 것이다. 성공한 사람들이 실패에 대처하는 능력 바탕에는 지능과 능력에 대한 유연한 시각이 깔려 있다. 그들은 성공과 실패의 원인을 생산적으로 분석하고, 새로운 능력을 기르기 위해 노력하며, 새로이 발견한 힘을 제대로 사용할 수 있다고 믿는다.

팀 오라일리Tim O'Reilly는 오라일리 미디어O'Reilly Media의 설립자 겸 CEO이다. 현재 그는 비즈니스 세계의 미래 모습을 변화시키는 인공지능, 맞춤형 경제on-demand economy, IT 산업의 트랜드trend를 연구하는 데 관심을 쏟고 있다.

팀은 말한다.

"행복한 우연을 만나려면 행복한 일을 하면서 적절한 순간이 오기까지 기다려야 한다는 걸 배웠다. 노자老子는 이렇게 말했다.

'인생이 저절로 물이 올랐다가 이울게 내버려 두어라. 의지력으로는 어떻게 할 수 있는 일이 아니다.'

중요한 일에 공을 들이고, 세상에서 뭔가를 얻었다면 이를 가지고

미래인재 모든 것

더 많은 가치를 만들 방법을 생각해야 한다. 큰 사냥꾼은 늘 숨죽여 때를 기다린다. 그래야만 더 큰 사냥감을 포착할 수 있기 때문이다. 무조건 기다린다고 때를 만날 수 있는 건 아니다"

팀의 말처럼 우리는 지금, 이 순간 우리에게 중요하고 행복한 일을 하면서 더 나은 세상을 만들 방법을 고민한다. 우리 내면의 목소리와 새로운 제안에 귀 기울일 수 있을 때 전혀 생각지도 못했던 기회가 나타날 것이다. 새로운 제안을 긍정적으로 받아들이며, 무엇을 선택해야 하는지 내면의 목소리에 귀 기울이다 보면 행복한 우연들이 아이를 만나러 찾아올 것이다.[2]

조금 느려도 괜찮다

"후회를 줄이고 싶다면 대안을 많이 만들기보다는 흔들림 없이 지켜나갈 수 있는 자신만의 루틴routine을 만드는 것이 더 효과적이다."

자신의 루틴을 밀고 나가되 개선점이 무엇인지에 집중하는 것, 그것이 우리를 후회 없는 삶으로 이끈다. 우리는 늘 선택한 것이 아니라 '선택하지 않은 것'에 대해 안타까워하고 후회한다.

그 후회를 자세히 들여다보라. 아무것도 보이지 않을 것이다. 결국, 우리의 판단력과는 전혀 관련 없는 시간 낭비일 뿐이다. '무엇을 선택했든 간에, 그것이 곧 나의 최선이요, 나에게 가장 좋은 결과를 가져온 것이다.' 이 메시지를 평생 기억하면 아이는 후회 없는 삶을 살 수 있다.

'느린 삶'이라는 말에서 '느린'은 건강한 마음가짐, 긍정적 생활 태도를 의미한다. 마음만 먹는다면 우리는 모두 '느린 사람'이 될 수 있다. 삶을 통찰하고 항상 여유로운 '느린 사람'이 되는 일은 절대 어렵거나 잘못된 것이 아니다.

또한 느린은 일과 생활 사이의 아름다운 균형을 의미하기도 한다. 그래서 느린 삶은 매우 조리 있고 질서정연하다. 현대사회의 빠른 생활 리듬에 휩쓸리지 않고 평화로운 마음가짐으로 자신의 리듬을 지켜야 한다. 각종 스트레스와 사방의 유혹을 무력하게 만들고 정신적으로 더 풍요롭게 살 수 있다.

살다 보면 심신이 고달플 때가 있다. 이렇게 지치고 답답할 때는 머릿속을 가득 채운 고뇌와 걱정을 모두 잊고 반드시 체력과 정신력을 회복해야 한다. 하지만 마땅히 쉴 시간과 장소가 없다면, 쉴 만한 상황이 아니라면 자괴감이 들 수 있다.

사실, 스스로 영혼을 위로하고 휴식을 제공하는 것은 그리 어렵거나 복잡한 일이 아니다. 일상 중에도 방법만 찾는다면 언제 어디서나 가능하다. 모든 것을 잊은 단 15분의 휴식, 30분의 명상만으로도 커다란 효과를 누릴 수 있다.

루이스 세풀베다는 《느림의 중요성을 깨달은 달팽이》에서 관습적인 삶에서 벗어나 도전과 모험이 자기 정체성과 성장에 중요하며 그 과정에서 느림의 중요성을 강조하였다. 달팽이가 느리게 기어갔기에 비로소 보이는 것들, 그리고 만나는 것들이 많다. 특히 보잘것 없고 허약한 달팽이의 성취를 통해 인간은 어떤 고난과 역경을 견딜 수 있다는 긍정의 메시지를 준다.

잠시 발걸음을 느리게 해보자. 이렇게만 해도 아이가 몰랐던 주변의 소소한 아름다움을 찾을 수 있다. 느린 걸음으로 길을 걸으며 신선한 공기를 들이마시고 숲속을 천천히 가로지르자. 그러면 아이는 분명히 삶의 아름다움을 만끽할 수 있을 것이다.

점을 찍어야 선이 생겨나고 면이 완성된다. 점은 나중에 연결하라!

어떻게든 먼저 '점'을 찍으라는 것이다. 점을 많이 찍으면 그 점들 사이를 잇는 선이 생겨나고 면이 완성된다. 아직 점 하나 찍지 못했으면서 거창한 계획을 세우느라 생의 가장 소중한 시간을 흘려보내지 않았으면 한다.

삶을 누리는 일이란 곧 삶의 틈새에 주목하는 것이다. 삶은 맑은 차 한 잔처럼 우릴수록 향기롭고 맛이 깊고 진해진다. 엄마도 어쩌면 고생스럽고 지칠 수도 있다. 하지만 느긋한 마음으로 천천히 걷는다면 삶의 진수를 느낄 수 있다.

두려움을 인생의 조언자로 받아들여라

프랭크 카니는 대학 등록금을 마련하기 위해 부모님의 잡화점 맞은편에 작은 피자 가게를 열었다. 19년 후, 카니는 가맹점 3,100개를 보유하고 기업가치가 총 3억 달러를 넘는 피자 회사의 사장이 되었다. 피자헛이다.

그는 창업을 꿈꾸는 사람들에게 의외의 충고를 했다.

"여러분은 반드시 실패를 통해 반성하는 법을 배워야 합니다. 나는 거의 쉰 개가 넘는 사업을 했어요. 그중 열다섯 개 정도만 그런대로 괜찮은 편이었죠. 그러니까 성공률이 삼십 퍼센트 정도인 셈입니다. 특히 실패한 후에 더 힘을 내 달려야 해요. 언제 성공할지는 아무도 몰라요. 그전에 우선 실패를 배우는 편이 현명합니다."[3]

제대로 된 길 위에서 옳은 방향을 향해 서 있다면 실패를 두려워할 필요가 없다. 실패는 그저 일시적일 뿐이다. 그러니 꾸준히 나아간다면 성공의 빛이 서서히 떠오를 것이다. 실패가 많을수록 성공을 마주할 기회도 많아진다.

이전의 실패가 없는데 어떻게 이후의 성공이 있겠는가? 가장 큰 실패는 바로 절대 실패하지 않는 것이다. 실패를 피하려고 애쓰는 것은 성공을 피하려 애쓰는 것과 같다. 아이가 실패를 마주하고 끝까지 포기하지 않아야만 성공과 만날 수 있다.

스티브 아오키의 신조는 '필요한 모든 방법을 동원하라'이다. 이는 흑인 인권운동가 맬컴 엑스Malcolm X가 한 말이다. '하늘은 스스로 돕는 자를 돕는다'라는 진리를 경험하고 싶다면 우리는 모든 방법을 동원하여서 해야 한다.

한두 가지 해보고 안 된다고 주저앉은 사람이 성공할 수 있는 길은 없다. 가진 게 아무것도 없는 사람이 선택할 수 있는 유일한 성공 기회는 매 순간 모든 방법을 동원하는 것이다. 유쾌하지 않다는 이유로, 불편하다는 이유로 부정적 감정들을 피하면 결국 상처가 곪을 뿐이다. 고개를 돌려 정면을 봐야 한다. 그러면 통찰과 지혜는 물론 전혀 기대하지 못했던 자유까지 얻게 될 것이다.

두려움은 살아있다는 증거다. 두려움은 나를 파괴하려는 것이 아니라 오히려 살아있음을 일깨워주고 집중력을 올려준다. 더욱 선명한 흥분과 의식으로 현재에 머무르게 한다. 밀어내려고 할수록 두려움은 점점 광기 어리고 비이성적이고 일그러진 모습밖에 보여주지 않는다. 기꺼이 느끼려 하고, 적극적으로 받아들여야 두려움에 담긴 에너지와 지혜가 드러난다.

가장 지혜로운 행동은 위기가 눈앞에 보일 때까지 기다리지 말고 보이지 않는 곳까지 몇 걸음 더 나가는 것이다. 두려움을 인생의 조언자로 받아들이면 많은 것이 바뀔 것이다.

"일단 발을 내디뎌 걸음을 옮기고, 걸어가면서 경로를 수정하라."

미래인재 모든 것

04.
나의 롤모델을
그대로 따라 하라

성공한 플랫폼 기업은 처음부터 플랫폼 기업으로 출발한 것이 아닌, 특화된 서비스를 가지고 시작하다. 고객이 모여 플랫폼 기업으로 성장한다는 것이다. 팬덤을 확보하여 성공한 기업 '스타일난다' 김소희 대표는 '상품을 파는 것이 아니라 스타일을 판다.' 모토로 시작했다. 독특한 스타일 판매 전략으로 킬러콘텐츠를 형성했다.

먹거리 회사이지만, 기본은 IT 시스템으로 무장한 '정육각' 김재연 대표는 유통 프로세스를 설계하여 정보통신기술ICT 기업으로 성장했다. 분노가 자신의 에너지 원천이라고 소개한 '빅히트 엔터테인먼트' 방시혁 대표는 최고의 콘텐츠를 만들어야 한다는 소명으로 하루가 마지막인 것처럼 생각하고 달려왔다.

팬덤을 확보하여 성공한 기업 '스타일난다' 대표- 김소희

중국 소비자를 팬덤으로 확보해 성공한 대표적인 신생 기업이 '스타일난다'이다. 2005년 한국 온라인 쇼핑몰 1세대인 김소희 대표는 오픈마켓에서 온라인 패션사업을 시작했다. 자신의 집을 사무실로 인터넷 사이트를 만들어 창업 10년 만인 2014년 매출 1천억을 올렸다.

온라인 쇼핑몰 관계자들 사이에 '롤모델'로 꼽히는 입지전적인 인물이다. 이른바 동대문표 옷으로 시작해 13년 만에 1600억 규모의 회사를 키웠다. 오로지 온라인 판매에 집중하면서 스타일과 미디어를 중시하는 전략으로 경쟁한다. 회사의 모토는 '상품을 파는 것이 아니라 스타일을 판다'였다.

그녀가 창조한 소위 '스타일난다'는 온라인에서 폭발적인 인기를 얻으며 곧 엄청난 팬덤을 형성했다. 이 스타일은 중국으로 넘어가 폭발적인 인기를 얻었다. 2008년에는 화장품 브랜드 3CE를 발매하면서 패션과 화장품을 융합하는 독특한 스타일을 완성했다. 온라인 상거래 기업으로 중국시장에는 왕홍과 광군제를 통해 진출했다. 2017년 매출 1,600억 원을 돌파하면서 센세이션을 일으켰다. 2018년 글로벌 화장품 기업 로레알에 6천억 원에 매각되면서 거대한 충격을 줬다. 회사를 매각하고 스타일난다의 디렉터로 일하게 된 김소희 대표는 디지털 플랫폼 기업이 추구해야 할 전략이 무엇이지 정확히 보여준 CEO이다.

글로벌 기업인 로레알은 6천억 원이라는 거액을 '스타일난다'에 지급한 이유는 바로 팬덤이다. '스타일난다'의 독특한 스타일 판매 전략은 고객을 매료시키는 힘이 있었다.

단기적으로 상품을 소개해 파는 방식이 아니다. 계절마다 새로운 스토리를 만들고, 자기만의 색깔을 입혀 스타일을 완성한다. 한번 보기만 해도 따라 하고 싶은 마음이 들게 만든다. 특히, 많은 인플루언서가 이 스타일에 열광함으로써 더 많은 팬을 형성했다. 로레알은 '스타일난다'가 만들어낸 팬덤의 가치를 높게 평가했다. 팬덤을 일으키는 스타일, 즉 킬러콘텐츠를 만들기는 쉽지 않다.[4]

김 대표는 2012년 서울 가로수길에 첫 점포를 열어 우리나라와 중국에서 이미 성공 가능성을 입증했다. 미래를 예측한 인터넷 쇼핑몰 시장에서 성공한 비결은 그녀의 소탈함과 제작 책임자로서 브랜드 기획력이다.

작은 패션기업이 화장품을 발매하는 대범함을 보여주었다. 색조화장품 브랜드 '쓰리컨셉아이즈'를 만들어 시장에 대한 이해도와 감각으로 트렌드를 이끌었다. 작은 기업이 만드는 가치가 얼마나 커질 수 있는지 보여준 훌륭한 사례이다. 그녀의 비즈니스 방식은 일반사원들도 편하게 보고하는 결제시스템과 소비자와의 스마트 커뮤니케이션이 잘 이루어진 콘텐츠 결과물이다.

KAIST 간판을 버린 '정육각' 대표- 김재연

창업자 4명 가운데 3명이 공대생, 생산직을 제외한 직원 절반이 개발자이다. 한국과학영재학교를 나와 카이스트에서 수학을 전공한 김재연 대표는 2016년 온라인 판매 사업을 시작했다. 미국 국무부에서 지원하는 풀 브라이트 장학금까지 받기로 예정돼 있었지만, 과감히 포기했다. 그리고 온라인 정육점을 열었다.

유통업계에서 단기간에 성장 스토리를 쓸 수 있었던 것은 제품 본연의 맛에 승부수를 띄웠기 때문이다. 감히 따라올 수 없는 초신선 식품 배달이 이들의 목표다. 전혀 다른 유통 프로세스를 설계하여 정보통신기술ICT 기업으로 읽힌다. 이러한 유통 체계는 소프트웨어 기술로 뒷받침했다.

정육각은 표면적으로 먹거리 회사이지만, 기본은 IT 시스템으로 무장했다. 전사자원관리ERP, 공급망관리SCM, 생산관리시스템MES, 디지털패킹시스템DPS을 모두 자체 개발했다. 이 네 가지 시스템 중 하나만 갖춰도 스마트 공장smart-factory라 불린다.

김 대표는 '시스템을 공정별로 별도로 운영하는 것이 아니라 이들 시스템을 하나의 데이터베이스에서 유기적으로 연계해 통합 운영'하고 있으며 이를 통해 '정확한 수요 예측에서부터 생산 과정에서의 로스를 최소화'할 수 있는 구조를 만들었다.

정육각은 초신선 제품을 배송하는 만큼 정확히 하루 발주량만 작업하고 재고 자체를 두지 않는다. ERP와 SCM 간 연동으로 정확한 수요 예측과 생산 시스템을 갖췄다. 또 생산과 포장 업무의 작업 병목 현상을 최소화해 생산 효율을 높였다.

'배운 게 코딩이었다'는 김 대표를 포함해 창업자들이 직접 고기를 썰고, 포장 작업까지 해본 경험을 시스템에 그대로 녹인 결과다. 실제 몇몇 대기업 IT서비스 업체들이 정육각에 인수를 제안했을 정도로 관련 시스템에 관한 기술을 인정받고 있다. 초신선 식품 기술 스타트업 정육각이 중소벤처기업부의 '아기 유니콘'으로 선정됐다.(출처: 전자신문, 2020.07.15.) 자산 가치 10억 달러(1조 원) 이상 비상장 기업을 유니콘이라 한다. '아기 유니콘'은 우리나라에서 유니콘이 될 잠재력이 있는 스타트업을 선정, 지원하는 사업이다.

김재연 대표는 유학길을 접고 스타트업에서 자신이 배운 코딩을 활용하여 IT 시스템으로 유통 체계를 재확립하였다. 먹거리 회사에서 스마트 공장으로 발전시킨 김 대표는 비대면 시대를 기회로 발전시켰다. 정보통신기술과 비대면 솔루션 기술로 고객과 신뢰를 쌓아가고 있다. 자신이 좋아하는 음식을 비즈니스로 연결해 성공담을 써가고 있다. 2019년 포브스Forbes 아시아 30세 이하 리더로 자리를 굳히고 있다.

플랫폼 기반 공연사업 모델을 제시한
'빅히트 엔터테인먼트' 대표— 방시혁

기업은 기획·R&D·제조·마케팅 비즈니스 모델을 데이터 중심으로 신속하고 유기적으로 연계·혁신해야 한다. 플랫폼 생태계를 선도하기 위해 주도적으로 플랫폼을 구축하고 활용할 필요가 있다. 혁신 주체들은 혁신 역량을 높이기 위해 4차 산업혁명의 핵심기술을 확보하고 개방형 혁신을 확대하는 한편, 창의적인 비대면 시대 공연 플랫폼 양성을 위해 노력해야 한다.

빅 히트는 자회사 비엔엑스가 함께 플랫폼을 중심으로 하는 새로운 통합형 공연사업 모델을 제시했다. 결제부터 관람, 공식 상품 구매까지 한 번에 가능하도록 한 글로벌 팬 커뮤니티 플랫폼 '위버스 Weverse'를 통해서다.

〈방방콘 The Live〉 공연은 최근 빅히트와 업무협약을 맺은 미국의 라이브 스트리밍 솔루션 기업 '키스위 모바일'과 협업으로 진행했다. 빅히트 엔터테인먼트 윤석준 Global CEO는 '언택트 시대, 코로나19의 위기가 지나가더라도 미래의 공연은 이전과는 다를' 것이라며 빅히트는 팬분들이 어떻게 빅히트의 공연과 콘텐츠를 더 재미있게, 잘 즐길 수 있는지 항상 고민해 왔고, 고민하고 있다.

이러한 이유로 다양한 파트너사와 기술 협업한다. 그 핵심에 위버스가 있으며, 앞으로도 플랫폼을 중심으로 하는 새로운 통합형 공연사업 모델을 구축해 나가겠다고 한다.(파이낸셜뉴스 2020.06)

방시혁 대표가 방탄소년단 멤버 7명에게 약 600여억 원 상당의 주식을 증여했다. 증여 목적으로 '주요 아티스트와의 장기적 협력관계 강화 및 회사 성장 과실 공유를 통한 사기 고취를 위한 것'이라고 밝혔다. '방탄소년단, BTS'의 아버지로 알려진 프로듀서 방시혁이 2019년 모교인 서울대학교 졸업식 축사에서 남긴 말은 기억할만한 내용이다.

방 대표는 최근 자신과 방탄소년단의 세계적 성공을 거론하며 "나는 야심이나 꿈은 없지만, 불만은 엄청 많은 사람"이라며 "세상에는 타협이 너무 많고, 많은 사람이 일을 만드는 게 껄끄럽다는 이유 등으로 현실에 안주하지만 나는 태생적으로 그것을 못 한다"라고 했다. "무엇이 여러분 행복하게 하는가를 고민하고 일관된 본인의 기준에 따라 답을 찾을 수 있도록 하라"고 강조했다. 이어 "본인이 행복을 스스로 정의하고 방해물을 제거하고 끊임없이 이를 추구하게 되면, 반복은 습관이 되고 습관은 소명이 된다"라고 했다. 이어 "최선이 아닌 상황에 불만을 제기하게 되고 불만이 분노로 변화하더라"라며 분노가 자신의 에너지 원천이라고 소개했다. 그는 "적당히 일하는 '무사 안일'에 분노했고, 최고의 콘텐츠를 만들어야 한다는 소명으로, 타협 없이 하루하루가 마지막인 것처럼 달려왔다"라며 "저의 행복을 위해서, 음악 산업의 불합리·부조리에 대한 분노 때문에 제가 할 수 있는 것을 해 나가고 있다"라고 했다.

05.
성과를 단기간에
100배 이상 키우는 에듀테크

에듀테크Edu-Tech는 교육Education에 기술Technology을 더한 합성어로 교육에 ICT를 융합한 차세대 디지털 교육을 의미한다. 과거 디지털 교육방식이 온라인 기반의 이러닝(e-러닝) 중심이었다면 최근 에듀테크는 인공지능, 빅데이터, 로봇, 가상·증강현실, 사물인터넷, 클라우드 등 핵심 IT 기술을 활용하며 기존과는 전혀 다른 새로운 학습 환경을 만들고 있다. 가장 큰 변화는 AI와 클라우드, 빅데이터 등을 활용한 개인별 맞춤 수업이 가능하다는 데 있다.

미래인재를 키운다는 중요한 관점에서 인공지능 학습 도우미를 교육에 참여시켜야 한다. AI 프로그램은 모든 국가의 주요 관심사이다. 교육에 기술을 입힌 '에듀테크' 산업은 개인별 맞춤 수업방식으로 바꾸어야 한다. 인공지능과 딥러닝을 최대한 활용하기 위해서는 교육과 학습시스템을 알아야 한다.

앞으로는 AI와의 1대1 맞춤형 교육이 가능해지는 등 교육 환경에 기술 융합이 다양하게 일어날 것이다. 교육 현장에는 급변하는 ICT 환경에서 기술 친화적인 교육자가 필요하다. 에듀테크 콘텐츠 기술 로드맵을 발전시켜 실감 교육, 맞춤형 학습, 코딩교육 등 세 가지 영역으로 나누고 핵심기술을 공유해야 한다.

학습과정에 인공지능 도우미를 적극 활용하라

인공지능이 일반화되면서 혼합교육(AI와 AR, VR 교육 등)에서 체험한 학습 과정 및 지식 정도를 개인별 맞춤 수업방식으로 바꾸고 있다. 또한, 인공지능 학습 도우미는 교수에게 학생의 교육에 대한 참여도 및 학습 상황 등을 알려준다.

선생이 학생에게 어떤 시점에서 어떤 내용으로 지원해줄지를 판단한다. 커뮤니케이션 대상이 스마트폰, 인공지능, 빅데이터 등으로 다변화되었다. 정보 형태와 가공 방법이 다양하다. 첨단기술의 급속한 발달로 조기교육이 중요하다. 요즘 현실에서 초등학교 교육 환경의 개선은 시급하다.

우리나라의 미래를 좌우하는 인재를 키운다는 건 중요한 문제다. 그러나 현재 국내의 교육 현실은 인터넷 교육을 실현하기에 큰 어려움이 있다. 국내 교육 현실은 선진국 경우와는 다르다. 국내 초등학교는 교사 1인당 학생 수의 과다로 효율적인 교육이 어려운 상황이다.

따라서 초등교육을 폭넓은 수업방식과 다양한 사고형성에 필요한 동적인 교육 환경의 개선이 절실하다. 이 부분은 지능형 서비스 로봇으로 해결할 수 있다. 교실에 로봇을 투입하면 로봇이 가지는 모바일성과 학습에 활용할 수 있는 광범위한 데이터의 적용이 가능하다. 학생들의 흥미 및 학습 동기 유발에 큰 도움이 될 것이다.[5]

시골 초등학교에 간 AI 로봇이 아이들과 감정을 교류하며 학습을 돕는다. 일본 사가현의 초등학교에는 소프트뱅크가 개발한 AI 로봇 페퍼가 학습 도우미로 등장했다. 미국 애리조나 주립대학교가 활용하고 있는 AI 프로그램은 학생들이 다음 시험에서 얼마나 틀릴 것까지도 예측·분석한다. 학교에서 아이들은 멀티미디어 학습이 가능한 전자칠판으로 공부를 한다. 집에서는 원격 온라인 공개수업 'MOOCMassive Open Online Course'를 통해 우수대학의 명강의를 듣는다.

교육 현장에도 혁신과 기술의 바람이 불고 있다. '에듀테크' 산업이 올해에도 전 세계 주요국가의 관심사로 떠올랐다. 인공지능은 빠른 속도로 발전하며 스스로 진화하고 있다. 글로벌 IT 기업들은 인공지능 기술 개발에 사활을 걸고 있다. 인간이 예측할 수 없는 경우까지 문제해결을 해주고 있다.

완벽한 인공지능이 개발된다면, 그 이후 모든 발명은 인공지능이 담당할 수 있다. 인류의 마지막 발명품이 될 수도 있을 것이다. 인간교육의 다양한 목적을 달성하기 위해서는 인공지능과 딥러닝deep learning 을 최대한 활용해야 한다. 더 풍요로운 삶을 위해 미래를 상상하는 구도자 역량이 필요하다. 역량을 발휘할 수 있는 교육과 학습시스템을 알아야 한다.

초현실·초 몰입 기술이 교과서로 온다

교육은 전 세계 모든 나라의 관심사다. 변화하는 시대에 따라 필요로 하는 인재와 기술이 과거와 다르다. 빠르게 발전하는 ICT 기술에 맞춰 교육을 혁신해야 한다는 필요성 때문이다. 우리나라를 포함해 전 세계 각국이 에듀테크를 새로운 기회로 보고 있다.

일본은 AI 로봇을 교육 현장에 투입했다. 소프트뱅크는 자사가 개발한 휴머노이드 로봇을 일본 초등·중학교에 무료로 보급하며 아이들의 학습을 돕고 있다. 전국 공립초등학교 282개에 총 2000대의 페퍼를 학습 도우미로 도입하고 있다. 아이들은 로봇과 함께 퀴즈나 문제를 풀며 논리적으로 문제를 해결하는 방법을 배운다.

미국 애리조나 주립대와 노스이스턴주 일리노이 대학교는 AI 학습 관리 프로그램을 도입했다. 뉴턴Knewton은 에듀테크 기업이 개발한 프로그램이다. 학생 관리 기능과 예측 가능한 시스템을 통해 다음 시험에서 어떤 문제가 틀릴지를 분석해 알려준다.

애리조나 주립대학교 학생들은 관리프로그램을 통해 수료 확률이 17% 상승했고, 탈락률은 56% 감소했다. 노스이스턴주 일리노이 대학교 학생은 수학 점수가 12.5점 향상하는 효과를 봤다. 가상·증강현실 기술은 시공을 초월하는 공간으로 아이들을 데려간다. 가상증강현실 기술을 통해 가보지 못한 과거로 가서 역사를 배운다. 눈에 보이지 않는 신체 장기를 직접 만져보는 효과를 가지며 과학을 배운다.

홍정민 휴넷 에듀테크 연구소 소장은 서울 코엑스에서 열린 대한민국 교육박람회에서 전망했다.

"디지털 테크 사회에서 교육도 예외일 수 없다. 전 세계 교육 현장에서 에듀테크로 변화가 일고 있다. 초현실·초 몰입 가능한 기술이 등장하면서 교육에도 변화가 일고 있다. 앞으로 AI와의 1대1 맞춤형 교육이 가능해지는 등 교육 환경에 기술 융합이 다양하게 일어날 것"(출처: 저작권자 2019.01.31 ⓒ ScienceTimes)

과거 이러닝이 온라인을 통해 교육의 새로운 방식을 제공하며 효율성을 추구했다면, 에듀테크는 교육 효과에 더 초점을 맞춘다. 교육 대상의 학습효과와 진행 과정, 새로운 학습 방식 등을 데이터로 분석해 1:1 교육에 가까운 완전 학습을 추구한다. 이제 교육은 총체적이고 종합적이면서 개인별 맞춤 수업 방식을 원한다.

4차 산업혁명 시대의 미래 교육은 에듀테크

우리 정부도 지난 2017년부터 에듀테크 콘텐츠 기술 로드맵을 실행하였다. 실감 교육, 맞춤형 학습, 코딩교육 등 세 가지 영역으로 나누고 핵심기술 확보에 나섰다. 무엇보다 국내 에듀테크 시장에서 가장 관심을 끌고 있는 분야는 SW 코딩 영역이다. 중학교에 이어 'SW 코딩 수업'이 초등학교 5, 6학년 필수과목으로 지정되었기 때문이다.

전문적인 코딩교육이나 프로그램에 대한 지식 없이도 코딩에 대한 접근이 가능하게 되었다. 바로 블록 형태로 표현할 수 있는 '네이티브 프로그래밍 기술' 확보에 힘쓰고 있다. MIT가 개발한 '스크래치 Scratch', 애플의 'Swift Playground', 카이스트의 '엔트리'가 대표적인

미래인재 모든 것

네이티브 프로그래밍 기술이다.

디지털교과서도 에듀테크 열풍을 가속할 전망이다. 중소기업 기술 정보진흥원은 '2017-2019 중소중견기업 기술 로드맵' 보고서를 통해 '국내 교육 시장은 높은 교육열을 특징으로 다양한 솔루션 기술 및 콘텐츠 적용을 가속하고 있다. 교육부의 디지털교과서 전면 도입 방침을 기반으로 에듀테크 산업이 더욱 활성화될 것'이라고 전망했다.

디지털교과서는 종이책으로는 담을 수 없는 다양한 멀티미디어 콘텐츠들을 제공한다. 종이 교과서에는 없는 '보충 심화학습자료', '멀티미디어 자료', '평가문항', '용어 설명', '학습지원 도구'를 지원한다. 가정에서 학생 개인 수준에 맞는 자기 주도적 학습 도구로 활용할 수 있다.

에듀테크는 2000년대 초반, 인터넷과 웹, 동영상 기술 등을 바탕으로 이러닝이 등장했다. 이러닝은 가상현실VR, AR증강현실, 인공지능, 빅데이터 등 4차 산업 혁명의 주요기술과 융합하며 혁신했다.

지금 에듀테크 세 가지 트렌드 특징은 인공지능, 몰입 경험, 디지털 플랫폼이다. 키워드를 통해 미래에는 어떻게 변화할 것인지 예측 가능하다. 향후 콘텐츠 시장에서 온·오프라인의 연결성과 개인 맞춤형 콘텐츠 기획, 이를 위한 기술적용 가능성에 대한 통찰력을 얻어야 한다. 과거의 교육자는 가르치는 역할이 중심이었다면, 미래의 교육자는 커뮤니티 매니저의 역할이 중요하다.

06.
뇌과학을 알고 교육하면
학습력이 좋아진다

사람의 뇌는 마치 근육과 같아서, 사용할수록 호기심이 왕성해지고 창의적이며 더욱 열심히 하게 된다. 이를 활성하기 위해 지속해서 흥미로운 경험을 할 수 있도록 호기심과 창의력을 자극하는 환경을 제공해야 한다. 도파민은 특히 아이들에게 꼭 필요한 물질이다. 즐거운 기분을 느끼게 하고, 동기와 의욕을 일으킨다.

21세기 교육의 패러다임이 변화하면서 우뇌를 사용하게 만드는 것이 창의력 교육이 중요하다. 우뇌형 상상력과 창의적으로 사고하는 인재를 요구한다. 하이컨셉·하이터치의 시대는 아이가 양쪽 뇌를 모두 활용하는 새로운 사고를 개발해야 한다.

새로운 미래의 중심에 '우뇌'가 있다

뇌는 새로운 상황에 직면하거나 뭔가 새로운 것을 하고 싶은 욕구가 생길 때, 도파민이 형성한다. 도파민은 뇌 신경 세포의 흥분을 전달하는 물질로써 기억을 돕는다. 도파민은 익숙한 상황에서는 감정이 무뎌져서 잘 나오지 않으며, 낯선 상황일수록 잘 나온다. 가능한 낯선 상황을 만들어 도파민이 잘 나오도록 하여야 기억이 잘된다.

또한, 몸을 움직일 때 더 잘 나오게 된다. 심각한 고민거리가 생기면, 걸어 다니며 생각하는 것이 효과적이다. 기억력을 향상하게 해 문제해결력을 높인다.[6] 아이들에게 호기심과 열정을 심어주려면 뇌과학을 알고, 일단 어떤 일이든 저지르게 하라! 몰입하게 하라!

DNA 발견에 기여한 공로로 노벨상을 받은 제임스 왓슨James Watson은 두뇌에 대해 다음과 같이 말했다.

"뇌는 지금껏 우리가 이 세상에서 발견한 가장 복잡한 물건이다."

좌뇌는 우리가 뇌에 기대하는 모든 역할 즉, 이성적·분석적·논리적 기능을 수행하며, 우뇌는 비언어적·비선형적, 본능적인 역할을 수행한다. 마치 학자와 정치가, 변호사의 역할은 중시하면서, 예술가와 이야기꾼들은 이방인 취급했던 인류의 역사와 비슷하다. 좌뇌는 우리 몸의 오른쪽을, 우뇌는 왼쪽을 통제한다. 좌뇌는 본문 해석에 강하고, 우뇌는 맥락에 강하다. 좌뇌는 자세히 분석하고, 우뇌는 큰 그림을 그린다.[7]

앞으로의 시대는 하이콘셉트, 하이터치 시대로 우뇌형 사고를 하는 인재를 강조한다. 의미를 찾고 감성적인 만족을 얻고자 하는 욕구가 늘어나며 정신적인 가치를 중요시한다.

"하이콘셉트는 예술적, 감성적 아름다움을 창조하는 능력을 말한다. 이는 트렌드와 기회를 감지하는 능력, 훌륭한 스토리를 만들어내는 능력, 아이디어들을 결합해 뛰어난 발명품으로 만들어내는 능력이다. 하이터치는 간단하게 말하자면 공감을 끌어내는 능력이다. 인간관계의 미묘한 감정을 이해하는 능력, 한 사람의 개성에서 다른 사람을 즐겁게 해주는 요소를 도출해내는 능력, 평범한 일상에서 목표와 의미를 끌어내는 능력이다."

이러한 시대를 준비하기 위해 우뇌형 상상력과 창의적으로 사고하는 인재를 강조한다. 빠르게 변화하는 세상을 더는 좌뇌로만 살기가 어려워졌다. 이 세상에 잘 살려면 우뇌도 움직여야 한다.

그 우뇌를 사용하게 만드는 것이 창의력 교육의 목표이다. 학계가 주목하는 우뇌의 주요 활약 분야는 리더십, 창의력, 공감 능력, 패턴 인식 능력 등이다. 이런 능력이 발달한 사람은 회사에서 바라는 업무 그 이상을 해내는 경우가 많고, 사회에서도 기대한 활동 그 이상을 수행하니 어느 분야에서나 호감을 산다.

좌뇌와 우뇌가 균형을 이루어야 삶의 경쟁력도 높아지는 것이다.

컨셉과 감성High Concept & High Touch 사회로 중심을 옮겨라

정보화 시대가 지식 근로자의 시대였다면, 하이컨셉·하이터치의 시대는 창작자 및 타인과 공감하는 능력 소유자들의 시대이다. 하이컨셉·하이터치 시대에 필요한 6가지 조건으로 디자인design, 스토리story, 조화symphony, 공감empathy, 놀이play, 의미meaning를 꼽는다.

이러한 조건을 고루 갖추어야 좌뇌가 이끄는 이성적 능력을 보완할 수 있다. 또한, 새로운 시대가 요구하는 양쪽 뇌를 모두 활용해야 새로운 사고를 개발하여 미래사회도 그려볼 수 있다.

빌 게이츠는 1999년도에 이미 ≪빌 게이츠@생각의 속도≫에서 15가지 미래사회 모습을 예측했다. 그 미래는 지금 현실이 되었다. 책에 등장한 예언은 당시에는 너무 과장되거나 말도 안 되는 이야기로 여겨졌지만, 지금 매우 정확했다는 사실로 드러났다.

그가 예견했던 실시간 가격 비교 사이트와 모바일기기, 인터넷 결제, 인공지능(AI) 비서, 온라인 홈 모니터링, 소셜미디어, 스포츠 경기 실시간 토론 사이트, 스마트 광고, 인터넷 토론 게시판, 사물인터넷 등의 신개념은 모두 지금의 일상과 분리할 수 없는 현실이 되었다. 인터넷 혁명이 가져올 경제 패러다임의 새로운 전환에 대해 준비해야 한

다.(출처: 국민일보, 2017, 07)

21세기 교육 패러다임이 변화하고 있다. 지능 지수만으로 평가받는 시대가 지났다. 최근 개인의 지적, 감성적 능력을 포함한 CQ(창조지능)를 표현하는 창조적 사고의 중요성이 새롭게 부각했다. 지식혁명 사회 즉. 나노기술nano-technology의 사회를 살아가는 우리는 창의적인 사고를 통해 문제해결 능력을 키워야 한다. 인성교육을 통해 창의융합형 인재로 거듭나야 한다.

21세기 창의융합형 인재에게 가장 필요한 요소는 무엇인가? 자신의 삶을 주도적으로 이끌어야 한다. 스스로 혁신할 수 있는 컨셉과 감성 능력이 필요하다. 더불어 변화의 큰 주기를 통찰할 수 있는 능력이 요구하고 있다.

창의성이란 남과 다른 생각을 하는 것이다. 남과 다른 생각을 한다는 것은, 나만이 생각할 수 있는 고유한 생각을 해야 한다. 나만의 지식과 경험을 기반으로 한 생각이 창의성이다. 우리는 이미 누구도 똑같지 않은 삶을 살고 있기에 창의적이라고 말할 수 있다.

그동안 경험해 보지 않았던 것을 새롭게 시도하는 것은 뇌에 신선한 자극을 가하는 것이다. 기존 기억된 생각이나 생활방식을 바탕으로 새로운 경험들을 연결하고 조합하면 창의적 생각을 할 수 있다.[8] 다니엘 핑크는 그의 저서《새로운 미래가 온다》에서 "세상은 여러분의 것이다. 마음껏 읽고, 마음껏 즐기고, 마음껏 누려보시라!"라고 했다.

호기심이 많고 변화를 좋아하는 뇌를 만들어라

칙센트미하이에 의하면, 유명한 과학자들에게서 나타나는 특징은 '호기심과 열정이 많고 나이를 먹더라도 호기심을 지속한다'라고 했다. 이런 호기심은 무수히 많은 상상을 하게 만들고 질문하게 만든다. 상상한 것들은 자연을 탐구하고 세상의 이치를 파악할 수 있게 한다.

나이가 들면 세상을 이미 이해한다고 생각하고, 기존에 알고 있던 지식이나 패턴만을 찾게 되어 호기심을 잃는 것이다. 호기심을 갖게 되면 사물을 그냥 보지 않고 적극적으로 관찰한다. 남의 이야기도 그냥 듣는 것이 아니라 주의 깊게 듣는다.

우리 주변에서 메모 용지로 흔히 볼 수 있는 포스트 잇의 발명도 처음에는 아서 프라이의 단순한 호기심으로 시작했다. 교회 성가대원들은 불러야 할 찬송가 부분을 표시하기 위해 작은 종잇조각을 끼워 넣었다. 그런데 찬송가에 끼워 넣은 종잇조각이 노래를 부르는 중에 자꾸 흘러내린 것이다. 누구도 불편을 생각했지, 아서 프라이처럼 호기심을 갖지는 않았다.[9]

시인이자 저널리스트였던 비어렉은 아인슈타인이 상대성 이론을 발표했을 때(1915), 어떻게 그런 이론이 나왔는지 물었다. 그는 '상상력은 지식보다 중요한 것이다'라고 했다.

과거에는 무심하게 지나쳤던 색깔이나 디자인, 작동 원리, 차이점 등이 새로운 깨달음으로 다가온다. 이런 과정이 반복하면 창의력과 사고력이 발달한다. 호기심을 키우려면 우선 아이가 궁금해하는 것은 절대로 막지 말아야 한다.

도파민은 특히 아이에게 창의력을 키우는데 꼭 필요한 물질이다. 즐거운 기분을 느끼게 하고, 무엇보다 무슨 일을 하고자 하는 동기와 의욕이 생기게 만든다. 스스로 노력하고 뭔가를 이뤄내려고 하는 자기 주도학습도 도파민과 관련이 있다. 아이가 자기 주도학습이 이루어지려면 과업을 성취하려고 하는 의욕, 욕망, 끈기, 열정, 굳은 의지

미래인재 모든 것

같은 에너지가 뒷받침되어야 한다.

도파민은 아이가 무엇인가 집중하여 몰입할 때 혹은 관심과 호기심을 보일 때 분비된다. 도파민이 활발하게 분비되게 하려면 아이가 좋아하거나 잠재력이 있는 분야에서 새로운 것을 접하게 하는 것이 좋다. 아이가 즐거움이나 쾌락을 느끼는 상황이라면 대부분 도파민이 분비된다고 볼 수 있다.

우리 뇌는 무엇인가를 발견하고 만들어내기 위해 억지로 굴릴 때보다 아무런 목적 없이 자연스럽게 내버려 둘 때 훨씬 자유롭게 활동한다. 주어진 과제나 문제를 해결하는 과정에서 뇌가 활성화된다는 것은 그 과제에 필요한 활동 이외의 다른 활동은 억제된다는 것이다. 긴장감이 없는 편안한 환경에서 뇌가 창의력을 더 발휘할 수 있다.

07.
자신의 잠재능력을
꺼내서 활용하라

앞으로 시대가 요구하는 잠재능력은 엄마 중심-패러다임에서 아이 중심-패러다임으로 바꿔야 한다. 빌 게이츠는 향후 10년의 변화가 지난 50년의 변화보다 클 것이라고 진단했다. 사라질 직업을 위해 15시간 이상 공부하고 있다면 멈춰야 한다.

미래의 잠재능력 활용법을 위해 소통방식과 피드백이 달라져야 한다. 아이의 질문을 통해 엄마가 인정하는 방법이 달라져야 한다. 유대인들이나 핀란드 교육이 우리보다 공부에 투자를 덜 하고도 성공하는 이유는 이런 공부의 효율성 때문이다.

열심히 듣고 외우고 공부했던 지식은 모두 컴퓨터 안에 있다. 컴퓨터나 스마트폰만 있으면 그렇게 외운 지식은 쓸모가 없다. 아이 중심 맞춤형 잠재능력이 필요한 시기다.

긍정적인 잠재능력을 키워라

잠재의식은 인간이 통제할 수 없는 무한의 힘을 내장하고 있다. 우리가 말하는 잠재력은 무궁무진해 얼마만큼 개발하는가에 따라 위력의 정도를 달리한다.

그런데 잠재의식은 단순하여 상상과 현실을 구별하지 못한다. 어떤 것이든 생각하고 말하는 것을 그대로 믿어버리는 속성이 있다. 이것을 과학적으로 규명한 맥스웰 몰츠 박사는 '정신적인 자동 유동장치Psycho-Cybernetics'라는 개념으로 설명했다. 말하자면 인간의 뇌는 미사일의 자동유도장치와 같다. 자신이 목표를 설정해 주면 스스로 그 목표를 향해 자동으로 유도해 나간다.

1960년 의학을 포함해 생리학, 심리학, 미사일 유도 기술 등에 이르는 광범위한 분야에 관한 연구를 바탕으로 기업가, 운동선수, 세일즈맨 등에서 성공한 사람들의 분석결과를 집약하여 《맥스웰 몰츠 성공의 법칙》을 냈다.

그는 어떻게 성공했을까? 어릴 적 그가 의사가 되고 싶다고 말했을 때, 사람들은 집에 돈이 없어서 그것은 불가능하다고 했다. 하지만 그는 사소한 걱정이라고 생각했다. 그에게는 목표가 있었다. 그리고 그 목표에 도달하기 위한 열정과 확고한 끈기가 있었다. 우리가 긍정적인 사람이 될 것인가 아니면 부정적인 사람이 될 것인가는 우리 개인의 선택에 달려있다.

성공을 희망하는 것wanting과 이루어지는 것having으로 생각하는 것은 큰 차이가 있다. 곧 미래형과 현재형의 차이지만 생각과 말은 전혀 다르다. 단지, 희망하는 것으로 그치면 인간의 잠재의식은 아직 부족하거나 더 갖춰야 하는 것으로 인식한다. 하지만 이루어지는 것으로 상정한다면 잠재의식은 이미 목표를 획득하는 것의 현재진행형으로 인식한다.

잠재의식은 어떤 목표를 정해주는가가 중요하다. 희망하는 것에 집중하면 두뇌 신경 체계가 목표를 향해 강하게 작용한다. 현재 이루어지는 것으로 집중하면 두뇌 중추신경계는 그 목표를 이루는 환경을 바쁘게 움직이고 만든다. 이렇게 해서 긍정의 에너지를 최대로 생성시키면 자신을 둘러싼 기운도 강하게 움직인다. 성공하는 사람의 특징은 실제로 긍정적인 생각과 언어로 표현한다.

긍정학에서 말하는 '세렌디피티serendipity'는 완전한 우연으로부터 중대한 발견이나 발명이 이루어지는 것이다. '싱크로니시티synchronicity'는 생각지도 않게 일이 좋게 맞아 떨어지는 것이다. 긍정의 에너지 영역에서는 충분히 가능한 일이다.(출처: 뉴스프리존(http://www.newsfreezone.co.kr)

온라인 스토어 '아마존'을 창업한 제프 베저스나 '페이스북'을 만든 마크 저커버그도 자신들의 성공은 '세렌디피티!'라며 운 좋은 발견을 강조했다. 영국의 심리학자 리처드 와이즈먼은 조사결과를 통해 '운이 좋은 사람들'은 사물을 바라보는 시각이 긍정적이고 적극적인 특성이 있어 한쪽 문이 닫히면 다른 쪽의 열린 문을 찾아 나선다. 바로 이런 '긍정 마인드'가 좋은 운을 만들어낸다는 것을 밝혀냈다.

그는 이렇게 말한다.

"행운에 대해서도 원인·결과 분석이 가능하다. 남들보다 운이 좋은 사람들이 있는 것은 사실이다. 하지만 운을 바꾸는 것은 어렵지 않다. 행운은 학습이 가능한 사고·태도·행동의 산물이기 때문이다."

아이에게 평소 습관을 깨우치는 것은 행운의 출발점이다. 운 좋은 사람을 따라 하라. 나쁜 일이 생겨도 심리적인 기법psychological techniques을 동원해 극복하게 만든다. 예컨대 계단을 내려오다 넘어져 다리가 부러지면 '목이 부러지지 않은 게 얼마나 다행인가'라고 위로하며 말하라.

고대 로마 철학자 세네카의 이 말이 생각난다.

"준비가 기회를 만났을 때 생기는 게 행운이다."

긍정 마인드는 그냥 오지 않는다. 상상력을 통한 긍정적인 두뇌 학습은 행운을 가져온다. 아이가 잠재능력을 자유롭게 꺼내어 활용하는 힘은 긍정적인 정신습관의 결과이다. 〈출처: 중앙일보〉

아이의 잠재능력 활용법 데이터 구축하기

PMI 기법Plus Minus Interest은 에드워드 드 보노Edward de Bono가 고안한 기법이다. 대상이 가지고 있는 다양한 측면을 고려하고 평가하여 최선의 아이디어가 나오도록 하는 방법이다. PMI기법의 전개 순서는 다음과 같다.

①PMI 기법으로 다룰 주제를 선정하고 그것에 관해 기술한다.

②주제가 정해지면 3부분(P, M, I)으로 구분하여 아이디어를 도출한다.

③P(Plus)에 해당하는 장점을 더욱 살릴 수 있도록 보완한다.

④M(Minus)에 해당하는 점에 대한 원인과 대책을 제시한다.

⑤I(Interesting)에 해당하는 흥미로운 점을 새로운 대안 도출의 원천으로 삼는다.

이 PMI 기법은 아이디어 노트를 쓰고 마인드맵을 활용할 수 있다.

정기적으로 'PMI 기법' 아이 리스트를 작성해보자. PMI 기법 활용 상의 유의점은 각각의 단계에서 브레인스토밍brainstorming을 적용하며, 종합적인 평가에 이르도록 하는 것이 무엇보다 중요하다.

부모는 아이디어를 떠올리는 데 도움이 되는 환경을 만들어줘야 한다. 마인드맵은 1971년 영국의 심리학자인 토니 부잔Tony Buzan이 만들었다. 마인드맵은 생각하고 있는 것, 기억하고 있는 내용을 마음속에 지도를 그리듯이 정리하는 방법이다. 아이의 잠재의식을 활용하여 '마인드맵' 데이터베이스를 구축하라!

중심 생각을 나타내기 위해 이미지나 사진을 적용하여 보자. 전체적으로 색깔을 사용한다. 중심이미지에서 주 가지로 연결한다. 생각을 정리하지 않고 글을 쓰게 되면 읽는 사람이 글의 핵심 내용을 파악하기가 어렵다.

마인드맵을 사용하면 글쓰기 할 주제를 선정하고 주제와 관련된 핵심단어를 떠올린 다음 글쓰기 할 순서대로 배열한다. 짜임새 있는 글을 쓸 수 있도록 해준다. 대부분의 사람은 시간이 지나면서 책에서 알게 된 지식과 줄거리를 잊어버린다. 마인드맵으로 핵심단어만 기록해 놓으면 전체 줄거리를 이른 시간에 파악할 수 있다. 초반의 연결은 복잡하여 비생산적으로 보일 수 있다. 하지만 효과적인 결합력은 낱개의 나무들보다 숲을 통합한 창작물을 만든다.

혁신적인 부모는 아이의 지식·기술에 있는 아이디어나 여러 요소를 결합하는 데서 출발한다. 아이가 천재성이 없어도 좋다. 부모와 만드는 PMI 기법Plus Minus Interest을 활용하여 꾸준히 아이디어를 생성하도록 창의적 사고력을 길러주자. PMI 기법 아이 리스트를 데이터로 만들어 놓으면 아이가 생각을 정리하고 잠재능력을 파악할 수 있다. 마음껏 생각하고 정리하다 보면 폭발적인 잠재능력 유도장치가 생긴다. 마인드맵을 이용하는 부모는 많은 시간을 절약할 수 있고 아이를 중심에 가깝게 만든다.

①PMI 기법Plus Minus Interest을 아이의 아이디어에 적용하는 절차는 다음과 같다.

◆아이의 감정이나 기분을 배제하고 아이가 먼저 좋아하는 것, 긍정적인 내용을 작성한다.

P(Plus): 아이디어에 좋은 점, 장점, 긍정적인 측면(왜 그것을 좋아하는가?)

◆그 다음에는 좋아하지 않는 것이나 부정적 단점을 적는다.

M(Minus): 아이디어에 대해 나쁜 점, 단점, 부정적인 측면(왜 그것을 좋아하지 않는가?)

◆아이가 발견한 흥미 있는 점을 기록하게 만드는 방법이다.

I(Interest): 아이디어에 대해 발견한 흥미로운 점, 독특한 점, 새로운 측면(기분이나 느낌도 표현)

②효율적인 PMI 준비단계를 만들어 아이에게 기본 규칙을 설명하고 설정하기

◆아이가 아이디어 주제를 설명하기·대화를 시작하기 전에 PMI 기법에 대해 배경 설명한다.

◆ 부모와 아이는 PMI를 진행하면서 각 단계에만 의도적으로 집중하도록 한다. Plus에 대한 의견을 제시하는 단계에서 Minus와 Interest의 의견이 나오지 않도록 주의한다.

◆ 아이디어 수집 후 부모와 아이가 함께 최종 아이디어를 선택한다.

③ PMI 기법 아이 리스트를 작성하기

◆ 주제 만들기.

◆ 주제 배경: PPlus = 장점, MMinus = 단점, IInterest = 흥미로운 점.

◆ 함께 선택한 의견(부모와 아이)

◆ 아이디어 실행하기 결정(부모와 아이)

아이를 위한 잠재능력 워크숍

유대인들의 교육은 자녀를 한 인격체로 보고 대우한다. 그들은 자녀를 자신의 소유물로 보지 않는다. 그래서 자녀의 자립심을 키워주려 노력한다. 유대인들의 가정교육은 개성을 최대한으로 존중하고 그것을 더욱 신장시키는데 중점을 둔다.

개성을 길러주는 책임은 가정과 학교와 모든 교육에 있다. 이를 통하여 자아를 실현하게 한다. 유대인의 교육은 가정, 학교가 혼연일체가 되어 기능을 수행하는데 특징이 있다. 오히려 가정교육을 학교 교육보다 상위에 두고 있다. 학교에서는 지식을 배우지만 가정에서는 지혜를 배운다.

① 아이의 인간성 교육 크게 보기

유대인 교육은 자녀의 재능을 계발하고 창의력을 신장시키는 데 목표를 두고 있다. 무엇보다도 인간성(전인) 교육을 강조한다(인성, 창의력, 지혜). 이스라엘에서는 모든 아이의 교육 초점에 창의력을 계발하고 지혜를 키우는 데 맞추고 있다. 그것은 바로 인성교육이다.

그들은 인격 형성 시기에는 가정에서나 학교에서 결코 학과 성적에 관심을 두지 않는다. 무엇보다도 아이들의 성격이나 창의력, 정신 자세에 깊은 관심을 기울이는 것이다. 그러므로 그들은 자연스럽게 천재가 되는 기초를 다지고 있는 셈이다. 그것도 인류의 발전에 공헌하는 천재를 만드는 것이다.

유대인의 우수성은 교육의 힘이다. 어머니의 헌신, 아버지의 계획적인 교육, 그리고 문화적 환경의 결과이다. 엄마의 현명하고 헌신적인 유아교육의 결실이다. 아이의 심리 즉 칭찬과 격려를 잘 활용하여 배움의 즐거움을 체험시킨다. 수수께끼를 이용한 교육 등이 그 예이다. 유대인 아이의 생활은 상당히 규칙적이다.

시간 계획표을 생활하는 습관이 몸에 배어 있다. 중요한 것은 일정한 일을 정해진 시간 안에 끝마치는 것이다. 이렇듯 하던 일을 마치는 습관은 지구력과 집중이 있음을 말한다. 자신이 하던 일을 끝까지 마치는 경험을 통해서 성취감을 맛보게 한다. 그것은 끈기 있게 진행하는 내적 동기를 유발한다.[10]

유대인들은 아이의 잠재능력을 잘 찾아 가르치면 누구나 행복한 인생을 누릴 수 있다고 믿는다. 공부를 잘하고 못하고는 신경을 쓰지 않는다. 아이를 천재로 만든다는 것은 잘못된 생각이다. 아이의 재능을 계발하고 키워주는 것이 진정한 천재이며 교육이다. 아이들 개개인의 능력과 적성과 흥미를 끌어주는 것이 중요하다. 미래를 위해 모두가 각자의 세계를 만들어 갈 수 있다는데 큰 의미가 있다.

②아이의 생각과 감각을 길러주는 교육, 공간 디자인 장소

교육학자 몬테소리는 1907년 세계 최초로 어린이집을 설립했다.

아이들을 직접 관찰했던 그는 "아이들은 환경만 준비되면 본능적으로 잠재능력을 발달시키고 창조한다"라고 했다.

교사나 부모는 아이를 가르치거나 지시하는 사람이 아니다. 좋은 교육 환경을 제공해야 한다. 아이가 자발적으로 움직이도록 돕는 보조자의 역할을 해야 한다. 좋은 교육 환경에는 아이의 오감을 자극하는 공간이어야 한다. 초등학교 입학 전, 움직임의 폭이 가장 넓고 활동적인 아이에게 가장 필요한 건 장난감보다 마음껏 뛸 수 있는 여유 공간이다.

1970년대 크게 주목받았던 환경심리학에서는 환경이 인간의 마음에 미치는 영향을 관찰하는 방식으로 발전해왔다. 소크연구소에서 비롯된 '창의성과 천장 연구' 사례를 살펴보자.

소아마비 백신을 개발한 미국의 바이러스학자 조너스 소크 박사는 자신의 이름을 딴 생명과학 연구소를 신축했다. 당시 최고 건축가인 펜실베이니아대 건축학과 루이스 칸 교수에게 건물 디자인을 의뢰하면 건축물의 기본 구상안을 제시했다.

"수년간 씨름하던 소아마비 백신 아이디어가 연구실에서는 떠오르지 않았지만, 천장이 높은 13세기 수도원 성당 안에서 불현듯 떠올랐다. 천장이 높은 곳에서 창의적인 아이디어가 나오는 것 같다"

소크연구소는 현재 700여 명의 연구원과 300여 명의 스태프가 상주하는 작은 연구소이다. 노벨상 수상자만 5명을 배출하고 수십 명의 수상자가 거쳐 간 세계 최고의 생명과학 연구기관이다.

그런데 흥미로운 사실은 이곳에서 연구하는 과학자들 사이에선 오랫동안 '그들만의 미신'이 있다는 점이다. 그들은 "하버드대나 매사추세츠공대MIT에 있을 때보다 소크연구실에서 연구를 할 때 창의적인 아이디어가 더 많이 떠오른다"라고 밝혔다. 그 이유로 '다른 데보다 높은 천장'을 들었다.

과연 천장의 높이가 연구원들의 창의적인 발상에 도움을 줄 수 있을까? 미국 미네소타대 경영학과 조앤 마이어스레비 교수는 실제로 천장 높이가 인간의 창의력에 영향을 미치는지 실험을 통해 살펴보았다.

천장 높이가 각각 2.4m, 2.7m, 3m인 세 가지 건물에서 실험 참가자들에게 두 개의 서로 다른 개념을 자연스럽게 연결하는 창의적인 문제와 단순하지만, 실수를 용납하지 않는 집중력을 필요로 하는 연산문제를 풀도록 했다. 그리고 천장 높이에 따라 창의적인 문제와 집중력을 필요로 하는 문제를 풀어낸 결과를 비교했다.

실험 결과 천장 높이가 3m인 방에서 문제를 풀 때와 상대적으로 천장이 낮은 건물에서 문제를 풀 때보다 창의적인 문제를 두 배 이상 더 잘 풀었다. 2.4m 높이에선 창의적인 문제는 잘 못 풀었지만, 집중력이 있어야 하는 문제를 더 잘 푸는 것으로 나타났다. 천장이 높아지면 창의적인 사고가 활성화되고 천장이 낮아지면 집중을 더 잘하게 된다는 사실을 입증한 셈이다.

2008년 8월 국제학술지 〈소비자 행동 저널〉에 실린 이 연구 결과는 천장의 높이가 사람들의 창의적인 사고와 집중력에 영향을 미친다는 결과이다. 또한, 그 이상으로 건축물 안에 존재하는 인간의 인지 과정에 영향을 미친다는 사실을 최초로 보였다.[11]

③아이의 창의융합 교육, 줄넘기

예술과 과학 분야처럼 서로 다르거나 무관한 분야 사이에 아이들이 소통 교류를 해서 기존의 벽을 넘어야 한다. 창의융합형 인재는 다른 분야에서 학위를 받거나 크게 진로를 변경하는 등 여러 가지 취미나 열정을 개발하면서 '줄넘기교육'을 받았다.

예술 분야 인재 중에는 과학 또는 공학 배경을 가진 경우가 많았다. 과학 분야 인재 중에는 예술 활동 또는 창작활동을 하는 등의 예술적 배경을 가진 사람이 많다. 창의융합 교육은 예술가적 기질을 가진 노벨상 과학자에게 두드러지게 나타난다. 이들은 위험 감수와 당돌한 태도 덕분에 여러 주제나 분야에 소통을 시도했다.

르네상스의 거장, 레오나르도 다 빈치는 해부학과 그림, 조각을 융합하여 사실적이고도 위대한 예술작품을 남겼다. 뛰어난 수학자였던 아이작 뉴턴은 신비주의의 일종인 연금술 연구에서 서로 떨어진 물체 사이에 끌어당기는 힘이란 힌트를 얻어 만유인력의 법칙을 완성했다. 노벨 물리학상을 받은 알베르터 아인슈타인도 과학자이면서 바이올린 연주자로 활동했다.

창의란? 쓸모 있는 새로운 것을 만드는 모든 활동에 쓰는 말이다. 그리고 융합이란? 무엇인가 이미 있는 서로 다른 것들을 합친다는 뜻이다. 그러므로 창의융합형 인재교육은 서로 다른 것들을 합쳐서 새롭고 가치 있는 것을 만들어내는 것이다.

④아이의 정보습득 교육, 디지털미디어 활용

구글과 어도비의 조사결과에 따르면 'Z 세대'는 구성원의 70%가 무언가를 배울 때 유튜브를 활용한다. '디지털 원주민Digital Native' 이라고도 불리는, 어릴 때부터 디지털 콘텐츠를 보고 자란 'Z세대'의 등장은 별도의 사회화 과정을 거친 다른 세대들 보다, 훨씬 능숙하고 익숙하게 영상 콘텐츠를 소비하는 중이다.

영상 콘텐츠는 텍스트보다 정보를 전달하는 측면에서 직관적으로 전달 할 수 있는 큰 장점이 다. 특히 영상으로 정보를 습득하는 게 익숙한 'Z세대'는 유튜브 정보검색은 하나의 문화로 형성하고 있다. 물론 유튜브도 광고영상이 있으며, 거짓 정보 또한 넘쳐나는 중이다.

'유튜브 조회 수 돈벌이'를 위해 자극적인 콘텐츠와 기계적인 영상을 만드는 문화가 벌써 나타나고 있다. 젊은 세대들이 텍스트보다 영상 콘텐츠를 정보습득의 수단으로 찾는 시대가 왔다. 앱 분석 업체 와이즈앱에 따르면 지난 5월 모바일 동영상 앱 사용시간 점유율에서 유튜브는 85.6%를 차지하며 독보적인 존재감을 보인다. 아프리카TV는 3.3%, 네이버의 네이버TV는 2%에 불과했다.

'코로나19'를 계기로 비대면 환경에서 각 기업은 경쟁력 제고, 업무 수행 방식, 급변하는 경영환경 등 여러 방면에서 디지털 변환이 필수가 되고 있다. (출처: 데일리팝(http://www.dailypop.kr)

4차 산업혁명 시대, 기업은 디지털 개발자 부족을 호소하고 있다. 4차 산업혁명 시대에 필수 요소인 빅데이터 분석과 인공지능, RPARobotic Process Automation의 강력한 조합은 다양한 분야에 적용할 수 있다. 사람이 반복적으로 처리해야 하는 단순 업무를 로봇 소프트웨어로 자동화하는 기술을 요구하고 있다.

진정한 스펙은 '디지털 실무역량'이다. 2030년엔 대학도 절반으로 줄어들 전망이다. K-Digital Training은 기업이 현장에서 필요로 하는 인력 양성을 위해 정부에서 교육비를 부담하는 한국형 디지털 뉴딜 사업(고용안정 뉴딜)이다. K-디지털 트레이닝 유튜브를 통해 새로운 기회를 마음껏 누리고 코딩 놀이교육처럼 다뤄야 한다.

⑤아이의 두뇌 교육, 마인드맵 만들기

마인드맵은 좌뇌 요소인 핵심단어와 우뇌 요소인 색, 그림 등을 사용하여, 머릿속에 지도를 그리는 것처럼 필기한다. 좌우 양쪽 뇌가 서로 상호 협력하면서, 생각을 표현하고 기억하기 때문에, 학습 능력을 최대한 발휘할 수 있다. 두뇌계발에도 효과가 있다.

마인드맵을 사용하면 좋은 점이 있다.

첫째, 핵심단어만 사용하므로 중요한 내용을 쉽게 파악할 수 있는 힘을 키울 수 있다.

둘째, 다양한 색과 그림을 사용하므로 시각적인 자극을 주어 기억력을 향상해준다.

셋째, 핵심단어의 사용으로 어휘력이 향상된다.

넷째, 독서 활동 후에, 등장인물과 줄거리를 마인드맵으로 작성하면 독서 능력이 향상된다.

다섯째, 글쓰기 활동으로 생각 펼치기와 다발짓기에 활용하면 논리적인 글쓰기를 할 수 있다. '다발짓기Clustering'란, 바로 체계적으로 따지는 과정을 의미하는 것으로, 분석표를 만들어 보는 것이 이에 해당한다. 생성한 아이디어를 관련 있는 것끼리 묶는 활동인 것이다.

마인드맵을 활용하는 방법은 이렇다.

첫째, 글쓰기 활동이다. 생각을 정리하지 않고 글을 쓰게 되면 읽는 사람이 글의 핵심 내용을 파악하기가 어렵다. 마인드맵을 사용하면 글쓰기 할 주제를 선정하고, 주제와 관련된 핵심단어를 떠올린다. 이어서 글쓰기 할 순서대로 배열하고 글을 쓰게 되어 짜임새 있는 글을 쓸 수 있도록 해준다.

둘째, 학교 수업 활동이다. 학교에서 선생님이 설명할 때 핵심적인 단어만 적어보자. 문장식으로 작성하는 노트 필기 방법보다 효과적으로 필기할 수 있다. 이렇게 핵심단어만 기억한다면, 기억할 내용이 줄게 되어 시험공부에 도움이 된다. 수업 내용을 한 장의 종이에 표현할 수 있어 한눈에 볼 수 있는 장점이 있다.

셋째, 논술문 작성이다. 논술문을 잘 쓰려면 창의적인 문제해결 능력이 필요하다. 마인드맵으로 생각을 자유롭게 표현하여 창의적인 아이디어를 펼쳐 나갈 수 있다. 창의적인 아이디어를 구상하는 활동과 다발짓기 활동, 주장과 근거를 논리적으로 배열하는 개요 짜기 활동이 필요하다. 마인드맵은 최상의 도구로 활용할 수 있다.

넷째, 발표 활동이다. 준비하지 않고 발표하면, 앞에서 한 말을 되풀이하는 실수를 하거나, 말이 막힐 수 있다. 그래서 발표하기 전에는 발표 내용을 준비해야 한다. 마인드맵으로 발표 준비를 하면 아무리 긴 발표 내용도 한 장의 종이에 정리하여 발표할 수 있다.

다섯째, 시험공부이다. 교과서에서 중요한 핵심단어만 요약한다고 생각해 보자. 다시 복습할 때 얼마나 많은 시간이 절약될까? 공부 잘하는 우등생 중에는 마인드맵을 활용한 학생이 많다. 지금부터 열심히 마인드맵을 활용하여 공부할 내용을 분류하고 조직화해 보자.(출처: https://smmi.tistory.com/entry/1)

⑥아이의 미니멀리즘 교육

핀란드는 경제협력개발기구OECD가 실시한 국제학력평가(PISA : Programme of International Student Assessment, OECD 회원국 간의 학업성취도 국제 비교 연구)에서 2000년, 2003년, 2006년, 2009년 (4년 연속으로) 세계 최고의 학업성취도 수준을 기록했다.

핀란드의 교육 모토는 '작은 것이 크다'이다. 교실의 환경정리는 간소하며, 아이들에게 과도한 숙제를 제시하지 않고, 교사들에게도 업무시간 외에 남아서 수업을 준비하는 것을 지양한다고 한다. 교사는 행정업무가 거의 없고, 학생은 학업에 대한 지나친 부담이 없다.

미니멀리즘 교육은 미래사회를 살아가야 할 아이들에게 꼭 필요한 삶의 방식이자 관점, 사고관 훈련이다. 4차 산업혁명 시대에 강조되는 컴퓨팅 사고Computational Thinking도 최소주의라 할 수 있다. 컴퓨팅 사고가 뛰어났던 세계적인 인재, 스티브 잡스도 미니멀리스트다.

컴퓨팅 사고란, 복잡한 문제를 논리적으로 단순화할 수 있는 능력으로 코딩적 사고, 컴퓨터적 사고라고 부른다. 컴퓨팅 사고가 뛰어난 사람들은 어떤 대상에서 불필요한 것을 걸러 내고 최소화하는 능력이 뛰어나다. 컴퓨터에 명령을 내리는 코딩 작업 자체가 가장 짧고 효율적인 명령(코딩)을 내리고 방법(알고리즘)을 만드는 과정이다.

과잉 물건, 과잉 소비, 과잉 정보, 모든 것이 과잉인 시대를 살아가야 하는 아이들에게 최소주의는 필수 훈련이다. 가정에서 이러한 미니멀리즘 교육을 함께 할 수 있는 훈련이 필요하다.

첫째, 아이에게서 과잉 자극을 제거하는 것이다.

아이의 삶에서 많은 장난감, 불필요한 사교육, 과도한 디지털 노출을 제거하면 아이는 여유시간이 생긴다. 이 '심심함'을 스스로 해결해 보는 것이다.

둘째, 과잉 물건을 정리하는 것이다.

아이와 함께 기간을 정해서 아이의 방과 집 전체를 정리한다. 필요 없는 물건을 버리거나 기부하는 시간을 갖는다.

셋째, 과잉 지식을 정리하는 것이다.

아이들이 반드시 알아야 할 핵심지식은 과잉 지식들과 어울려 숨어있다. 핵심지식을 찾아내기 위해서는 불필요한 과잉 지식을 쳐내고 정리하는 과정이 필요하다. 일종의 공부 미니멀리즘이다.[12]

08.
자신만의 스토리를
만들어라

미래 인재를 만드는 가장 좋은 방법은 초등학교 때부터 다양한 분야를 접해보며 자신의 관심 분야를 탐구하는 것이다. 이것이 바로 '스토리'다. 다양한 분야의 독서와 체험을 통해 내공을 키우는 것이 더 중요하다.

오늘날의 기업들은 학교에서처럼 정답을 맞히는 사람이 아니라 어제까지는 없던 새로운 것을 상상하고 창조하는 인재를 갈구한다. 때로는 경계를 가로질러 생각할 줄 아는 창의적인 인재 말이다.

아이가 문제를 다르게 보고 접근하는 것, 거기서부터 남과 다른 새로운 생각이 시작된다. 이를 위해 남과 다른 풍부한 경험이야말로 다른 관점이 자라는 토양이다.

스펙보다 스토리를 쌓아라

스펙Spec은 영어단어 Specification의 준말이다. 직장을 구하는 사람들 사이에서 학력, 학점, 토익점수 따위를 합한 것 등, 서류상의 기록 중 업적에 해당하는 것을 이르는 말이다. 그런데 언젠가부터 이 스펙이 대입이나 대학원 입학에 필수적인 조건이 되었다.

스펙보다는 사람 자체가 지닌 가능성과 인성을 더 중요시하는 사회야말로 진정한 실력주의 사회이다. 인생을 걸고 할 만한 일을 젊은 시절에 만나는 건 차라리 행운에 가깝다. 오히려 많은 사람은 자신이 무얼 하고 싶은지도 모른 채 하루하루 살아간다.

그러므로 오래도록 재미와 의미를 느끼며 할 수 있는 일을 만나려면 여러 가지를 다양하게 시도해 보고 경험해 봐야 한다. 그래야 자신의 적성이 무엇인지, 무엇을 잘할 수 있는지 제대로 알 수 있다. 또한, 그런 시도와 도전들이 당장에 열매 맺지 못하고 실패로 끝난다 해도, 아무것도 아닌 게 아니다. 오히려 그 과정에서 끊임없이 시도하는 사람만이 가질 수 있는 무언가가 생기는 법이다.

이것이 바로 자신만의 스토리이다. 즉, 자기 목소리로 세상에 관해 얘기할 '거리'를 갖게 되는 것이다. 이렇게 되면 이미 그 사람은 다른 사람과 구별되는 자기만의 이야기와 콘텐츠를 가진 특별한 존재로 거듭난다.[13]

자기만의 스토리는 개성과 존재감으로 세상을 설득할 수 있다. 역량이란 구체적인 행동을 통해 증명된다. 그리고 역량이 주제를 갖고 있을 때 스토리가 된다. 스토리는 내가 무엇을 했고 앞으로 어떻게 살아갈 것인지 방향을 보여주며, 사람에 대한 강한 신뢰를 형성한다.

자유의지란 삶의 중심을 자신에게 둔다. 자신의 의지로 무엇인가 긍정적인 결과를 성취해 내려는 마음의 힘이다. 성취란 즉 스스로 움직이게 만드는 힘이 있을 때 가능하다. 타인과의 비교를 멈추면 나만의 독창성이 보인다. 최고를 포기하면 정체성으로 나아간다. 남에게 보이기 위한 과부하 포장을 버리니 나의 개성이 담긴 작품을 만든다.

욕망을 내려놓으니 자신을 위한 존재감과 존중을 깨닫는다. 타인과의 경쟁의식에 평행선을 그으니 공존하며 사는 삶을 안다. 스펙보다 스토리를 만들어 역량을 키우다 보니 자신이 세계의 중심이고 자신이 하는 행동이 창조자이다.

아이가 세상을 변화시키겠다는 꿈을 갖게 하라! 사람을 평범하게 만드는 것은 그 사람의 재능이 평범해서가 아니라, 그 사람의 꿈이 평범하기 때문이다. 사람을 위대하게 만드는 것은 그 사람의 천재성 때문이 아니라, 그의 꿈이 위대하기 때문이다. 자신이 소중하다고 여기는 가치를 스토리텔링으로 만들어 가다 보면 기회가 주어진다. 아이에게 가장 좋은 스토리텔링은 자신의 모습을 담는 것이다.

새로운 생각을 하는 사람들

뱅크시Banksy는 신원을 밝히지 않고 세계 곳곳에서 활동하는 그래피티 작가이자 영화감독이다. 뱅크시 작품의 가치는 특유의 사회 풍자적이고 파격적인 주제 의식으로 표현한다. 뱅크시는 세계 주요 도시에서 거대 자본이나 권력에 대한 비판을 담는다. 그래피티(담벼락에 낙서처럼 그리는 거리 예술)를 남기는 것으로 유명하다.

자신의 그림이 경매에서 낙찰되자 원격으로 그림을 파쇄시키거나, 미술관에 자신의 작품을 몰래 걸어두는 등 파격적 행동으로도 유명하다. 뱅크시가 새 작품을 공개했다. 제목은 '에취!Aachoo!'다.

머리에 스카프를 두르고 한 손에는 손수건을 쥔 노인이 몸을 구부릴 정도로 심하게 재채기를 한다. 그 여파로 끼고 있던 틀니가 저 멀리 날아가고, 들고 있던 지팡이와 손가방도 놓쳐버린다. 영국 매체 메트로에 따르면 새 벽화는 영국 브리스톨의 한 주택 외벽에 그려졌다. 주택이 위치한 베일 가는 기울기가 22도로 영국에서 가장 가파른 곳이다.

뱅크시는 이곳의 특성을 활용하여 노인이 재채기하면서 옆집의 쓰레기통을 넘어뜨리고 우산을 들고 있는 남자도 뒤로 날려버리는 것처럼 연출했다. 앞서 뱅크시는 자신의 SNS에 방역 요원처럼 차려입고

미래인재 모든 것

출처: 뱅크시 인스타그램

지하철 내부에 그림 그리는 동영상을 올렸다.

그는 재채기하는 쥐, 마스크를 쓰려는 쥐, 손 세정제를 들고 있는 쥐 등을 곳곳에 그려 넣었다. 뱅크시는 해당 영상을 통해 코로나19를 극복하자는 일종의 격려와 경고를 동시에 전달한 것으로 보인다. 하원에 침팬지들이 가득한 모습을 담은 풍자 그림 '진화된 의회'는 뱅크시 작품 중 역대 최고가인 990만 파운드(약 150억 원)에 낙찰됐다.

또한, 뱅크시는 코로나와 사투를 벌이고 있는 영국 의료진을 위로하기 위해 신작을 병원 건물에 기부했다. 뱅크시가 'Game Changer'로 명명한 작품은 멜빵 바지를 입은 소년이 슈퍼 히어로 망토를 입은 여자 간호사 장난감을 들고 노는 모습을 담겨있다.

영국의 얼굴 없는 화가 뱅크시 스토리는 여기서 끝이 아니다. 영국 가디언에 따르면 뱅크시는 북아프리카에서 출발해 유럽으로 향하는 난민을 구하기 위한 배에 자금을 지원했다. 난민 구출 작전은 리비아에서 일어났다. 리비아 해안 경비대가 바다를 건너는 난민들을 학대하고, 리비아 항구의 민병대로 이들을 팔아넘기고 있기 때문이다. 북아프리카의 리비아에서는 이슬람국가S, 알카에다를 비롯해 여러 테러조직이 세력 다툼을 벌이고 있다. 1950년 프랑스와 영국 등으로부터 독립했지만 현재 세계에서 가장 치안이 불안정한 나라 중 하나이다.(출처: 동아닷컴, 2020-12-11)

이야기하는 사람은 살아있다

이야기 치료 또는 내러티브 상담은 내담자가 자신의 가치와 그와 관련된 기술을 식별하도록 돕는 상담심리의 한 형태이다. 내담자에게 이러한 가치를 살릴 수 있는 능력에 대한 지식을 제공한다.

상담자는 클라이언트가 이러한 가치의 역사적 환경을 조사하여 자신에 대한 새로운 이야기narrative를 공동 진행할 수 있도록 도와주는 지지자이다.[14] 인간이 세상에 태어나기 전 이미 어머니 뱃속에서부터 대화를 통하여 어머니와 감정들을 나눈다. 그리고 세상에 태어난 아이는 울음을 통하여 웃음을 통하여 손짓과 발짓을 통한 온몸으로 자신의 욕구와 감정을 이야기한다. 따라서 인간은 세상에 태어나기 전부터 이미 준비된 이야기꾼이라고 말할 수 있다.

스티븐 케프 네스Steven Kepnes, 1982는 '이야기하는 사람은 살아있다. 고로 존재한다'라고 한다. 사람들은 할 이야기가 있고 자기 자신에 대한 개인적인 이야기를 하고자 하는 욕구 본능을 가지고 있다. 그러나 이야기하기를 싫어하거나 꺼내지 못하는 사람은 지금까지 살아온 자기 삶의 어느 한 부분, 또는 어떤 주제가 방화벽 안에 갇혀 있는 사람이다.

따라서 이야기 치료는 내담자에게 그들의 이야기를 언어의 수준으로 표현할 수 있게 끄집어내도록 도와주는 것이다. 샤론 박사는 「미국의학협회저널」에 논문을 기고하면서 의학 치료에 스토리를 접목하는 이야기 치료 운동narrative medicine movement을 주창했다. 의학기술로만은 병마와 힘든 싸움을 벌이고 있는 환자들의 마음을 다독일 수 없으며, 그들이 투병 속에서 삶의 의미를 찾을 수 있도록 돕기가 어렵다는 내용이었다.

　현재 컬럼비아 의과대학에서는 전공수업과 함께 이야기 치료 세미나가 이뤄지고 있다. 이 세미나에서 학생들은 환자들과 공감대를 형성함으로써 그들의 고충을 좀 더 효과적으로 이해하는 훈련을 받는다. '어디가 아픈지 말해보세요'라는 질문은 '당신 삶에 관해 이야기해보세요'라는 질문으로 바뀌게 된다.[15]

　이러한 질문의 목적은 환자들과의 공감대 형성에 있다. 인간의 삶 그 자체가 바로 역동적인 이야기의 내용이다. 살아있다는 그 자체가 바로 살아있는 이야기이다. 우리의 삶은 우리 이야기의 끝없는 반복이며 우리의 이야기는 끝없이 계속되고 있다.

　로이 샤퍼Roy Schafer,1980는 '인간은 자기 자신에 관한 한 영원한 이야기꾼'이라고 한다. 다른 사람은 자신처럼 그렇게 특별한 경험이 있으리라 생각하지 않는다는 것이다. 이야기 치료는 이야기의 근원을 현재의 세계로 가져오게 한다. 이야기하게 만들어 새로운 방법으로 해석해 주는 예술이다. 따라서 이야기 치료는 기억의 자물쇠를 여는 과정이다. 삶 속에서 일어난 사건을 적절한 순서로 배치하고 그 사건을 핵심이 있는 이야기로 만들어 가는 창조의 과정이다 McAdams, 1985.

　아이와 가족을 위한 이야기 치료는 중요하다. 우울감을 경험한 아이의 이야기 치료는 상담을 통해 자기 돌봄을 실현하는 성찰과 치유가 필요하다. 자신의 내면 깊숙이 자리 잡은 내면 아이를 대면하고 이를 수용함으로써 자기 이야기를 새롭게 구성하도록 이끌어야 한다. 내면 아이 글쓰기 교육 프로그램은 아이가 이야기할 때 감정의 구속과 억압된 사건으로부터 자유로움을 얻는다. 아이 '이야기'를 포기하지 말라! 반전이 시작된다.

감성적인 하이터치에 '스토리 능력'이 필요하다

자신의 경험을 스토리 형식으로 만드는 일은 온라인 플랫폼에서 자주 볼 수 있다. SK 유튜브 채널에서 최태원 SK그룹 회장은 자녀 교육에 대한 본인의 경험담을 소개했다.

이 자리는 최 회장이 일일 요리사로 나와 직원들에게 음식을 대접하며 이야기를 나누는 설정으로 진행됐다. 22분 분량으로 녹화·편집돼 SK 사내방송으로 직원들이 공유했다. 그리고 최근엔 SK 유튜브 채널을 통해 '행복 정담'이라는 제목으로 일반에게도 공개했다.

박 과장이 "아이를 어떻게 키워야 하는 건가"라고 물었다.

최 회장은 '학교 진학이나 유학이나 이과·문과를 선택하거나 할 때 자기 선택이 중요하다는 점을 가르쳤다'며 '단둘이서 대화를 하는 시간을 낸 뒤, 결국 아이가 본인 진로를 선택하도록 만들었다'라고 했다.(출처: 중앙일보)

SNS가 우리 일상과 가까워진 가운데, 재벌가 총수들 역시 그 흐름에 발맞추고 있다. 소통하며 일상을 공유하는 일은 모두에게 재미있는 일이고, 스스로 권위를 내려놓고 직원들은 물론 대중과도 적극적으로 소통하는 것은 장기적으로 기업의 평판과 인지도를 높이는 데도

출처: 셔터스톡

확실한 효과가 있기 때문이다.

경제학자 맥크로스키McCloskey와 아르조 클래머Arjo Klamer는 타인을 설득하는 산업(광고·컨설팅·카운슬링 등)의 규모가 미국 전체 GDP의 25%에 달한다고 발표했다. 이야기는 미국 경제에서 한해 약 1조 달러의 가치를 갖고 있다고 할 수 있다.[16]

기업이 조직 내에 존재하는 모든 스토리를 파악해 이를 기업의 목표로 추구하고 있다. 이른바 '조직 내 스토리텔링'이라고 불리는 운동이다. 사람을 중심에 두는 스토리텔링 마케팅이 증가하고 있다. 스토리텔링을 만드는 마케터가 해야 할 일의 순서이다.

"먼저 소비자의 가슴을 얻고 나서 머리를 얻고 손을 얻으세요."

스토리텔링은 '스토리story'와 '텔링telling'의 합성어로서 말 그대로 '이야기하다'라는 의미이다. 즉 상대방에게 알리고자 하는 바를 재미있고 생생한 이야기로 설득력 있게 전달하는 행위이다. 시간과 공간에서 발생하는 인과 관계로 엮어진 실제 혹은 허구적 사건의 연결을 의미하는 이야기 전개나 플롯의 개념과는 구분한다. 사실에 근거한 이야기를 재미있게 구성해 전달하면 듣는 사람의 기분이 좋아진다.

이는 말하는 사람이 무슨 말을 했는지, 그 진정성은 어디까지인지, 듣는 사람이 그 뜻을 충분히 헤아렸다는 것이다. 스토리텔링은 청중에 대한 깊이 있는 이해에서 출발한다. 청중이 누구인지 알고 야망과 꿈, 걱정과 우려가 무엇인지, 어떤 중요한 효과가 걸려 있는지 등을 안다면 더 마음을 움직이는 이야기를 할 수 있다.

기업은 이제 잉여스펙을 원하지 않는다. 자신이 경험한 스토리 중 도전정신과 창의성, 문제해결 능력을 본다. 이는 한국경제연구원이 기업들을 분석한 결과다.

"인재를 바라보는 기업의 관점이 '역량' 중심으로 변화되어감에 따라 개인의 우수한 능력보다 가진 능력을 어떻게 활용할 것인가에 주안점을 두고 있다."

아이의 역량 개발을 위해서는 스스로 개발 포인트를 정해 다양한 프로그램을 활용하고, 지속적인 피드백을 통해 관리해야 한다. 이제 기업은 도전정신이 투철한 인재, 창의성을 갖고 문제해결을 잘하는 인재를 원한다.

자신의 역량과 연결된 경험과 포트폴리오를 쌓는 노력을 더 해야한다. 해외 취업에 성공한 이들은 하나같이 '스펙보다는 스토리를 가지라'고 전했다. 사람을 움직이는 제3의 감성 '스토리'는 자기 자신을 브랜딩할 수 있다.

스펙은 순위를 구분하지만, 스토리는 나와 남을 구별해준다. 스토리를 살아있게 하는 것은 바로 경험이다. 이때 경험을 세련되게 표현한 것이 바로 역량이다. 역량이 없는 스토리는 진실성이 떨어진다. 새로운 관점을 제시하는 스토리는 역량이 생생하게 드러난다.

'아이디어를 얼마나 창의적으로 해결했는가?' 아이가 일상에서 즐거워하는 스토리를 찾게 하라!

4장

언택트 시대,
미래인재가 되려면

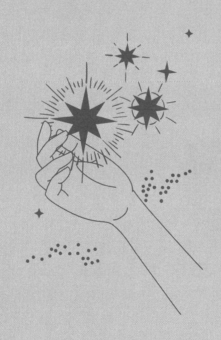

온라인 전환 조치의 하나로 강의 도구, 훈련 자료, 보다 밀도 있는
학습을 도와줄 원격 자료들 전반에 커다란 투자가 이뤄질 것이다.
에드테크를 활용한 온라인 수업 모델에
학생과 교사들이 익숙해지면 이러한 기술들에 대한
활용도는 큰 폭으로 증가할 것이다.
_《코로나 이후의 세계》제이슨 솅커

01.
비대면 시대 교육,
온라인 플랫폼을 활용하라

4차 산업혁명이 요구하는 인재상은 복합형 인재이
다. 컴퓨터 같은 기계장치를 이용하여 새로운 가치를 만들고, 이를 공
유하여 세상을 이롭게 하는 사람이 바로 복합형 인재이다. 개인이 정
보를 수동적으로 받아들이는 존재가 아니라 정보를 생산하는 주체라
는 뜻이다.

복합형 인재가 되기 위해 갖춰야 할 능력은 '공감'과 '소통', 그리고
'협력'이 필요하다. 4차 산업혁명으로 인해 인공지능 및 사물인터넷
등 주변 환경이 첨단기술에 의해 많은 변화가 생긴다. 공감과 소통 같
은 사람만이 할 수 있는 분야는 변하지 않는다. 온라인 교육으로 많은
사람이 교육 혜택을 받을 수 있고 글로벌 인재로 성장할 수 있다.

미래에는 글로벌 인재가 필요하다

스위스 국제경영개발대학원IMD이 매년 평가하는 세계 디지털 경
쟁력 점수 및 순위에서 작년 한국은 63개국 중 19위에 그쳤다. 특히
IT 지적 재산권, 벤처 캐피털 등의 영역에서는 매우 취약한 것으로 나
타났다.

한국과학기술평가원KISTEP이 발표한 2016년 기술 수준 평가 보고서
에 따르면 한국은 미국과의 기술 격차가 클라우드 부문에서는 1.6년,
IoT 부문에서는 1.9년, 빅데이터 부문에서는 3.3년, AI 부문은 3.5년으

로 가장 격차가 컸다.

디지털 인재 양성을 위한 교육체계 전면 개편이 필요하다.[1] 이제 미래를 주도할 디지털 인재 양성을 위해 '빅데이터 분석을 활용한 인공지능 기반 디지털 트랜스포메이션 과정'은 반드시 필요하다.

미래에는 글로벌 인재가 필요하다. 글로벌 인재는 창의적 사고와 융합적 사고가 높은 사람이다. 에디슨, 백남준, 빌 게이츠, 스티브 잡스와 같은 사람이다. 이러한 글로벌 인재가 되기 위해서 미래의 변화를 알고 대비하는 것이 중요하다.

미래에는 학습하는 방식이 과거처럼 책이나 학교에서의 배움으로 충족되지 않을 것이다. 온라인 교육은 시간과 공간의 제약을 극복할 수 있으며, 자신이 배우고자 하는 것을 자신만의 속도로 배울 수 있는 장점이 있으므로 미래의 주요 교육방식이 될 것이다. 온라인 플랫폼의 특성은 개방성을 통한 공유이다.

구글의 소프트웨어 엔지니어인 자키르 칸Zakir Khan은 세일즈와 마케팅 분야에서 일했으며 IT에는 문외한이었다. 프로그래밍은 남의 일이라고 생각했던 그는 무크MOOC 과정인, 유다시티Udacity가 구글과 함께 만든 '나노 학위'인 나노디그리에 등록했다. 안드로이드 앱 개발 등 구글이 원하는 소프트웨어 지식을 쌓았다.

그 결과 구글에서 소프트웨어 엔지니어로 일할 기회를 잡았다. 유다시티는 기업과 협력하여 4차 산업혁명에 필요한 기업이 원하는 진짜 지식을 가르치기 위하여 구글 외에도 AT&T, 오토데스크, 세일즈포스, 아마존, 페이스북 등 미국 유명 기업들과 함께 '나노학위'인 나노디그리 과정을 만들었다.

일부 무크는 대학과 연계해 학위 취득 과정도 운영한다. 특히, 미국에서 무크는 높은 품질을 자랑한다. 오프라인 교육기관을 앞서는 '프리미엄'까지 누린다. 하버드대학교 등 최고 명문 대학, 구글 등 최고 혁신기업만을 선별해 참여시킨다.

강의를 모두 들으면 수강료의 반을 돌려주며, 이 과정을 성공적으로 통과한 수강생들은 자격증을 받는다. 이는 기업이 진짜 원하는 지식을 쌓았다는 것을 뜻하는 증명서이다.[2]

온라인 교육으로 4차 산업혁명 시대가 요구하는 글로벌 인재가 될 수 있다. 기계가 하지 못하는 것을 할 수 있는 복합형 인재가 많아져야 진정한 4차 산업혁명 시대를 맞이할 수 있다.

비대면 시대 온라인 교육 트랜드는 진화한다

코로나19 팬데믹 이후 뉴노멀New Normal에 대한 논의를 최근 각 분야에서 활발히 진행하고 있다. 뉴노멀이란 과거에는 비정상적이던 일이나 현상이 점차 정상이 되어가는 것이다.

교육 분야에서도 온라인 수업을 확대하고 교사의 역할은 티칭 Teaching보다 코칭Coaching의 중요성을 강조하는 뉴노멀이 진행될 예정이다. 따라서 온라인 교육의 확대, 가상현실이나 증강현실, 혼합현실 MR 등 과학기술을 활용한 실재감 있는 학습에 관한 요구가 증가하며, 학생 중심 토론 수업으로의 전환 등이 필요하다.[3] 코로나19로 인해 변화하는 온라인 학습 트렌드를 살펴보자.[4]

첫째, 모바일 학습과 통합하여 몰입형 학습 기회를 제공하기 위해 디지털 VR 학습 콘텐츠를 제작한다. 복잡한 주제에 대해 흥미로운 콘텐츠로 학생들의 이해를 향상시킨다.

둘째, 수강자 관리의 '온라인 지도 교수제'는 도움이 필요한 그 순간 화면 공유를 통해 강의자가 바로 도움을 줄 수 있는 기능이다. 지속적으로 발전하고 있는 인공지능과의 접목이 가능하다. 언제 어디서나 학생들이 필요할 때 온라인 학습 콘텐츠를 찾고 지원을 받을 수 있다. 온라인 튜터링은 이렇게 학생들이 언제 어디서나 체계적으로 학습할 수 있도록 도움을 준다. 기업에도 온라인 교육 비용을 절약할 수 있다. 직원들의 학습 진행 상황을 모니터링하는데 유용한 데이터를 제공할 수 있다.

셋째, 모바일 학습 앱을 사용하면 각 학생이 주도권을 갖고 자신이 편한 속도로 학습할 수 있다. 개선이 필요한 부분이나 더 많은 시간을 보내야 하는 과목에 집중할 수 있다.

넷째, 교육은 게임화 기술이 오래전부터 적용된 산업 중 하나이다.

게임을 통해 논리, 수학 및 의사소통의 기본 기술을 배우는 것은 모든 연령대의 학생들을 참여시키는 가장 효율적인 방법의 하나이다. 새로운 세대의 학생들에게 전통적인 학교 교육이 지루하고 적용하기 힘든 모습을 볼 수 있다. 교사들은 게임화 콘텐츠를 통해 학생들을 참여시키고 동기를 부여하는 새로운 방법을 모색하고 있다.

아이들은 아기자기한 비주얼과 흥미로운 음향으로 제작한 교육 게임 콘텐츠를 통해 버튼을 누르고 화면을 조작하여 경험을 얻는다. 어려운 학습 내용을 조금 더 익숙하고 쉽게 습득할 수 있다. 교실에 게임 기반 요소를 도입함으로써 교사는 아이들이 즉각적인 피드백을 받고 부족한 부분에 대해 보강할 수 있다.

다섯째, 교사들은 이제 비디오 기반 수업 및 콘텐츠를 제공하는데 매우 익숙해졌다.

집에서 편안하게 학습 자료를 자유롭게 탐색할 수 있다. 원하는 과목에 따라 보강하고 싶은 학생들은 언제 어디서나 녹화된 동영상 강의를 시청할 수 있다. 또한, 비디오를 통해 학습 자료를 듣고 배우는 것에 더 흥미를 느낄 수 있다.

자신이 필요한 지식을 공부할 수 있는 전문학위가 필요하다

통계청이 2020년 10월 16일 발표한 '9월 고용 동향'에 의하면 지난달 취업자 수는 2,701만 2,000명으로 지난해 대비 39만 2,000명 감소한 것으로 나타났다.

특히, 산업자 별 취업자 현황을 살펴보면 전년 동월 대비 ▲숙박 및 음식점업(-9.8%) ▲교육서비스업(-7.9%) ▲도매 및 소매업(-5.7%) 순으로 감소세가 높은 것으로 나타났다. 코로나19로 인한 서비스업 타격이 심각한 것으로 분석됐다. 대신 ▲공공행정, 국방 및 사회보장행정(+9.8%) ▲보건업 및 사회복지서비스업(+5.9%) ▲건설업(+2.7%) 순으로 취업자가 증가했다.

제이슨 솅커Schenker는 지난 10년 넘게 불확실한 시장을 읽고 미래를 전망해 온 미래학자이자 금융 예측가이다. 위기는 곧 새로운 기회가 된다. 그 가능성을 솅커 회장은 교육에서 찾았다. 그는 수년 전부터 저서 등을 통해 '온라인 교육'이 대세가 되리라고 전망해 왔다.

"코로나19 팬데믹을 경험하며 사람들이 의료 및 보건 분야에 관심을 보일 가능성이 크다. 의료분야는 수요가 높고 오랫동안 미 노동청 자료에서 향후 10년간 급격히 성장할 직종으로 분류한다. 인구가 고령화되고 수명이 길어지는 한편 국민소득이 증가하면서 향후 의료에 대한 수요가 커질 가능성이 있기 때문이다."

코로나와 교육을 연관지어 마지막에 남는 건 교육과 훈련을 통해 다져진 내공이 가장 중요하다고 전한다. 의사와 간호사, 간병인 등 앞으로 수많은 의료 인력이 필요할 텐데 온라인 교육은 효과적인 수단이라고 한다.

2018년 미국 노동청이 추산한 실업률과 소득 수준 통계를 보면 교육수준이 높을수록 돈을 많이 벌고 직장을 잃을 가능성이 줄어드는 것을 보여준다.[5] 일자리의 미래를 생각할 때 아이의 교육은 특히 중요하다. 향후 10년간 급격히 성장할 직종을 생각하게 만든다. 일자리와 교육은 긴밀히 연결되어 있다.

앞으로 온라인 플랫폼 강의는 점점 더 확산할 것이다. 미래의 전문직을 살펴보면 원격업무를 기반으로 한다. 원격업무 관련 기술은 아직은 조금 부족할 수 있지만 앞으로 폭발적으로 향상될 것이다. 비즈니스 직업과 전문가의 역할은 대부분 온라인 시스템으로 움직인다.

아이들 전공은 뭐로 정해야 할까, 빨리 다른 직업을 준비해야 하는 건 아닐까. 세상은 모두 인공지능 시대에 살아남을 직업, 우리 아이 4차 산업혁명 시대 살아남기, 무엇을 해야 할 것인가라는 이슈들로 가득하다. 자신을 대체할 수 없는 역량 중심 콘텐츠교육과 온라인 교육시스템을 잘 활용하는 아이가 미래 교육을 실행하는 글로벌 인재이다.

02.
평생학습,
온라인 플랫폼을 활용하라

2013년 1월 뉴욕타임스의 유명칼럼니스트 토마스 프리드먼이 '무료 온라인 수업 혁명이 대학을 강타하고 있다'라는 제목의 칼럼에서 '언젠가는 당신이 원하는 수업만을 모아 대학 커리큘럼을 구성하는 날이 올 것이다. 너무나 저렴한 가격으로 스탠포드대학 교수에게 컴퓨터를, 와튼스쿨 교수에게 창의를, 에든버러에서 문학을 공부하는 날 말이다. 새로운 세상이 열리고 있으며, 모든 사람이 이에 적응해야 할 것이다'라는 기고 글을 남긴 바 있다.

미래를 살아가기 위해 앞으로 우리는 어떻게 공부를 해야 할까? 그 해답은 온라인 교육을 통한 미래 교육에 있다.

세계 석학들을 눈앞에서 만나다

우리나라에도 세계 각국의 무크 영향을 받아 교육부 주관으로 구축 및 운영에 관한 기본계획을 수립했다. K-MOOC 누리집(www.kmooc.kr)에서 회원가입을 하면 자격 제한 없이 누구나 강좌를 무료로 들을 수 있다.

2018년 국가평생교육진흥원의 발표에 의하면 K-MOOC는 2019년 12월 말까지 4차 산업혁명, 직업교육 등 신규 150여 개, 누적 745개 우수강좌를 제공했다. 또한, 2019년 9월부터 일반 국민이 K-MOOC 이수 결과를 학점은행제 학점으로 인정받도록 11개 강좌를 운영하기 시작했다. 학점은행제는 다양한 형태의 학습과 자격을 학점으로 인정하고, 학점이 쌓여 일정 기준을 충족하면 학위취득이 가능한 평생학습 제도이다.

무크MOOC는 대규모 오픈 온라인 코스Massive Open Online Course의 앞 글자를 딴 약자로 수강인원에 제한 없이, 모든 사람이 수강 가능하며, 웹 기반으로 미리 정의된 학습 목표를 위해 구성된 강좌이다.

해외 무크의 하나인 'edX' 설립자 아난트 아가왈Anant Agarwal은 Ted 강연에서 무크를 다음과 같이 말했다.

"무크는 대규모 온라인 강의이다. 수많은 기관이 전 세계 수백만의 학생에게 이러한 강의를 무료로 제공한다. 누구든지 인터넷에 연결할 수 있고 배우고자 하는 의지가 있다면 이런 명문 대학의 뛰어난 강의를 접할 뿐만 아니라 마지막엔 이수증을 받을 수 있다."

하버드·MIT·스탠퍼드 등 세계 유수 대학의 강의를 원하는 시간에, 어디서나 듣는다는 장점이 있어 인기를 끌고 있다. 최근 대표적인 무크 서비스인 '코세라Coursera' 수강생이 800만 명을 넘어설 만큼 그 변화는 혁명적으로 평가받고 있다. 명문 대학의 인기 강좌를 온라인으로 무료 공개하면서 전 세계 어디에서나 세계 최고 수준의 교육을 받을 수 있는 시대가 열린 것이다. 무크 등 온라인 강좌를 소개하는 〈http://www.myeducationpath.com〉에는 무크를 포함한 온라인 강좌가 무려 2만 개 정도 안내되어 있다. MOOC의 분명한 차별성은 다음과 같다.

①대학 정규 수업과 같은 수강 신청과 출석 체크
②과제 및 중간, 기말 평가 시행
③동료평가 형식의 피드백을 받을 수 있음

④전 세계의 사람들과 조별 토론 및 의견 공유

⑤직무 능력으로 인정되는 수료증 발급

무크 서비스는 강의에 따라 무료 또는 유료(시험료)로 수료증을 발급한다. 수료증은 대학 진학의 '스펙'으로 활용하기 시작하고 있다. 지난해 MIT는 온라인으로 제공한 전기공학 강의를 우등으로 이수한 몽골의 17세 학생을 신입생으로 선발했다.

무크의 수료증은 링크드인Linked in 등 SNS의 프로필에 등록할 수 있어 외국 기업들이 채용에 참고하기도 한다. 과거 2001년 MIT는 '지식이 공개적으로, 그리고 자유롭게 공유될 때 교육이 가장 발전할 수 있다'라며 세계 유수의 대학들로 하여금 온라인 강좌를 촉발시킨 바 있다.

하지만, 현재 무크가 일으키는 변화는 그 전개 면에서 확연히 다른 혁명적인 교육 패러다임의 전환을 예고하고 있다.[6]

디지털 네이티브Digital Natives들은 시간과 공간을 넘어서 학습하다

디지털 생활환경의 급속한 변화는 디지털 언어를 자유자재로 사용하는 디지털 네이티브 즉, 디지털 원어민이라는 새로운 세대를 탄생시켰다. MZ 세대로 불리는 10대, 20대 역시 디지털 네이티브 세대에 해당한다.

코로나로 인해 비대면 문화가 확산하며 디지털 네이티브 세대는 변화된 생활환경에 누구보다 빠르게 적응하고 있다. 이들은 흥미가 없거나 나의 취향과 다른 콘텐츠는 소비하지 않으며, 이러한 취향을 존중받기를 원하는 특징이 있다. 자신이 원하는 형태의 상품과 서비스를 소유하고 싶어 하므로 맞춤형 서비스나 AI 추천 등의 개인화 옵션을 사용하기도 한다.

또한, 동영상 검색이나 콘텐츠를 소비하며 다양한 상황에 맞는 대처법을 찾기도 한다. 이러한 디지털 네이티브들에게 적합한 교육 방식이 바로 스마트 교육이다.

스마트 교육이란 오프라인에서 수업을 듣는 것 이외에도 다양한 멀티미디어 기기를 이용한다. 시간과 장소에 구애받지 않고 학습자 스스로 공부할 수 있도록 하는 교육 방식이다.

디지털 네이티브들은 책이나 칠판보다는 영상이나 인터넷에 더 집중을 잘한다. 동영상이나 인터넷에 최적화된 세대가 바로 디지털 네이티브세대이다. 이제 디지털 네이티브들을 위한 비영리 교육 플랫폼에 대해 살펴보자.[7]

① 칸 아카데미(Khan Academy; https://ko.khanacademy.org)

미국학교에서는 학생이 수업 내용을 이해하지 못했다고 하면 교사가 가장 먼저 추천하는 게 이 플랫폼이다. 사용자의 70%가 미국에 몰려 있는 이 플랫폼은 이공계 과목 위주로 구성하고 있다.

모든 아이는 배울 기회를 가져야 한다. 초등학교 수준에서부터 SAT수학능력평가시험까지 콘텐츠의 폭이 넓다. 전 세계의 6억 1,700만 어린이들이 기초적인 수학과 읽기에 대한 배움의 기회를 얻지 못하고 있다. 이러한 어린이들의 삶에 기회를 주는 교육 플랫폼이다.

인도에 사는 안잘리Anjali 소년의 이야기를 전한다. 그는 가난한 집안 형편 때문에 수학이 마냥 두려웠지만, 이 플랫폼을 무료로 활용해 수학을 좋아하게 되었다. 칸 아카데미는 2006년 살만 칸이 만든 비영리 교육서비스이다. 2012년 한 해에만 4,300만 명의 학생이 칸 아카데미를 방문해 동영상 강의를 들었다. 이 중 65%는 미국, 나머지 35%는 전 세계 210여 개국에서 방문했다. 설립자 살만 칸Salman Khan

은 '교육은 사치재가 되어서는 안 되며, 기술의 발달로 전 세계 누구든 지 무료로 교육의 혜택을 누릴 수 있게 될 것'임을 강조한다.

100% 기부금으로 운영하는 칸 아카데미는 4천 개의 동영상 강의를 무료로 제공하고 있다. 강의 범위도 초·중·고교 수준의 수학, 화학, 물리학뿐만 아니라 컴퓨터공학, 금융, 역사, 예술까지 넘나든다.

② Ted 교육(Ted-ed; http://ed.ted.com/)

TED-Ed는 TED의 교육 이니셔티브이다. 강연회와 동영상 자료가 있는 Ted-ed는 교육 웹사이트이다. TED-Ed Clubs 프로그램은 학생들이 짧은 TED 형식의 강연으로 그들의 큰 아이디어를 발견하고, 탐색하고, 발표할 수 있도록 지원한다.

영어 수업시간에 5~10분 정도의 동영상을 보여 주면 학습효과를 누릴 수 있다. 한글과 영어 대본도 제공되기 때문에 언어와 상관없이 콘텐츠를 이용할 수 있다. 오늘날 15억 명이 넘는 아이들이 학교에 갈 수 없다.

이러한 교육위기에 대응하여 UNEP와 TED-Ed는 모든 연령대의 학습자를 위한 30일간의 자연 중심 콘텐츠와 환경 모험으로 구성된 지구학교Earth School를 제작하였다.

③ EBS 이솦(https://www.ebssw.kr/)

이솦은 EBS 소프트웨어 교육 플랫폼의 줄임말이다. 이솦은 누구나 무료로, 언제 어디서든 소프트웨어를 자기 주도적으로 학습해나가도록 도와주는 온라인 교육 플랫폼이다.

이솝에서는 아이가 공부하는 블록코딩에 따라 홈페이지에서 교육을 지원하고 있다. 이솝에서는 각 블록코딩 강의 동영상이 있고 퀴즈와 같은 활동도 포함돼 있다.

④ 소프트웨어야 놀자 (http://www.playsw.or.kr)

소프트웨어야 놀자는 비영리단체인 커넥트 재단에서 만든 플랫폼이다. 소프트웨어에 대한 전문적인 지식이 없어도 영상과 놀이로 소프트웨어에 대해서 손쉽게 배울 수 있도록 구성했다. 이 플랫폼의 가장 큰 장점은 소프트웨어에 관심이 생긴 학생들을 위해 자신의 지역에서 무료 소프트웨어 교육을 배울 수 있도록 지원하고 있다.

내가 사는 지역에서 양질의 무료 소프트웨어 교육을 체험해 볼 수 있다. 인간을 대신해 AI가 각종 문제를 해결하는 만큼 문제를 잘 풀기보다는 잘 내는 IT 개발자가 주목받을 것이라고 한다.

⑤ 엔트리 (http://playentry.org)

엔트리는 엔트리 교육연구소에서 제공하는 누구나 무료로 소프트웨어 교육을 받을 수 있게 개발된 소프트웨어 교육 플랫폼이다. 국내에서 개발되었기 때문에 인터페이스가 친숙하고, 설명이 자세하여 누구나 쉽게 배울 수 있다.

특히, 초등학교에서는 체험과 놀이 활동 중심 코딩 교육이 이루어진다. 쉽고 재밌게 놀면서 컴퓨터 과학의 기본 개념이나 원리를 배우는 것은 물론 프로그래밍 언어로 문제해결 방법을 체험한다.

⑥ 코드닷오알지Code.org (http://code.org)

코드닷오알지는 2013년 만들어진 비영리단체로 학생들에게 프로그램 코딩을 배울 기회를 제공해 주고 있다. 컴퓨터 프로그래밍 교육 캠페인 '코드의 시간Hour of Code'을 진행 중이다.

프로그램 코딩을 학습자 수준에 맞춰서 다양한 방법으로 배울 수 있도록 구성했다. 이 플랫폼의 가장 큰 장점은 학습자에게 친숙한 마인크래프트, 스타워즈, 겨울왕국 등 다양한 콘셉트로 제공하여 학습자의 눈높이에 맞춰서 제공해 준다는 점이다.

버락 오바마 전 미국 대통령은 코딩 교육을 제공하는 비영리단체 '코드닷오알지'를 방문해 '게임을 내려받는 것에 그치지 말고 직접 만들어 보라.'고 말한 바 있다.

⑦ 스크래치 (http://scratch.mit.edu)

스크래치는 MIT 미디어랩의 평생 유치원 그룹Lifelong Kindergarten Group에서 운영하는 무료 프로젝트이다. 블록코딩을 이용하여 코딩의 원리를 쉽게 배울 수 있는 플랫폼이다. 엔트리와 달리 외국에 기반을 두고 있는 플랫폼이다 보니, 다양한 외국 사례를 참고해 볼 수 있다는 점이 큰 장점이다.

또한, 어려운 코딩을 처음 접할 때, 블록으로 배우니 쉽게 다가갈 수 있어 코딩에 대한 두려움을 줄일 수 있다. 그리고 간단한 게임이나 애니메이션을 만드는 형식으로 진행되기 때문에 아이들의 집중도가 높은 편이다.

미래학교 교사가 꼭 추천하는 교육 플랫폼은 무엇일까?

미래 교육은 학습자 중심 교육 플랫폼 설계·구축·운영이 가장 필요하다. 학교는 학생들이 원하는 교육내용과 교육 방식을 플랫폼으로 조성하고, 교사는 따뜻한 감성으로 무장하여 학생의 경험이 본인의 삶으로 이어지도록 하는 가이드 역할에 충실해야 한다.

'상상이 현실로 다가오는 미래를 대비하는 학교는 어떤 교육기관으로 남아야 할 것인가?'라는 질문에 대한 해답은 간단하다. 학습자가 원하는 모든 것을 실현해 주는 시스템을 구현해야 한다.

학생뿐만 아니라 미래교사의 역할이 증대하고 있다. 단순히 교·사대를 졸업하고 임용고시를 통과한 스펙으로는 미래 학생을 지도할 수 있는 역량의 한계가 존재한다. 잠재된 능력을 끄집어내는 교사의 역할이 중요하다.

상당수 미래학자는 세계 인구의 증가, 무인 자동차의 현실화, 3D 프린팅으로 인쇄하는 주택과 자동차, 드론을 활용한 무인 배송, 도시형 스마트팜 등을 점치고 있다. 물론, 지금도 미래학자들이 예상하는 것들은 이뤄지고 있다. 다가올 미래는 스마트 러닝한 평생학습사회이면서 온라인·오프라인 교육 플랫폼으로 연결되는 미래학습사회가 될 것이다.[8]

미래사회에 학교에서 일어날 변화는 매우 크다. 극단적으로 학교가 사라질 것으로 예측하는 미래학자도 있다. 미래에는 장소에 구애받지 않고 언제 어디서나 연결해 학습할 수 있게 될 것이다. 이제 학교라는 공간에서의 수업은 줄어들고 온라인 교육이나 재택학습, 탐방학습이 늘어날 것이다.

미래사회를 살아갈 아이들에게 온라인 교육은 이제 필수다. 또한, 학교 교육으로 평생을 살아가는 시대는 지났다. 현재도 대학에서 배운 지식만으로는 직장생활을 하기가 쉽지 않다. 대학이나 대학원을 졸업하고 취업해도 기업에서는 다시 교육을 받아야 한다. 미래에는 형식교육보다는 학교 교육 이외의 비형식 교육의 비중이 점점 더 커지고 있다.

미래 교육은 지식 전달이 아니라 학습 방법과 학습의 즐거움을 가르쳐주는 데 중점을 둬야 한다. 사람은 기계가 갖지 못하는 지혜와 방대한 지식을 꿰뚫어 보는 통찰력을 가지고 있다. 상상하고 문제해결을 위해 창의성을 발휘하는 것은 매우 인간적인 능력이다. 지성적 측

미래인재 모든 것

면에서는 기계가 앞서겠지만, 감성 영역은 언제까지고 인간의 영역으로 남을 것이다.

미래 교육은 지식을 전달하고 암기하는 방식의 교육이 아니라 삶의 지혜와 지식을 관통하는 통찰력을 길러주고, 또한 사회적 존재로서 협동심, 소통, 공감 능력을 길러주는 교육이 되어야 한다.(출처: 최연구, 2017, 4차 산업혁명 시대의 미래 교육 예측과 전망)

이제 소프트웨어 교육 및 학교공부도 혼자서 해결할 수 있는 다양한 플랫폼platform을 알아보자. 자신에게 필요한 학습 플랫폼을 선택해 무료로 활용할 수 있다. 아이의 성취 수준에 맞는 다양한 학습자료를 통해 학업성취를 점검할 수 있다.[9]

① 교실온닷(http://edu.classon.kr)

교실온닷은 실시간 양방향 화상 수업이 가능한 교수학습 플랫폼이다.

기존의 녹화된 영상을 보는 동영상 강의가 아닌 자신이 원하는 강좌를 선택해서 정해진 시간에 쌍방향 소통이 가능한 실시간 강의를 제공해 준다. 꼭 필요한 수업을 멀리 찾아가지 않고, 집에서 쌍방향으로 소통하면서 들을 수 있는 것이 큰 매력이다. 더불어 모든 강의를 현직 교사가 진행하기 때문에 학생부종합전형(학교생활기록부, 세부능력/특기 사항)에 활용할 수 있다는 것이 가장 큰 장점이다.

교실온닷은 '학생의 진로·적성 맞춤형 교육과정 운영 지원을 위한 시스템'이라는 목표 아래 ①비실시간 온라인 수업의 한계 극복. ②오프라인 공동교육과정의 한계 극복. ③온라인 수업의 장점 활용이라는 학습 효과를 기대하여 개설된 사이트이다.

구체적으로, 실시간/양방향 온라인방식으로 수업을 진행하며 거꾸로 수업, 블랜디드 러닝 등 다양한 수업 방식이 가능하다. 학생의 진로·적성에 맞는 다양한 수업을 실시간 생방송 수업으로 제공하여 과목 선택권을 확대할 수 있다. 수업 녹화 등의 기능을 활용해 학습 효과를 증진할 수 있다.

②EBS 매스(http://www.ebsmath.co.kr)

EBS MATH는 EBS에서 개발한 자기 주도학습 플랫폼이다.

현재는 초등 3~6학년, 중등 1~3학년 과정이 준비되어 있고, 단계적으로 초등 전 과정과 고등학교 과정까지 준비할 예정이다. 영상 카드, 문제 카드, 웹툰 카드, 게임 카드로 구성된 4가지 유형의 콘텐츠를 제공하고 있다.

③e 학습터(http://cls.edunet.net)

e 학습터는 '2015 개정 교육과정'에 맞춘 교과학습, 평가문, 기초튼튼 등을 신규 개발했다. 기존 EBS와 에듀넷, 유튜브, 디지털교과서 등에서 서비스하는 학습 동영상을 e 학습터에서도 검색해 활용할 수 있도록 연계했다. 학생들이 가정에서 스스로 공부하거나, 교사들이 사이버학급을 개설할 수 있다. 온·오프라인 수업에서 활용할 수 있는 다양한 인터넷 기반 학습관리 기능을 갖추었다.

④늘배움(http://www.lifelongdu.go.kr)

늘 배움 플랫폼은 국가평생교육진흥원에서 여기저기 흩어져 있는 양질의 교육 콘텐츠와 평생학습 정보를 쉽게 이용할 수 있다. 평생학습 서비스를 제공하는 '평생학습 종합포털'이다. 안드로이드, IOS를 통해서 어디서든 손쉽게 접근할 수 있다. 우리 동네 배움터(오프라인) 지역 정보를 제공하며 주변의 평생교육 시설과 정보를 공유하고 있다.

① 통계교육원(http://sti.kostat.go.kr)

통계기초 및 활용, 빅데이터 및 통계와 관련된 기본 소양 교육을 위한 무료 교육 사이트이다

② 커리어넷(https://www.career.go.kr)

진로 심리검사 및 진로상담, 직업·학과 정보 등 진로·진학에 관한 다양한 교육 자료를 제공하고 있다.

③ 세바시, 세상을 바꾸는 시간 15분
(https://www.sebasi.co.kr, 세바시 유튜브: https://goo.gl/V88B4Z)

④ 스타폴starfall (https://www.starfall.com)

영어 알파벳부터 파닉스, 일기, 쓰기, 노래, 기념일에 관한 이야기 등 다양한 영어 관련된 활동을 제공하고 있다.

⑤ ABCYa(https://www.abcya.com)

게임을 통해 영어를 재미있고, 쉽게 배울 수 있도록 다양한 자료를 제공하고 있다.

⑥ LG 사이언스 랜드(http://lg-sl.net/home.mvc)

어려운 과학을 노래, 퀴즈, 게임, 만화를 통해 배울 수 있도록 다양한 자료를 제공하고 있다.

⑦ 청소년 기업가 체험 프로그램

모든 청소년에게 4차 산업혁명으로 대변되는 미래 직업 세계의 변화에 대응한 창의적 진로 개발 역량 강화를 목표로 한다. 기업가정신과 창의성을 기를 수 있는 온·오프라인 융합형 창업 체험교육

프로그램을 제공하고 있다.

⑧ 앙트십스쿨(https://www.entshipschool.com)

창업가처럼 기회를 발견하고, 창업가처럼 문제를 해결하는 문제해결 인재를 길러내는 기업가정신 교육서비스를 제공하고 있다.

⑨ 유쓰망고(https://blog.naver.com/youthmango)

청소년 체인지 메이커 운동을 촉진하는 비영리단체. 유쓰망고는 "망설이지 말고 Go!" 행동하는 청소년들과 지지하는 어른들의 플랫폼이다.

⑩ 에듀넷·티-클리어(http://www.edunet.net)

티-클리어는 Teacher-Curriculum, Learning, Evaluation and Activity Resources의 약자로 교육과정과 교육정책 전반의 정보를 통합 제공하고, 협업 소통을 지원하는 교육 정보 통합 지원 서비스이다. 학교에서 배우는 교과자료부터 소프트웨어, 주제별 사진 및 동영상 자료까지 다양한 콘텐츠를 제공하고 있다.

03.
인공지능 시대, 웹사이트를 알고 활용하라

"인공지능 기술과 인재의 보유 여부가 개인·기업·사회와 국가의 경쟁력을 결정하고, 지속 가능성과 생존 여부를 좌우할 것이다. 인공지능을 활용한 좋은 사례를 제시하여 아이와 토론하는 방법이 인공지능교육이다."

구글이 2006년 세계 최고의 미래학자로 인정한 토마스 프레이 미국 다빈치 연구소 소장의 말이다. '미래학의 아버지'라 불리는 프레이 소장은 2030년에는 학생들이 인공지능이 접목된 로봇 교사를 통해 교육받을 것으로 전망했다.

현재 AI를 접목했다고 하는 교육서비스 대부분은 학생들의 학습 데이터를 분석해 그 결과를 보여 주는 수준에 그치고 있다. AI가 아이의 창의성과 효율성을 보조할 수 있도록 활용해 보자.

인공지능 시대에 필요한 인재가 되는 방법

우리나라의 전문 인력은 양과 질 측면에서 터무니없이 부족하다. 독일 통계 포털 '스타티스타' 2018년 통계에 따르면 미국의 AI 전문가는 우리나라의 10.7배, 중국은 6.8배, 일본은 1.2배 수준이다.

특히, 연구 능력 상위 10% 이내 톱 전문가는 미국이 5158명, 중국 977명, 일본은 651명이지만, 우리는 이와 관련한 데이터조차 제대로 없어 0명으로 기록되어 있다.

인공지능은 다양한 분야와 융합해서 새로운 가치를 창출할 수 있다. 인공지능은 환경·에너지·교통·안전·국방·금융·의료·생명·제약·농업·재료뿐만 아니라 인문학·문화·예술 등 모든 분야와 융합 할 수 있다. 인공지능은 이러한 분야에서 일의 효율성을 증대하고 창조 과정을 보조할 수 있다.[10]

4차 산업혁명 시대의 특징 중 하나는 여러 분야의 융복합이 이루어지고, 다양하고 새로운 시도가 이루어질 수 있다는 것이다. 인공지능을 통해 복잡하고 어려운 분석이 가능해지므로 사람들은 좀 더 많은 시간을 가지고 연구하게 될 것이다. 복합적인 사고를 하기 위해서는 역사와 철학, 문학, 자연과학 등 다양한 분야의 책을 많이 읽어야 한다.

다양한 학문이 융합되고 응용되는 4차 산업혁명 시대에는 인문학 공부가 무엇보다 중요한 바탕이 다. 그러니 어느 한 분야에 집중하기보다 다양한 분야에 관심으로 넓게 공부하는 것이 좋다. 창의성 또한 마찬가지이다.

코딩도 반듯이 배워야 한다. 기계와 소통하기 위해서는 코딩이 필요하다. 텔레비전이나 냉장고를 이용하듯, 단순하게 컴퓨터를 이용하려면 굳이 코딩을 배울 필요는 없다. 하지만 보다 어려운 문제를 해결하거나 새로운 무엇인가를 개발하려면 기계에서 하고 싶은 말을 전달해야 한다.

그러기 위하여 코딩을 배워야 한다. 인공지능 교육과정에서 학생들은 최신 딥러닝을 포함해 인공지능 알고리즘과 학습 이론을 공부한다. 실습으로 개발 경험을 쌓고, 이를 기반으로 응용과 융합 능력을 배양해야 한다. 여기에 인공지능 구조와 변수를 최적화할 수 있는 능력이 필요하다.

이에 수학 능력이 선행해야 한다. 꼭 필요한 수학이 선형대수Linear Algebra, 미적분학Calculus, 확률과 통계Probability and Statistics 과목들이다. 이에 더해 코딩으로 표현되는 프로그래밍 능력이 필요하고 데이터 구조도 이해해야 한다. 무엇보다 중요한 것은 생각하는 힘을 기르는 것이다.

그리고 그 생각을 표현하는 능력도 함께 키워야 한다. 자기 생각을 글이나 말, 그림 등으로 표현할 수 있는 능력은 아주 중요하다. 따라서

AI와 소통하는 방법을 알면 아이의 비전, 이해력, 기억력 등 다양한 능력을 향상할 수 있다.

끊임없이 사람들과 소통하고 자기 생각을 표현하고 다른 사람을 이해하기 위하여 노력해야 한다.

인공지능 시대 준비에 도움을 줄 수 있는 웹사이트

옥스퍼드 마틴 스쿨 칼 베네딕트 프레이 교수와 마이클 오스본 교수는 지난해 〈고용의 미래: 우리의 직업은 컴퓨터화(化)에 얼마나 민감한가〉라는 보고서를 발표하면서 "자동화와 기술 발전으로 20년 이내 현재 직업의 47%가 사라질 가능성이 크다"라고 지적했다.

이들은 702개의 직업군을 대상으로 각 직업에서 컴퓨터화가 진행되는 속도 및 현재 각 직업군 노동자의 임금, 취업에 필요한 학력 등을 종합 분석, 인력이 컴퓨터로 대체될 가능성을 0에서 1 사이를 숫자로 표시했다. 1에 가까울수록 컴퓨터화와 기계화로 인해 사라질 가능성이 큰 직업이고, 0에 가까울수록 타격을 별로 받지 않는다는 의미다.

그 결과, 컴퓨터의 발달로 인해 가장 크게 타격을 입을 직업은 텔레마케터(0.99)인 것으로 조사됐다. 화물·운송 중개인, 시계 수선공, 보험 손해사정사 역시 같은 점수를 받아 고(高)위험군에 속하는 것으로 조사됐다. 전화 교환원, 부동산 중개인, 계산원은 0.97, 택시 기사도 0.89점으로 높았다. 요즘 젊은이들이 선망하는 전문직 역시 안전지대는 아니었다. 판사는 0.4로 271번째 안전한 직업에 그쳤고, 경제학자(0.43)는 282번째였다.

그러나 내과, 외과 의사(0.0042)는 상위 15위를 기록해 미래에도 거의 타격을 받지 않을 직업으로 분류됐다. 그렇다면 미래 일자리 환경에 적응하기 위해 우리는 무엇을 해야 할까.

프레이 교수의 보고서에 따르면 감성이나 감정을 요구하는 직업은 미래에도 살아남을 가능성이 크다. 예술가나 테라피스트, 연애 상담사가 대표적이다.

기계가 대체할 수 없는 인간의 영역을 찾아 특화하는 것이 기계와의 전쟁 시대에 적응하는 방법이 될 수 있다는 의미다. 가장 안전한 직업으로는 놀이를 활용한 치료 전문가(0.0028)가 1위를 차지했고, 큐레이터(0.0068, 34위), 성직자(0.0081, 42위), 인테리어 디자이너(0.022, 93위) 등 창의성과 감수성을 요구하는 직업이 상위권을 기록했다.

인공지능과 로봇을 관리하는 사람도 필요하고 인공지능이 제대로 일할 수 있도록 설계하고 만들어 내는 기술 연구자도 많이 필요하다. 로봇이 망가졌을 때 로봇을 완전하게 고쳐 줄 로봇 수리공도 새로 생겨날 직업이다.

하지만 미리 걱정할 필요는 없다. 이 같은 결과는 어디까지나 기술적으로 대체 가능한 일자리의 숫자[11]를 말하는 것일 뿐이다. 인터넷에는 다양한 정보가 공개되어 있고, 아이가 미래에 어떤 직업을 선택해야 할지, 인공지능 시대를 준비해 진로선택이 궁금하면 아래 사이트에서 도움을 받아보자.[12]

①워크넷 (http://www.work.go.kr)

고용노동부에서 운영하는 사이트로 채용 정보뿐 아니라 직업에 대한 다양한 정보를 알 수 있다. 진로나 학과 선택에 필요한 정보를 제공해 주며, 청소년을 위한 직업상담, 심리상담 등을 받을 수 있다.

②커리어넷 (http://www.career.go.kr)

교육부에서 운영하는 진로 정보 사이트로 청소년을 위한 진로 가

미래인재 모든 것

이드와 학과 선택에 도움을 주는 정보를 담고 있다. 각 분야의 전문가들이 진로에 관해 설명하는 동영상을 볼 수 있다.

③꿈길(http://www.ggoomgil.go.kr)

학생들의 진로체험을 지원하는 교육부 사이트로 지역사회에서 진로체험 할 수 있는 곳을 찾아보고 정보를 얻을 수 있다.

④원격 영상 진로 멘토링(https://mentoring.career.go.kr/school/index.do)

사회에 미리 진출한 선배가 후배를 위해 조언하는 멘토링 서비스 사이트이다. 영상을 통해 직업을 소개하고 필요한 내용을 물어볼 수 있다. 농어촌이나 교통이 불편한 지역의 학생을 직접 찾아가는 진로버스도 운영하고 있다.

⑤세계 대학 공개강좌 서비스(https://www.edx.org/)

하버드를 비롯해 MIT 등 세계의 유명 대학에서 무료로 제공하는 공개강좌 사이트이다. 영어로 제공되며 컴퓨터를 비롯해 인공지능, 빅데이터 등 다양한 미래기술에 대해 알 수 있다. 국내 대학 강좌는 K-MOOC(http://www.kmooc.kr)을 통해 제공되며 서울대학교의 인공지능 기초강좌를 들을 수 있다.

인공지능을 활용한 성공사례

미국 경제 전문지 포브스는 2015년 '미래 유망 직종' 1순위로 '데이터 사이언스'를 뽑았다. 이는 데이터와 관련한 전문직(데이터 과학자, 데이터베이스 개발자, 빅데이터 엔지니어)이다.

데이터 과학자는 데이터 수집·가공·분석을 통해 인사이트를 추출해 더 나은 전망을 결정한다. 무엇보다 그 많은 데이터 중에서 유의미한 정보를 추출하는 능력이 주목받는다. 데이터 과학자의 몸값 역시 높아질 것으로 기대를 모으고 있다.

초고령화가 진행되면서 어른들을 대상으로 하는 돌봄 서비스가 주목받을 가능성이 크다. 특히 지급 여력이 있는 고령층을 대상으로 하는 인공장기나 조직 등을 판매하고 관리하는 서비스에 대한 요구가 높아질 전망이다.[13]

이와 함께 초저출산 사회에 접어드는 만큼 아이들이 더욱 귀해질 것이다. 지금도 키즈 시장은 유망하지만, 시간이 갈수록 더욱 유망해질 것이란 얘기다. 아이들을 대상으로 하는 장난감을 비롯해 전문화된 교육서비스 등 점점 더 '고급화된 시장'이 발달할 것이란 관측이다.

포브스는 AI를 활용한 좋은 사례를 소개했다. 유아·초등 교육 영역에 있어 적용 사례로 스타트업 Element Path에서 만든 코그니토이(CogniToy)라 불리는 인공지능을 결합한 스마트 장난감이다. 교육의 진행은 아이들이 장난감과 상호 작용하며 질문을 하거나, 수수께끼를 푸는 등의 과정을 통해 기초적인 학습을 하게 한다. IBM 슈퍼 인공지능 왓슨(Watson)이 탑재되어 있다.

AI는 세계 기아 위기를 끝내기 위한 싸움을 가장 빠르게 도와줄 수 있는 도구이다. 수백만 개의 데이터 포인트를 분석해 힘든 오지 토양을 분석한다. 작물을 결정하고, 씨앗을 개발하고, 전류 출력과 제초제 적용을 쉽고 빠르게 수행할 수 있다. 농작물 파종, 식량 가격 상승, 가뭄 등으로 식량난이 가중될 우려가 있는 지역을 파악해 주는 영양 조기 경보시스템(NEWS)이 대표 도구라 할 수 있다. 기계학습과 빅데이터 기반으로 개발됐다.

AI는 가짜뉴스로부터 대중을 보호한다. 구글을 비롯한 MS, 페이스북, 트위터 등 SNS 기업은 머신러닝과 자연어 처리 기술(NLP)를 활용해 기사 및 정보의 사실 여부를 평가한다. 미국 캘리포니아대 사회 인공지능센터(CAIS)는 AI를 활용해 자연재해 및 다양한 사고에 미리 대비할 수 있는 연구를 진행한다. 도시 내 노후화된 공공 인프라를 파악해 업그레이드 작업에 착수할 수 있도록 돕는다.[14]

인공지능과의 공존이 필요하다. 인공지능이 인간의 역할을 대신하는 것이 아니라 인공지능 알고리즘은 인간과 다른 방식으로 학습하기 때문에 대상을 보는 시각도 다르다. 따라서 인간이 놓치고 있는 데이터 간의 관계와 패턴을 포착할 수 있다.

인공지능의 가장 큰 장점은 인간이 가진 기존의 능력을 확장하고 과제 수행 능력을 개선해준다. 아이가 많은 기회를 받을 수 있다.

04.
세계의 변화에
적응하는 힘을 키워라

최근 코로나19 사태를 가장 먼저 예측한 곳은 어디일까? 세계보건기구WHO나 미국 질병통제예방센터CDC보다 먼저 캐나다의 AI 의료플랫폼 업체 '블루닷Blue Dot'이 코로나19의 위험성을 감지하고 예측했다.

코로나 사태 이전에도 하버드대학교와 메사추세츠공과대학 전문가들이 만든 빅데이터 활용 전염병 분석 프로그램인 '헬스맵'은 2014년 에볼라 확산 위험을 제일 처음 알렸다. 메르스 사태 때도 빅데이터를 활용해 국가별 호흡기 질병을 경고했다. 즉 빅데이터를 활용한 AI 의료 플랫폼은 SNS를 통해 세계에 경각심을 주었다.

빅데이터, 인공지능, 플랫폼, SNS 등을 자유롭게 다루는 아이가 세계를 움직인다.

인공지능 시대, 아이가 가져야 할 생각 근육과 행동 근육

인공지능이라는 용어는 1965년에 처음 등장했다. 인공지능 정의와 기술을 쉽게 아이에게 설명하고 사용하여 보자. 인공지능은 기계가 경험을 통해 학습하고 새로운 입력 내용에 따라 기존 지식을 조정한다.

오늘날 인기 있는 온라인의 다양한 플랫폼들이 어떻게 활용하고, 앞으로 어떻게 변해갈 것인지 그 흐름을 읽어야 한다. 현재 아이에게 활용될 수 있는 인공지능 사례들을 확인해보자.

① 음성 신호 처리 기술과 AI를 이용해 사람들의 대화 내용에서 우울증 및 자살 전조증상을 탐지하는 기술도 개발 중이다.

사람의 목소리를 분석하여 심리상태를 나타내는 우울증을 감지하는 것도 머신러닝 기술로 가능하다. 머신 러닝은 인공지능의 한 분야로 컴퓨터가 학습할 수 있도록 알고리즘과 기술을 개발하는 분야이다. 앞으로는 정신의학 분야의 상담도 집에서 편하게 진행할 수 있다.[15]

지금 우리가 사는 이 시대를 지배하고 있는 것은 4차 산업이다. 4차 산업이 지닌 가장 큰 특징은 바로 AIArtificial Intelligence이다. 전염병 예측 외에도 AI는 질병의 조기 진단, 예방 서비스 제공, 새로운 치료법 및 신약 개발 등 다양한 의료 분야에서 활용하고 있다.

②심리 상담 분야도 최근 많은 집중을 받고 있다.

AI 심리 상담프로그램은 자신의 심리 증상에 대해 좀 더 솔직하게 기계에 털어놓는다는 점을 응용하고 있다. 스웨덴의 AI 상담사 '헬로 심Hello, Shim!'은 2015년 탄생한 뒤 내담자들을 인지행동치료CBT와 긍정심리학을 기반으로 한다. 특별히 공감 능력이 뛰어난 챗봇으로도 유명하다. 대화형 AI 에이전트란 우리가 말을 걸면 적합한 표현을 통해 이에 반응해 준다. 우리의 감정과 생각을 잘 읽고 이에 멋지게 반응해 주는 AI 심리상담사이다.

이 밖에 디지털 인간을 표방하는 '소울 머신즈Soul Machines'는 뉴질랜드의 대표 심리상담 앱이다. 개발자 스스로 "이거 정말 무시무시하게 인간과 닮지 않았니?"라고 헤드 카피에 자랑한 챗봇 '나디아Nadia'도 있다. 나디아는 너무 아름다워서 빨려 들어갈 것 같은 인간의 모습으로 스크린에 나타난다. 웹캠을 통해 내담자의 표정을 인식하고 감정을 읽는다. 경험으로 축적된 데이터를 통해 학습한다. 더 많은 사람과 대면할수록 감정이나 공감 능력이 향상한다.

인공지능 상담 앱의 강자, 워봇Woe bot은 스탠포드 출신의 심리학박사 앨리슨 다알시, 그리고 기계 학습의 석학 앤드루 잉 컴퓨터 공학박사가 이끌어간다. 개발 초기에는 월 50달러 정도의 사용료를 받았는데 현재는 무료 접속이 가능하다. 페이스북 메신저나 트위터로 내담자와 대화한다.

부정적인 생각, 우울, 불안 등의 기분 장애를 인지행동치료CBT 기술로 관리해준다. 다알시 박사는 "워봇은 상담치료사를 절대로 대체하지 않으며 대체할 생각이 없다. 그러나 새벽 2시에 공황장애가 오면 상담사는 만날 수 없어도 워봇은 당신과 이야기할 수 있다"라고 너스

레를 떤다. 현재 워봇은 130개국에서 나이 불문, 수백만의 사용자를 거느리고 있다. 워봇은 매일 사용자에게 메시지를 보내 기분과 에너지를 확인하고 질문한다. 행동요법을 통해 자학적인 사고에 대처하게 해준다.

일본의 코코로Kokoro 앱도 인지행동치료 치료방식을 기반으로 하여 내담자와 대화를 나누는 챗봇이다. 내담자의 기분을 묻고, 지나간 하루 동안의 감정변화를 추적하기도 한다. 이런 해외 서비스들을 통해 감정을 기록하고 자료화 된 것을 바탕으로 멘탈 헬스케어, 디지털 헬스케어 산업이 점점 커지고 있다. 인공지능이 대신하는 스마트폰 심리상담 앱은 특히 젊은이들 사이에서 인기 폭발이다.

한국어 모바일 상담 앱은 휴마트 컴퍼니의 트로스트Trost가 앞서고 있다. 내담자가 적어낸 고민 내용을 중심으로 감정 상태를 분석한다.[16] 대한민국 성인 4명 중 1명 이상은 살아가면서 한 번 이상 우울, 불안과 같은 정신건강 문제를 경험한다. 그런데 그중 전문 정신건강 관리 서비스를 찾아가서 적극적인 치료를 받은 사람은 15%에 불과하다. 주로 심리상담센터에 방문하는 사람은 유치원, 학교 등 집단생활에 적응하지 못해 정서 문제로 상담을 받는다. 아이들도 부모가 겪는 스트레스나 부정적 감정을 전달받을 뿐만 아니라, 어린이집, 유치원, 학교, 학원 등 외부에서 겪는 스트레스로 심리치료의 필요성이 절실하다.

포노 사피엔스 시대의 문명을 이해하라

이 시대 세계 투자 자본이 선택한 기업은 포노 사피엔스 시대의 리더 기업들이다. 세계 7대 플랫폼 기업(애플, 아마존, 구글, 마이크로소프트, 페이스북, 알리바바, 텐센트)의 시가총액 합계는 무려 4조 4천억 달러(약 5천조 원)를 넘는다.

우리나라 코스피, 코스닥 기업의 시가총액은 모두 합해야 2천조 원에 불과하다. 우리나라 기업 전체 가치의 2배가 넘는 자본이 오직 위의 포노 사피엔스 중심 플랫폼 기업에 집중된 것이다. 미래를 준비하는 아이들도 포노 사피엔스 시대의 문명에 집중해야 한다. 이제 과거와는 다른 패러다임의 새로운 생각이 필요한 시대이다.[17]

《포노 사피엔스》의 저자 최재붕 교수는 포노PHONO 사피언스는 '디지털 문명을 이용하는 신인류'라고 정의한다.

"스마트폰의 등장으로 소통할 수 있고 정보전달이 빨라져 편리한 생활을 하게 된다. 디지털 문명으로의 전환이 필수적인 우리 아이들도 새로운 문명에 대한 이해도와 기획능력이 뛰어난 인재로 성장해야 한다."

고수의 엄마 스마트폰엔 특별한 앱이 있다. 스마트폰으로 아이의 삶을 디자인 씽킹Design Thinking 해 주는 습관을 지녀보자.

첫째, 눈에 보이는 목표를 세우는 〈만다라트 계획표〉를 알아보자.

만다라트는 일본의 디자이너 이마 이즈미 히로아키가 지난 1987년에 창안했다. 가토 마사 하루의 《내 두뇌에 날개를 달아주는 생각의 도구》에 따르면 만다라트는 목표를 달성하는 기술이다. 만다라의 구성은 본질Manda +성취la달성 +기술Art이다.

우리가 목표를 세울 때 달성 후, 얻게 되는 이익을 알고 있어야 한다. 사람은 자신에게 돌아오는 이익이 있어야 움직이고 행동한다. 계획은 목표를 달성하기 위한 행동 규칙이다. 계획 없는 목표는 절대 달성할 수 없다. 계획은 목표를 달성하기 위한 행동 규칙이다. 만다라트를 검색하고, 작성법을 알아보고, 양식을 다운받아 칸을 채워보자.

둘째, 시간을 절약하는 습관 만들기 앱을 살펴보자.

일정 최적 관리를 위한 〈네이버 캘린터〉, 수많은 성공 CEO의 메모 습관을 위한 '네이버 메모'.

셋째, 기회를 만드는 정보를 습득하자.

'클래스 101'은 사람들이 유료로 원하는 것을 수강할 수 있는 온라인 서비스 플랫폼이다. 다양한 분야의 클래스들이 있으며 직접 클래스를 개설할 수 있다. 온·오프라인 모임, 행사, 강의 앱인 '온오프믹스'는 지식과 경험, 관심사와 취미의 공유를 장려하며 사람과 사람 간의 교류 활동을 만들어가는 모임문화플랫폼이다.

대학생 재능 연결 온라인 플랫폼 '탈잉taling.me'은 재능을 가진 대학생이 '탈잉'에 자신의 재능을 등록하면 몇 가지 절차를 거쳐 수업을 개설할 수 있다. 이를 배우고 싶은 대학생들은 누구나 수강 신청을 할 수 있다. 필요한 순간에 전문가를 쉽게 만날 수 있는 중개 플랫폼인 '크몽 Kmong' 등으로[18] 신종 코로나바이러스로 인한 비즈니스 패러다임이 바뀌고 있다.

우리의 일상생활에서 빼놓을 수 없는 스마트폰을 '똑똑하게' 활용하여 삶의 질을 높여 보자. 4차 산업혁명 시대를 살며 배우고 성장하는 아이들을 위해 시간 절약 노하우, 앱을 통해 온라인 마케팅을 하는 방법, 내 삶을 더 스마트하게 만들어주는 팁 등을 알려주자.

'We 패러다임'은 네트워크 지수가 높은 사람을 원한다

이미지 전략가인 허은아 대표는 《공존지수NQ》에서 미래의 1% 지도자가 되는 차이가 '깊이 있는 네트워크'에서 비롯한다고 보았다.

미래인재 모든 것

사람들과의 관계를 잘 운영하는 능력이 높을수록 즉, NQ가 높을수록 타인과의 의사소통 능력이 높고 이를 기반으로 성공할 기회가 많아지기 때문이다. 이런 수평적 관계 속에서 사람들과의 네트워크를 잘 만들어가는 능력이 중요시되는 것이다.

네트워크지수가 높은 사람을 사례로 설명해 본다.

첫째, 블루닷의 창업자이자 의사인 캄란 칸Kamran Khan 박사는 2003년 사스SARS 창궐 당시 토론토에서 전염병 전문가로 일했던 당시의 경험으로 블루닷을 창업했다.

캄란 칸은 '2003년에 바이러스가 도시를 압도하고 병원을 무력화하는 것을 지켜봤으며 전염병 추적 및 대응을 위해 더 나은 방법이 필요하다고 느꼈다'라고 한다. 그는 이후, 지속하여 연구한 끝에 블루닷을 창업했다.

블루닷은 여러 곳으로부터 확보한 방대한 데이터를 자연어 처리 기술과 머신러닝 기술을 이용해 분석한다. 흥미로운 사실은 블루닷이 감염된 사람의 예상 이동 경로를 파악하기 위해 글로벌 항공사 발권 데이터를 분석하여 우한에서 방콕, 서울, 타이베이, 도쿄에서 신종 코로나바이러스 감염자가 나타나는 것을 정확히 예측했다.[19] 이들은 크게 두 가지 서비스를 제공하는데, 블루닷 인사이트Insights는 거의 실시간으로 전 세계 전염병을 추적하고 경고하는 서비스다.

둘째, 혼자 공부하지 못하면 살아남을 수 없는 포스트 코로나, 혼·공·시대 공부법. 스카이캐슬 이후로 학부모에게 쟁점이 되고 있는 「SBS 스페셜」에서 혼·공의 달인을 위한 조남호 코치 공부법을 공개했다.

대한민국 교육에 대한 관점을 완전히 뒤집어 놓은 공부의 절대적인 원칙이다. 엄마 주도학습과 학원 주도학습이 아닌 혼자 공부법이다. 학력고사와 초기 수능 세대와는 180도 달라진 입시 상황. 전국의 무지한 학생들을 위한 특별한 과목별 솔루션까지 남김없이 공개했다.

유튜브에 전체 설명회 영상이 올라왔는데 한국과 해외에서 교육하는 분들께 모두 도움이 될 만한 내용이다. 그리고 독해력을 기르기 위해서는 수업보다 혼자서 훈련하는 시간이 필요하다고 말했다.

그는 암기의 대안은 이해라고 말한다. 'Why 학습법이 기본이다'라고 했다. 조남호 코치는 '모든 것에 왜라는 질문을 던지고 그 답을 찾아야 한다. 하나의 문제에 why라고 끊임없이 물어 더는 Why가 나오지 않을 때 비로소 이해가 되는 것이다'라고 설명했다.

전염병 전문가인 캄란 칸 박사와 조남호 코치는 사회의 공존을 위해 경각심을 일깨워 주었다. 무지無知를 지知로 바꾼 네트워크·공존지수가 뛰어난 롤모델이다.

05.
빅데이터를 활용하여
전략을 세워라

빅데이터 시대에는 정보를 골라내는 안목과 분석할 수 있는 능력도 필요하지만 스스로 관심을 가지고 정보를 찾아가는 능력이 무엇보다 중요하다. 트위터Twitter에서는 하루 평균 1억 건 이상의 데이터가 생성되고, 유튜브Youtube의 하루 평균 동영상 재생 건수는 40억 회를 훌쩍 넘는다.

결국, 세상을 이기는 습관은 세상에 끌려다니는 팔로워follower가 아니라 리더가 필요하다. 대중이 필요로 하는 데이터를 해석하고 활용하는 것이다. 즉, 온라인플랫폼 콘텐츠로 완성하는 것이다. 앞으로 데이터 수집 및 분석 도구는 더욱더 저렴해질 것이다. 따라서 빅데이터 수집 및 활용은 아이가 성장할수록 더 큰 영향력을 발휘할 것이다.

일상생활의 문제를 푸는 데 필요한 기본 데이터 기술

통계학은 데이터에서 의미를 찾아내는 방법을 다루는 학문이다. 따라서 빅데이터 기술의 기본은 바로 통계학이다.

데이터 기술의 시대에 통계학은 반드시 익혀야 할 학문 분야이다. 물론 모두 빅데이터를 처리하는 과학자(Data scientist)가 될 수는 없다. 그러나 적어도 통계 지식을 바탕으로 데이터를 해석하고 활용하는 것은 일반인도 할 수 있다고 생각한다. 통계학Statistics은 라틴어의 국가Status에서 유래되었다. 다시 말해 통계학은 나라를 다스리는 데 필요한 인구를 다루는 일이라고 할 수 있다.

어떤 분야가 과학이라는 명칭을 얻기 위해서는 반드시 수학적 논리가 필요하다. 다시 말해 과학이 되기 위해서는 어떠한 현상을 수학적으로 설명 가능해야 한다. 수학적으로 어떤 현상을 설명할 수 있다는 것은 바로 어떤 현상을 예측할 수 있다는 것이다. 과학의 언어는 수학이다. 우리는 통계를 사용하여 사회적 현상 또는 인간 심리를 수학적으로 설명할 수 있다.

통계를 이용하면 보이지 않는 사회 현상과 인간 심리를 알 수 있다.[20] 통계교육원(http://sti.kostat.go.kr) 홈페이지에 들어가면 초등학생부터 성인까지 통계기초 및 활용, 빅데이터 및 통계와 관련된 기본 소양 교육을 무료로 배울 수 있다.

빅데이터는 공공 산업, 마케팅, 기업 경영, 보건 등 다양한 분야에 활용할 수 있고, 현재 많은 분야에서 빅데이터를 활용하려고 노력하고 있다. 공공데이터에는 엄청난 가치의 무료 빅데이터 자료가 있다.

공공데이터란 정부나 공공기관이 보유한 데이터를 말하는데 우리 정부는 수년 전부터 민간에서 사용할 수 있도록 데이터를 개방하고 있다. 공공데이터 포털(data.go.kr)에 가면 다양한 정부 데이터를 개방하고 있다.

최근에는 코딩 없이 클릭과 드래그로만 분석할 수 있는 소프트웨어들이 등장하여, 한 달 정도 교육받으면 '문과 출신'도 빅데이터를 분석할 수 있다.

대표적인 빅데이터 활용 사례로 구글 트렌드 분석(http://www.google.co.kr/trends/)을 들 수 있다.

구글 트렌드에 들어가서 2020년 빅데이터로 전세계 뉴스검색을 해보면 종합 순위, ①바이러스, ②선거 결과, ③코비브라이언트, ④줌, ⑤IPL이였다. 또한, 그 키워드가 어느 지역 국가에서 관심이 많은지, 관련 키워드는 어떤 것들이 있는지를 실시간으로 분석해 준다.

대한민국의 검색 순위는 ①코로나바이러스, ②미국 대선, ③테슬라 주가, ④이태원 클라쓰, ⑤박원순이었다. 지금은 개인이 무수한 정보를 일상에서 어떻게 활용하는지 분석하는 기술이 필요하다.

복잡한 도전에 맞설 때 필요한 개인의 데이터 기술

니콜라 테슬라, 1856년생, 세르비아계 미국인, 전기공학자이자 과학자. 에디슨의 전기조명회사(GE의 전신) 직원으로 시작해 에디슨과 '전류전쟁'을 벌이다 퇴사한 것으로 유명하다. 1926년 천재 과학자 니콜라 테슬라는 〈콜리어스 매거진〉과의 인터뷰에서 이런 말을 했다.

"무선통신 기술의 발전으로 전 지구는 하나의 거대한 두뇌로 변모할 것이다. 지구상의 모든 것은 생생하고 동적인 세계를 이루는 부분들이 될 것이다. 이 두뇌 속에서 길을 찾는 데 필요한 기계는 지금 사용하는 전화기만큼이나 단순하고, 조끼 주머니에 넣을 수 있을 만큼 작은 것이 될 것이다."

오늘날 우리의 정보화된 생활과 비교하면 테슬라의 예측은 선구자이다. 그는 이미 지금으로부터 90년 전에 빅데이터, 사물인터넷, 스마트폰의 존재를 예견했다.

빅데이터는 이전에도 있었다. 하지만 무용지물이었다. 이것이 다시 중요해진 이유는 스마트폰, 소셜 미디어 등의 출현 때문이기도 하지만, 무엇보다도 심층분석을 할 수 있는 기술적 지원이 가능해졌기 때문이다.

스마트폰은 빅데이터 초창기인 오늘날 인터넷을 통해 빅데이터와 연결해 주는 단말기인 동시에 그 자체로 데이터를 만들고 수집하는 도구이기도 하다. 게다가 이것이 기업에 가치가 있는 자산으로 인정되는 이유는 경계가 없어진 글로벌 경쟁이다.[21]

빅데이터가 주목받기 시작한 것은 네 가지, 즉 GPSGlobal Positioning System 등의 센서 데이터, 스마트폰, 인터넷, 컴퓨터 대중화 덕분이다. 빅데이터를 학습하여 인공지능을 만드는데 1년 4개월 소요될 것을 이

제는 1개월이면 가능하다.[22]

중국 최대 온라인 전자상거래 업체 알리바바그룹의 회장 마윈은 '세상은 지금 IT 시대에서 DT 시대로 가고 있다'라고 했다. 여기서 DT는 데이터 기술의 약자이다. 빅데이터 기술이란 서로 다른 엄청난 양의 데이터가 실시간으로 발생할 때, 데이터 속에서 특정 또는 일정한 패턴을 찾아내는 기술이라고 할 수 있다.

코로나19로 인해 다양한 신규 애플리케이션에서 수요가 발생하고 있다. 특히 헬스케어 분야에서는 원격 모니터링, 환자 추적, 원격 의료 telehealth, 연결된 의료 장비에 대한 수요가 늘어나고 있다.

미국의 인공지능 기술 수준을 100으로 봤을 때, 유럽은 90, 중국 88, 일본 86, 한국은 81%로 주요 경쟁국 대비 한국의 기술 수준이 가장 낮다. 우리나라 기술 격차 심화 원인으로 AI 분야 기초과학 역량 부족, 연구개발 투자 부족, 고급 인재부족 등이다. 데이터, 컴퓨팅 등 기초 인프라가 취약하며 특히 AI 분야 인력부족은 매우 심각한 것으로 나타났다.(출처: YTN 사이언스, 2019년 12월 19일)

변화된 환경에서 살아남는 데 필요한 개인의 데이터 역량

구글은 단순히 인터넷 검색 회사가 아니라 앞으로 4차 산업혁명 시대에 미래형 기업으로 자리매김하고 있다. 구글, 페이스북 등은 무료 인터넷 서비스를 제공하면서 자연스럽게 고객 자료를 수집한다.

아마도 세계에서 소비자 데이터를 가장 많이 확보한 회사는 구글일 것이다. 구글은 왜 우리에게 무료로 검색을 하게 해 주는가? 검색 단어만으로도 언제 어디서 무엇에 관심이 있는지 전 세계인의 관심 동향을 손바닥 위에 올려놓고 볼 수 있다. 구글은 이렇게 막대한 정보

를 가지고 어떻게 돈을 벌 것인지를 고민하고 있다.[23]

　　한국 IDCInternational Data Corporation에서 낸 〈국내 빅데이터 및 분석 시장 전망 2018~2022〉 보고서를 보면 국내 빅데이터 시장은 향후 5년 간 연평균 10.9% 성장할 것으로 전망한다. 오는 2022년에는 그 규모 가 2조2,000억 원에 달할 것이란 예상이다.

　　한국 데이터 산업진흥원은 데이터 기초, 데이터 분석, 데이터 엔지 니어링, 데이터 기획 등 실무에 필요한 온라인 데이터 교육을 지원하 고 있다. 빅데이터 시대에 빅데이터와 통계를 잘 다룰 수 있는 통계 관 련 자격증으로 통계청은 사회조사 분석사와 빅데이터 분석기사, 데이 터 분석 준전문가ADSP 등을 추천했다. 다양한 데이터를 수집하고 분 석해 원하는 정보를 찾아내는 역량과 SPSS와 같은 통계 프로그램을 다루는 능력이 주목받는 배경이다. 데이터 분석 준전문가 외에도 데 이터 분석 전문가ADP 자격증이 있다.

　　이는 학력 기준이 부족해도 데이터 분석 준전문가 자격을 취득하면 자격 기준으로 인정돼 데이터 분석 전문가 검정시험에 응시할 수 있 다. 빅데이터 분석기사는 2020년 새롭게 선보이는 국가기술 자격증 이다. 대용량의 데이터 집합으로부터 유용한 정보를 찾아 결과를 예 측한다. 최적화된 모형을 제시할 수 있는 전문가가 필요해 신설됐다.

　　데이터 홍수 속에서 데이터로부터 의미 있는 예측과 결론을 도출 해 사회 현상을 이해하거나, 기업을 효율적으로 경영하는 것이 중요 해졌다.[24] 통계청은 '이 직무를 도입하는 기업이 늘고 있어 기업과 자 격 취득 준비생에게 인기가 많을 것으로 전망된다'라고 밝혔다.

　　지금부터 한국 데이터 산업진흥원의 '빅데이터 아카데미', 'K-ICT 빅데이터센터' 등 온라인 교육을 통하여 데이터를 분석하고 활용하는 습관을 길러보자. 빅데이터는 바이오, 소셜, 생산, 금융, 통신 등 많은 분야에서 활용하고 있다. 2030년 변화된 환경에서 살아남기 위해 현재 데이터 사이언티스트는 모든 분야에 필요하다.

5장

감성과 창의성으로
경쟁력을 높이는 미래인재

논리보다 강한 감성 효과
이치에 맞는 말로는 도저히 설득이 안 되던 사람도 감정상 '그렇구나'라고
느끼게 해주면 바로 '예스'라고 하는 경우가 많다. '그렇구나'라는 확신을 서게 하는
두 번째 조건은 바로 감정상으로 공감할 수 있게 해주는 것이다.
_《내 사람을 만드는 말, 남의 사람을 만드는 말》 후쿠다 다케시

01.
놀이를 통해 감성이 뛰어난
미래인재로 키워라

2020년 코로나바이러스가 전 세계를 공포로 몰아넣었을 때, 인터넷 사용자들은 상처를 치유하는 해시 테그를 가장 많이 만들었다. 구글 트랜드 빅데이터 조사에서 나온 내용을 인용하면, 2020년 6월, '동료가 되는 법'에 대한 검색이 '인플루언서가 되는 법'에 대한 검색을 뛰어넘었다.

전 세계적으로 사람들이 중요하게 여기는 가치가 바뀌었다. 사람들은 도움 주며 공감하고, 소외된 계층을 지지하기 위하여 최선을 다했다. 혹독한 환경에서 동료가 된다는 것은 소외된 계층과 함께하며 이들을 위해 맞서 싸우고, 개인적이고 대중적인 변화를 일으키기 위해 나서는 것이다. 서로가 공감할 수 있는 주제에 우린 친구가 되어 주는 것을 선택했다.

지금 우리 아이에게 필요한 놀이 치료기법

《리틀 몬스터Growing Up With ADHD: 대학교수가 된 ADHD 소년》저자인 로버트 제르겐은 주의력 결핍 및 과잉행동 장애를 가진 사람이다. 대학교수가 된 그는 자신이 겪어온 삶의 이야기를 전한다.

"최선의 교육은 아이를 있는 그대로 인정해주고 아이 자신의 모습을 스스로 발견해 나갈 수 있도록 지지하고 지켜봐 주는 것으로 생각한다. 물론 이는 평생 끊임없이 노력해나가야 하는 몹시 어려운 일이

겠지만, 그 누구도 교육이 쉬운 일이라고 말한 적이 없지 않은가."[1]

그는 아이들에게 무조건 모범생이 되라고 강요하지 말고 내면을 잘 살펴서 잠재력을 키워주라고 한다. 놀이의 장점은 에너지를 방출할 수 있는 수단이며 스트레스를 해소하고 감정을 표출한다. 다양한 역할놀이를 통해 사회성을 기르고 공감 능력을 기르고 감정이입을 할 수 있다. 다양한 의사소통을 통해 언어발달을 촉진하고 구르고 뛰면서 신체감각과 평형 능력을 기른다. 주변 환경을 탐색하며 인지발달을 이룬다. 또한, 놀이를 통해 아이의 문제행동을 치료하는 기능도 있다. 놀이로써 자신의 긴장, 갈등, 좌절 등을 표현할 기회를 주고 그 표현을 받아주는 놀이 치료기법이 있다.

특히 최근에는 성적 학대 사건이나 사고, 부모의 이혼이나 죽음 등과 같이 외상 경험을 한 아이에게 유용하게 활용하고 있다. 우리 아이도 놀이 치료가 필요할까? 아이들이 성장하는 과정에서, 가정에서든, 학교에서든 때때로 어려운 상황을 직면하게 된다.

이럴 때 대부분의 아이는 자신의 부모나 선생님 앞에서 문제행동을 보인다. 어떤 아이들은 부모나 선생님, 혹은 의사들이 처리할 수 없는 문제를 보이기도 한다. 이럴 때 놀이 치료사를 찾아가면 도움을 얻을 수 있다. 아이들은 자발적인 놀이를 통해서 편안함을 느끼고 좀 더 직접적으로 자신을 표현한다.

아이들이 그들의 경험과 감정을 '놀이로 표현하는 것' 자체가 자기 치유과정이다. 놀이 치료는 심리적 문제를 지닌 아이를 돕는다. 놀이가 지닌 치료적 힘을 체계적으로 적용하는 심리치료의 한 방법이다.

전문적인 훈련을 받은 치료사와 아이의 관계에서 놀이가 가지고 있는 치료의 힘을 활용해보자. 또한, 유아용, 아동용, 청소년용으로 개발한 JTCI Junior Temperament & Character Inventory 검사를 통해 아이의 성
숙도, 적응도, 정신병리의 정도를 이해하고 수용해보자. 부모가 자녀
의 타고난 기질을 있는 그대로 수용할 때 아이만의 고유하고도 가장
멋진 모습으로 성장하는 데 도움을 얻을 수 있다.

코로나19로 집콕놀이 정서 치료 '테라플레이'

자신이 사랑받고 있다고 확신할 수 있을 때만큼 자기 가치감이 상
승한다. 그리고 사랑받지 못할 것이라는 불안감을 느낄 때 가장 불완
전하게 느낀다. 테라플레이 놀이 치료는 함께 참여하기와 재미를 강
조하는 치료기법. 생동감이 넘치고, 단기간 내에 아동과 그 가족의 삶
에 놀라운 변화를 이루어내는 방법이다.

놀이를 통해 애착 관계를 회복하고, 자존감을 향상하며 상호신뢰
를 회복하는 아동 및 가족치료 방식의 하나이다. 치료과정에 부모를
참여시킨다는 점과 단기간에 관계를 형성하는데 큰 효과가 있는 것으
로 평가받고 있다. 자연스러운 접근을 통해 건강한 부모-자녀 관계를
재현해냄으로써 상당히 빠른 치료 효과를 볼 수 있다.

손상됐거나 제대로 발달하지 못한 애착 정서 신경회로가 놀이를 통
한 긍정적 경험을 통해 생겨나는 것이 뇌과학으로 입증되고 있다. 테
라플레이는 영국의 심리학자 존 보울비의 애착 이론이 근간이 됐다.

정서, 사회, 인지적으로 건강하게 발달하는 아이들을 관찰해보니
부모와 자연스럽게 애착을 형성했는데 첫째가 먹여주고 입혀주는 양
육이고, 둘째는 정서적인 유대감을 형성하는 것이며, 셋째, 매일 반복
되는 생활의 틀과 구조로 아이가 안전감과 예측감을 가질수 있게 하
는 것이며 마지막으로 좀 더 도전할 수 있도록 격려하는 것이다.

테라플레이는 타인과 긍정적이고 성공적인 관계를 형성하여 신뢰적 관계의 기술을 습득하게 한다. 테라플레이의 도구인 '놀이'는 자체가 재미있고 특별한 도구(장난감, 기구 등)가 필요하지 않기 때문에 언제 어디서 누구나 쉽게 할 수 있다. 엄마와 아이가 하는 것도 있고 가족이 모두 함께 하는 것도 있다. 효과적인 테라플레이 치료방법을 소개하여 보자.[2]

①눈 맞추기

작게 그룹을 지어서 하는 놀이이다.

우선 동그랗게 서서 둘러선 사람들을 쳐다보다가 눈이 마주치면 서로 자리를 바꾼다. '반가워 친구야!'라고 말하며 자리를 바꿔도 되고 그것이 힘들면 그냥 자리를 바꾸면 된다. 실제로 눈이 마주치면 반갑고 마음이 통한 것 같고 안도감도 느껴진다. 눈을 맞추는 것은 관계를 맺는 초기 작업이다.

②다양한 인사하기

두 사람이 짝을 짓는다.

처음에는 서로 '안녕하세요?'하고 인사한다. 다음에는 영어로 '헬로!'하면서 악수한다. 다음에는 프랑스어로 '봉주르!'하면서 어깨를 살짝 댄다. 다음에는 독일어로 '구텐모르겐'하면서 팔꿈치를 살짝 댄다. 다음에는 중국어로 '니하오!'하면서 무릎을 살짝 댄다. 그 다음에는 스페인어로 '올라!'하면서 발꿈치를 살짝 댄다. 신체접촉을 하지만, 불쾌하지 않고 아주 짧고 다양한 방법으로 친근함을 나타낼 수 있는 놀이이다.

③손가락 따라 그리기

역시 두 사람이 짝을 지어 한 사람이 손을 쫙 펴서 손바닥을 공책에 대면 상대방이 손가락을 따라서 손을 그려준다.

가능하면 아주 천천히 정성스럽게 그리는 게 포인트이다. 손가락을 댄 사람은 눈을 감고 감각을 느껴본다. 다 그렸으면 손가락을 떼고, 역할을 바꿔서 해본다. 역시 아주 천천히 정성스럽게 손가락을 그린다. 다 그리고 난 후에는 서로의 손가락을 보면서 손가락이 예쁘다거나 길다거나 하는 얘기를 해준다. 아이에게 해 주면 '엄마 아빠가 내 몸을 사랑하는구나, 내 몸이 이렇게 소중하구나' 하고 느낄 수 있다. 부모가 자신의 몸을 소중하게 여겨준다는 것을 깨달으면 몸을 함부로 하지 않고 남의 몸도 소중하게 여기게 된다.

④ 손에 로션 발라주기

서로 로션 발라주기를 해도 좋다.

사람마다 후각에 대한 민감성이 달라서 가능하면 두세 가지 로션을 준비해서 먼저 냄새를 맡게 한 다음 제일 좋다고 한 로션을 손등부터 천천히 부드럽고 정성스럽게 발라준다. 손가락 하나하나도 잘 발라주면서 손톱이 예쁘다든지 손가락이 길다든지 손이 아주 튼튼하다든지 칭찬을 해 준다. 다음은 손바닥도 발라준다. 손을 통해 예민한 자극들이 우리 뇌로 전해지는데 로션이 그 자극이 더 선명하게 뇌로 전달되게 한다. 초음파 영상을 볼 때 젤을 바르는 것과 마찬가지다. 손등보다 손바닥이 더 예민하므로 손등부터 시작한다. 이렇게 아이들이 자기 전에 발이나 손을 로션으로 마사지 해 주면 피로가 풀리고 부모와 교감하고 스트레스를 해소한다. 사랑받고 존중받는 느낌도 받는다. 아이가 아기였을 때 충분히 안아주지 못했더라도 청소년이 된 지금, 심지어 성인이 된 후에도 해 주면 효과가 있다.

테라플레이는 애착의 네 가지 요소를 이해하고 놀이를 통해 애착을 회복하는 것을 목표로 한다. 테라플레이는 신체적 접촉과 구체적이고 계획된 놀이를 통해 안정된 애착을 형성하고 관계를 재형성하는 것이다.

놀이 치료처럼 행동을 관찰하고 관계를 분석하는 게 아니라, 놀이를 통해 긍정적이고 정서적인 관계를 맺을 수 있는 능력을 회복시켜준다. 즉 즐겁고 성공적인 체험을 통해 방법을 습득하는 심리치료법인 것이다. 따라서 부모와의 관계에서 어려움을 겪는 아이의 욕구에 도움이 된다. 테라플레이 놀이 치료에서 부모에게 가르쳐주고자 하는 것들을 살펴보자.

- 아이에게 굴욕감이나 상처를 주지 않으면서 부모가 주도할 방법
- 아이가 화가 나 있거나 당황할 때 부모가 함께 있어 줄 방법
- 아이와 좀 더 깊은 애정 관계를 형성할 방법
- 부드럽고 양육적인 보살핌의 일부분으로써 아이와 적절한 접촉을 할 방법
- 아이의 유능감과 자기 존중감을 향상하기 위해서 아이에게 도전을 제공하는 방법
- 아이와의 모든 상호작용을 재미있는 놀이의 즐거움으로 충만하게 할 방법

건강한 부모-자녀 관계의 상호작용에 근거한 네 가지 차원을 보면 다음과 같다.

부모는 따뜻하고, 부드러우며, 아이를 달래거나 진정시킬 수 있고, 아이에게 편안함을 제공해 주어야 한다. 부모는 가장 높은 수준의 감성과 함께 참여를 유지하기 위하여 자녀에게 흥분과 놀람, 자극을 제

미래인재 모든 것

공하여야 한다. 부모는 아이에게 신뢰감을 주고 아이의 요구를 이해할 수 있어야 한다. 부모는 아이가 자신의 경험을 정의하고 판단하는데 도움을 주어야 한다. 부모는 아이가 좀 더 발전하고, 노력하며, 독립적으로 성장할 수 있도록 격려해야 한다.

테라플레이의 궁극적 목표는 아이가 자신이 소중하고 사랑받을 만한 존재라는 것을 체험으로 느끼는 것이다.

서로가 공감할 수 있는 주제에 '#동료가되는법'이라는 해시태그

대니얼 골먼이라는 심리학자는 지속적으로 높은 성과를 내는 일류 리더는 공통으로 감성 지능이 높다고 지적한 바 있다. 그에 따르면, 약 80% 정도의 감성 지능과 20% 정도의 지적 능력이 적절히 조화를 이룰 때, 리더는 효과적으로 리더십을 발휘할 수 있다고 한다.

여기서 감성 지능이란 자기 자신을 객관적이고 냉철하게 평가하고 솔직할 수 있는 자아 인식 능력, 자신의 감정이나 기분을 효과적으로 통제할 수 있는 자기관리 능력, 다른 사람의 감정을 헤아리고 그에 적절히 대응 조치할 수 있는 타인의식 능력과 타인관리 능력 등이다.[3]

그의 감성 지능 이론을 빌리자면 '훌륭한 두뇌와, 높은 IQ는 우리가 다른 사람을 이해하고 공감하지 못하면 오히려 쓸모가 없다. 즉 감성은 우리가 좋든 싫든, 우리가 행복해지기 위한 진정한 열쇠이다. 우리의 감정이 다른 사람의 감정과 얼마나 조화를 이루고 있는가는 중요하다.'라고 한다.

즉, 사회적 인식 능력은 다른 사람의 얼굴과 목소리를 통해 그 사람의 감정을 읽어내고 대화 도중에 상대방의 감정에 동조, 공감하는 능력이다. 진짜 인재란 무엇일까? 감성 지능이 높야 한다. 끊임없이 변화가 일어나는 세상에서 정서 지능이 높은 리더가 주목받는 시대가 올 거라 강조한다.

2020년, 세계는 바로 이러한 모습을 보여 주었다.

광범위한 온라인 캠페인을 펼쳐 편견을 뿌리 뽑고 흑인 및 코로나 바이러스의 인권을 개선했다. 개인적으로 깊이 있는 탐구를 펼치는 등 실제로 행동에 나섰다. 많은 사람이 '#동료가되는법'이라는 해시태그를 전하며 메시지에 진심으로 공감했다. 상처를 치유하는 해시태그에 우린 감정을 담아 모두 자신의 권리를 표현하였다.

부모의 역할이 가장 중요하다. 자녀의 EQ에 미치는 부모의 영향력은 태어날 때부터 시작된다. 가정은 EQ에 관한 한 최고로 중요한 학습의 장이다. 감정이입을 잘하는 부모의 아이는 훌륭한 감정이입 능력을 계발한다.

02.
실리콘밸리 CEO들의 놀이는
창의성을 키우기 위한 그들만의 리그다

지금은 '창조적 파괴', '벤처기업'과 '스타트업' 등으로 대표되는 혁신의 시대다. 2017년 영국의 BBC는 실리콘 밸리의 기원으로 에디슨이 설립한 멘로파크라는 연구소가 출발점이라고 분석했다. 실리콘 밸리 CEO의 공통점은 '나는 발명가다.'이다. 오늘날 실리콘밸리의 CEO들, 즉 테슬라의 일론 머스크, 애플의 스티브 잡스, 아마존의 제프 베조스 등이 '토마스 에디슨'과 '니콜라 테슬러'를 자신의 롤모델로 삼고 기업가정신을 따르고 있다.

창의력과 상상력이 남들과 다르게 생각하는 사람은 혁신의 아이콘이다.

실리콘밸리의 공상가들

《타이탄》은 워싱턴포스트 기자 출신인 크리스천 데이븐포트가 두 사람을 비롯한 억만장자들의 우주 사업 도전기를 그렸다. 머스크와 베조스를 중심으로 리처드 브랜슨, 폴 앨런 등이 왜 우주에 끊임없이 매달리는지 취재했다.

제프 베조스가 세운 미국의 우주 로켓 기업인 블루 오리진Blue Origin에서 일론 머스크는 스페이스 X로 발사 로켓을 회수하는 쾌거를 이뤘다. 그동안 나사NASA가 주도한 우주 탐사가 한계에 부딪히자 이들 민간 업체들이 나서기 시작했다. 제프 베조스의 친구이면서 과학 소설 작가인 닐 스티븐슨과 우주항공에 대한 꿈을 키웠다. 그는 공상 과학 소설 마니아였다. 일론 머스크도 마찬가지였다.(출처: donga.com. 2019년 07월 13일) 엉뚱한 상상으로 유명한 이들은 괴짜로 통한다. 일론 머스크가 창업한 자동차 기업인 테슬라 모터스는 니콜라 테슬라의 이름을 따왔고 주력상품 역시 그가 오래전에 발명한 교류 모터의 디자인을 계승하고 있다.《아마존, 세상의 모든 것을 팝니다》저자인 엔 제프 베조스는 어렸을 때부터 토마스 에디슨 같은 발명가가 되는 꿈을 꾸었다고 한다. 고등학교 시절 그는 차고를 실험실로 만들었고, 자신이 만든 기기를 실험하기 위해 수업을 빠지고 실험을 같이할 수 있는 지역 내 대학교수를 찾아갔다.

테슬라와 에디슨은 역사적 라이벌이다. 여러 가지로 인연과 악연이 있지만 두 발명가를 비교해보는 것도 상당한 의미가 있다. 시대를 앞선 천재 과학자, 또는 몽상가적 기질의 괴짜 과학자라는 상반된 평가를 받는 테슬라는 그동안 에디슨의 경쟁자로 잘 알려져 왔다.

에디슨은 발명의 과정에서도 무수한 시행착오를 불사하는 끈질긴 노력과 실험정신을 중시하였다. 반면 테슬라는 과학자로서 직관과 이론적인 측면을 보다 중시한다. 에디슨은 자신과 타인의 발명품을 실용화하고 상업적으로 활용하는 데 매우 탁월한 재능과 관심을 보였다. 그가 발명가로서 능력과 자질뿐 아니라 사업가적인 기질도 뛰어났다.[4]

반면에 테슬라는 이런 측면에서도 에디슨과는 매우 대조적이었다. 수많은 발명과 특허를 보유했지만, 사업가적인 안목은 부족했다. 가난한 노년기에도 테슬라의 발명에 대한 열망은 식지 않았다. 왕성한 활동을 죽을 때까지 계속한다.

테슬라 모터스의 일론 머스크 회장은 다른 완성차 업계의 전기자동차 개발을 장려하기 위해 테슬라의 기술 특허를 일부 공개하기도 했다. 그의 인터뷰를 인용하면 '내 삶과 전 재산을 다 바쳐서라도 인류를 위한 사업을 할 것이다'라고 했다. 실리콘 밸리의 관심사는 더는 4차 산업혁명이 아니다. 우주를 향한 대담한 도전과 경쟁을 보여 준다.

일론 머스크는 니콜라 테슬라를 롤모델로 전기자동차 사업을 창업했다. 그는 어릴 적부터 책을 통해 스스로 배우는 것에 익숙했다.

"보통사람도 비범해지길 선택할 수 있다고 생각한다."

그는 페이팔을 매각하고 다른 창업을 생각했다. '돈을 벌 수 있는 최고의 방법은 무엇인가?'라는 관점이 아닌 인류의 미래에 지대한 영향을 줄 수 있는 문제는 무엇인가?'라며 고민하고 도전했다. 제프 베조스는 토마스 에디슨 같은 발명가를 꿈꾸며 세계 최고의 주식 부자가 되었다. 그가 도전과 발명을 좋아하지만, 철저히 데이터 기반으로 아마존을 운영한다.

"고객을 가장 먼저 생각하라, 새로운 것을 개발하라, 그리고 끝까지 인내하며 기다려라"

실리콘밸리의 CEO는 발명가다

애플의 잡스, 테슬라 모터스와 스페이스 X의 머스크, 아마존의 베조스, 페이스북의 저커버그, 구글 페이지의 공통점은 발명가다. 특허 수로만 보면 잡스가 약 300개로 1등이고 다음이 베조스 150여 건, 나머지 CEO도 수십 건 보유하고 있다.

하버드 비즈니스 스쿨의 보리스 그로이스버그Boris Groysberg 경영대학 교수와 트리시아 그레그Tricia Gregg 연구원은 1998년부터 2018년까지 20년간 아마존의 특허를 살펴봤다. 이들은 4가지 놀라운 사실을 알아냈다. 아마존의 공개된 특허에서 제프 베조스의 이름으로 154개의 특허가 등록되어 있다. 이 중 35개는 첫 번째 출원자로 11개는 단독으로 등록되어 있다. 제프 베조스는 발명가로 연평균 7.7개의 특허를 등록했다.[5]

2019년에는 미국의 유명 전기 작가 에드먼드 모리스가 《에디슨》을 출판하자 미국의 시사 주간지 〈타임Time〉은 그해 말 《에디슨》을 필독서로 선정하기도 했다. 4차 산업혁명이 일어나고 있는 21세기에 발명가 에디슨은 IT 리더들에게 가장 영향력 있는 롤모델로 존경받고 있다. 시드니대학교의 이언 윌스 교수는 최근의 에디슨 붐에 대해 "혁신이 중요해지면서 에디슨이 혁신의 상징으로 부활했다"라고 진단하고 있다.《스타트업 CEO, 에디슨》의 저자인 정성창 소장은 바로 그러한 시대정신과 기업가정신을 지닌 최고의 역할모델로 에디슨을 꼽으며 이야기한다.[6]

"에디슨은 단순한 발명가가 아니라 1880년대 후반의 주류였던 '가스 산업'을 무너뜨리며 '전기'라는 새로운 산업을 창조한 이노베이터이다."

MBTI 성격검사에서 ENTP발명가형는 외향적 직관형으로 창의자, 활동가, 능력가, 해결사다. 풍부한 상상력을 가지고 새로운 것에 도전하는 사람들이다. 발명가는 아직 없던 기술이나 물건을 창조하고 만들어 내는 전문가다.

크리스마스 선물로 받은 스케이트를 타기 위해 만들어진 체스터 그린우드의 귀마개 발명품. 아들 장난감에서 힌트를 얻었다는 롤러스케이트를 발명한 사람은 제임스 플림튼이다.

우리의 생활을 편하게 만들어주는 발명은 아주 우연한 것에서부터 시작했다. 그럼 우리 아이에게 필요한 게 무엇일까? 발명은 관찰력, 두뇌 활동, 상상력 등의 과정이란 순서를 거친다. 아이의 놀이와 퍼포먼스를 관찰하여 창의성 교육을 바로 시작하자.

실리콘밸리 성공한 CEO들의 교육환경

제프 베조스가 일구는 블루 오리진의 마스코트는 거북이다. 미 해병대 네이비실의 모토에서 따왔다.

"느림은 부드럽고 부드러움은 빠르다Slow is smooth and smooth is fast."

블루 오리진의 문장 아래 적혀 있듯, 한 걸음씩 담대하다는 뜻의 라틴어 'Gradatim ferociter'를 몸소 실천하며 사업을 발전시켰다. 그의 신중함과 여유로움은 외할아버지로부터 배운 것이다. 그의 할아버지는 정부 프로젝트에도 관여했고, 원자력 위원회에서도 근무했다. 그는 할아버지 집 근처의 도서관에서 공상과학 소설 읽는 것을 즐겼다. 그의 집 차고도 다양한 부품이 있어서, 여러 가지 제품들을 만들어 볼수 있었다.[7]

머스크는 미국 로스앤젤레스에서 열린 게임쇼 'E3 2019'의 좌담회에 나와 '게임은 어린이가 기술에 관심을 갖게 하는 아주 강력한 힘'이라며 '나도 어린 시절 게임 덕분에 기술에 관심을 두게 됐다'라고 했다. 그는 12살 때 게임을 만들어 팔 정도로 어릴 적부터 게임에 관심이 많았다. 지금도 인기 게임을 대부분 플레이해보는 마니아로 알려졌다.

그는 '게임이 아니라면 프로그래밍을 시작하지 않았을 것'이라며 '세계 최고의 소프트웨어 엔지니어 대부분은 게임에 많은 시간을 보냈다'라고 했다. 그러면서 유명 게임 '둠'의 개발자이자 로켓 공학자인 존 카맥을 예로 들며 게임 개발 경험이 문제해결 능력에 도움이 된다고 했다.[8]

일론 머스크가 과학과 대중의 소통을 진전시킨 공로로 수여되는 '스티븐 호킹 메달'을 받았다. 스티븐 호킹 메달은 우주과학 분야의 새 지평을 연 천재 물리학자이면서 세계적인 과학 저술가이기도 했던 스티븐 호킹의 이름을 따왔다. 2015년 영국왕립학회가 제정했다.

실리콘 밸리 국제 발명 페스티벌은 전 세계에 최첨단 발명품을 홍보한다. 국제적으로 발명가가 노력의 결과를 인정받는 기회로 만들기 위해 만들어졌다. 이 페스티벌은 발명가와 투자자가 제품을 홍보한다. 국경을 넘어 시장을 개척할 수 있고 동서양을 연결하는 독특한 관문이다. 스위스 제네바와 캘리포니아 실리콘 밸리를 연결한다.[9]

아이를 위한 교육 정보 리스트를 만들어 보자.

카이스트엔 과학 영재교육연구원이 있다. 교육 방향은 덜 가르치고 스스로 배우는 교육, 창의성과 협력을 중심으로 문제 발굴과 해결을 위한 팀 프로젝트 중심 교육, 스스로 문제를 찾는 교육 등이 있다.

비록 부자는 아닐지라도 IT 거장 부모들 역시 교육열 하나는 대단했다. 스티브 잡스 애플 최고경영자의 양부모는 교육환경을 위해 이사 했고, 평생 저축한 돈을 모두 아들의 대학 등록금으로 내놓았다. IT 거장들의 공통점은 부모의 높은 교육열과 열정이 강했다. 부모가 가장 잘할 수 있는 일은 아이에게 창의력과 상상력을 키워줄 환경을 만들어주는 것이다.

03.
인공지능 시대, 예술적인 감수성이 뛰어난 인재가 환영받는다.

오늘날 더욱 많은 사람이 연결되고 새로운 직업이 생겨났다. 인류를 선진국과 후진국 국민으로 나누는 것은 창의력이며, 창의력을 통해서 더 나은 세상을 만들 수 있다. 인공지능 시대에는 기존에 있던 직업에 AI 기술을 더해 협력하는 일이 발달할 것으로 기대하고 있다.

인공지능이 가진 문제점은 타인에 대한 공감 능력이나 감성적인 부분이 부족하다. 다른 사람의 감정을 이해하고 공유하는 공감 능력은 인간관계를 바탕으로 하는 분야에서 매우 중요한 요소다.

이에 공감 능력이나 감성이 중요시하는 직업은 인공지능 시대에도 살아남을 것으로 예측한다. 전문가들은 차세대 인공지능이 갖춰야 할 조건 중 하나로 감성 지능을 꼽고 있다.

인공지능 시대, 인재는 예술과 과학의 콜라보레이션

2011년 구글회장 에릭슈미트ERic Schmidt의 맥 타가트 강연을 살펴보자.

"예술과 과학을 통합해야 한다.《이상한 나라의 앨리스》를 쓴 루이스 캐럴은 역사상 최고의 고전 동화를 집필한 작가일 뿐 아니라 옥스퍼드 대학의 수학 교수이기도 했다. 뉴턴 이후 최고의 물리학자 중 한 사람이라고 아인슈타인에 의해 칭송받은 제임스 클러크 맥스웰James Clerk Maxwell은 학자이자, 시집을 출간한 시인이었다."

예술과 과학 사이에 교류를 더욱 강화해야 한다.[10]

구글의 첨단 예술 프로젝트들의 아이디어가 모이고 실험을 진행하는 곳은 프랑스 파리의 '구글 아트 & 컬처 연구소(아트 랩)'이다. IT 기술이 예술가들의 뜨거운 영감과 만나는 곳이다. 인공지능과 머신러닝 등 최첨단 IT 기술과 회화·사진·음악·문학 등 다양한 예술 장르를 접목하는 프로젝트가 동시다발적으로 진행한다. 아트 랩을 이끄는 로랑 가보 총괄은 말한다.

"우리 랩은 사람들을 모아서 창의성과 아이디어를 현실로 가능하게 만들어주는 곳"

아트 랩은 인공지능 기술이 문화예술 분야에 어떻게 적용되는지 실험을 하는 공간이다.[11]

구글에서 만든 인공지능 '딥 드림Deep Dream'은 빈센트 반 고흐의 작품을 모사하는 훈련을 받았다. 그런데 딥 드림이 그린 '별이 빛나는 밤'은 반 고흐의 작품과 비슷하지만, 예술적인 면에서는 약간 다르다는 평을 받는다. 실제로 딥 드림의 작품은 경매에서 꽤 비싼 값에 팔렸다.

마이크로소프트는 네덜란드 연구진과 함께 '빛의 마술사'로 불리는 네덜란드의 화가 렘브란트의 화풍을 인공지능에 학습시켰다. 그 후 모자를 쓰고 하얀 깃 장식과 검은색 옷을 입은 30~40대 백인 남성을 그리라는 명령을 입력했다. 그러자 인공지능은 유화의 질감과 물감의 두께까지 렘브란트의 화풍을 그대로 재현해냈다.

일본에서는 인공지능이 쓴 소설이 한 문학상 공모전에서 일반 작가들이 쓴 소설과 겨뤄 1차 심사를 통과하였다. 소설 제목은 〈컴퓨터가 소설을 쓴 날〉이며, A4 용지 3페이지 분량의 단편이었다. 인공지능은 아직 스스로 스토리까지 만들어내지는 못해 인간이 도와줘야 한다. 하지만, 1,450편의 소설이 출품된 공모전에서 1차 심사를 통과한 것은 놀라운 결과다.

한국고용정보원에 따르면, 2020년부터는 단순 반복 업무는 자동화로 대체되고 있다. 이제 사람은 감성과 소통 능력이 필요한 업무에 집중하게 되는 시대가 올 것으로 내다보고 있다. 확실한 건 이제 세상은 인공지능과 함께해야 할 시대를 맞이하고 있다.[12]

인공지능 시대, 예술의 영역은 어떨까? 사람들과의 소통이 많이 필요한 화가와 조각가, 사진작가, 지휘자, 작곡가, 연주자, 문학가 등 감성에 기초한 예술 관련 직업들은 자동화에 의한 대체 확률이 상대적으로 낮다. 전문가들도 일부 로봇이 예술 영역까지 섬세하게 표현해낼 수 있는 건 사실이다. 그러나 인간의 가장 고귀한 정신적 부분까지 로봇이 따라 하기는 어려울 것이라고 말한다.

이제 인간과 로봇이 함께 하는 시대는 예술적인 감수성을 요구하고 있다. 인공지능 시대에 예술과 과학이 공존해야 인간의 삶이 행복해질 수 있다. 아이의 창의성과 아이디어를 인공지능 기술과 문화예술에 접목하여 프로젝트를 만들어보자.

디지털기술과 문화예술교육을 융합한 문화 감수성

디지털기술의 발달로 학교에서 문화예술 과목을 가르치는 방식은 나날이 혁신적으로 바뀌고 있다. 변화를 거듭하는 디지털 교육을 통해 청소년들은 창의성 예술을 배울 기회를 마련해야 한다. 양질의 문화예술교육은 창의력 학습의 강력한 도구이다.

이런 점에서 문화예술교육은 분명 창의력 교육 학습에 풍부한 기회를 제공한다. 자신의 소설을 쓰는 것, 악기 연주를 배우는 것, 안무를 짜고 무대에서 이를 공연하는 것, 이 모든 활동은 호기심과 끈기, 상상력과 협동심을 학습자에게 요구한다.

청소년은 차별된 기술을 배우고, 또 위대한 작가와 화가, 영화감독, 음악가의 테크닉과 가치관에 대해 학습함으로써 창의력을 배양할 수 있다.

아이에게 문화 감수성을 키우는 학습의 요소를 살펴보자. 뇌과학, 빅데이터, 디지털미디어 등 과학기술과 예술이 융합된 교육을 다양한 기관(한국문화예술 교육진흥원, 한국콘텐츠진흥원, 경기콘텐츠진흥원, 국가공무원 인재개발원 등)에서 진행하고 있다.

①문화예술교육으로 과학기술을 보는 습관을 갖자. 예를 들면 소리와 과학기술 수업에는 뇌가 예술 인식하는 방식으로 판소리 해석 프로그램, 시각과 과학기술 수업에는 미디어아트 트랜드 프로그램, 행위와 과학기술 수업에는 '몸의 자유가 예술이다' 프로그램(자유를 느끼는 페이스 페인팅).

②인문 감성 북 콘서트를 개최하여 인문강연 프로그램을 만들어 보자. 지역 독서동아리 회원들과 서로 소통하고 토론하는 습관을 갖자. 예를 들면 인문예술과 과학의 융합, 창의적 가치 습득을 위한 토론, 발표학습, 작가가 되어 강연하기.

③예술가와의 만남을 통해 소통하는 시간을 갖자. 지역 문화 재단 사이트를 검색하여 체험 행사(로봇패키지, 창의융합패키지, 미술놀이패키지 등) 학습을 경험한다.

④연구자의 공감 스토리를 시청각교육(한국문화예술 교육진흥원 아르떼 아카데미, 구글 아트&컬처 연구소, 카이스트 과학영재 교육연구원 등)을 통해 학습하자. 연구환경에서 필요한 의사소통 방법, 기술적 접근을 통한 아이디어 확대, 아이디어 도출방법 등.

⑤타인과의 공동 작업 학습이다. 마지막 필수 요소는 '협력성'이다. 여기에는 기관을 통한 작품 발표, 피드백의 교환, 연습 과정, 결과의 공유가 포함된다. 서로를 이해하는 커뮤니케이션 방법을 배운다.

첨단기술-예술 융합 교육 사례로 〈빅데이터로 알아낸 고전음악 원리〉 박주용 KAIST 문화기술대학원 교수팀은 빅데이터를 이용해 서

미래인재 모든 것

양 고전음악의 창작, 협력, 확산의 원리 이해, 고전음악 작곡가의 시대
와 스타일의 패턴 탐구, 수백 년의 차이가 있는 음악가들도 긴밀한 네
트워크 존재, 빅데이터를 통한 문화의 원리 이해, 문화에 과학적 방법
론을 입힌 융합 사례 등을 강연했다. 즉, 서양 클래식 음악 작곡가들의
소셜네트워크를 분석했다고 볼 수 있는 것이다.

지금껏 복잡한 과학을 이용해 문화를 연구한 사례는 거의 없었다.

인공지능 시대, 아이가 AI를 잘 활용하는 방법

AI를 인간의 경쟁자가 아닌 동반자로 보는 생각의 전환이 필요하
다. AI 시대에서의 인재는 더욱 인간적이어야 한다. 인간만이 가진 깊
은 사고에서 창의성을 찾을 수 있다. 또 일자리를 빼앗는 경쟁자로서
의 AI가 아닌, 가까운 친구로 여겨야 한다.

"예술은 기술 발전을 부추기고 기술은 예술에 영감을 준다."

최근에는 창조적인 협력을 위해 의도적으로 서로 다른 지식과 시
각을 갖춘 사람들로 팀을 운영하기도 한다. 이의 대표적인 예가 스탠
퍼드 대학의 D 스쿨이다. D 스쿨은 'Design School'의 약자인데, 여
기에서는 디자인을 가르치는 것이 아니라 '생각을 디자인하는 방법'
을 가르친다.

D 스쿨에는 화학과, 정치학과, 미디어학과, 의학과, 법학과, 엔지니
어링, MBA 등 다양한 전공을 가진 학생들이 모여 있다. 수업에서 팀
을 만들 때는 서로 다른 관점과 경험을 가진 이들을 섞어 놓는다. 창조
적 아이디어는 다양함과 다름에서 나오기 때문이다. 이를 D 스쿨에서
는 '극한적 협력radical collaboration'이라고 한다.

AI를 활용하기 위하여 우리가 먼저 인지해야 할 것을 안내한다.

① 코딩 능력을 필수로 갖춰야 한다는 것은 너무나 당연하다.

상상과 생각을 컴퓨터에 전달해야 하는데 코딩은 컴퓨터에 일을 시키기 위한 언어다. AI는 파이선 언어를 사용한다. AI는 공대생만의 전유물이 아니다.13 음대생은 이를 작곡에 쓸 수 있고, 동양철학과 학생은 고문서에 쓰인 어려운 문장을 해독하는 데 활용할 수 있다.

마이크로 소프트에서는 AI 관련 교육 콘텐츠를 제공하기 위해 무상과 유상의 다양한 프로그램들을 웹페이지에서 제공하고 있다. 예를 들어 'Over the moon'이라는 이름의 프로그램은 AI와 데이터에 기초해 스토리텔링 형태로 학생들이 코딩을 공부할 수 있도록 구성되어 있다.

② 입증된 AI 알고리즘을 실제 활용해 성과를 낼 수 있어야 한다.

AI 적용 능력을 키우는 일이다. 문학, 음악 작곡, 미술, 무용, 영화 등에서도 사용할 수 있다. AI는 툴이고 플랫폼이다. 복잡한 알고리즘 개발은 전문가에게 맡기면 된다. 인공지능은 소설과 영화 시나리오 부문에서도 테스트하고 있다. 매사추세츠 공과대학MIT의 프로그래머들은 AI 기술을 활용해 공포 이야기를 만드는 프로그램 '셸리Shelley'를 공개했다.

지난 2016년 4월 영국에서 개최된 사이 파이 런던 영화 페스티벌에서는 '벤자민'이라는 인공지능이 대본을 쓴 〈스프링Spring〉이라는 단편영화를 상영했다.14

인공지능이 창의성과 아이디어가 중요한 예술 영역으로도 진입하는 것은 분명하다. 창의력이 중요한 부문에서는 인간을 대체하지 못할 것으로 인식하고 있었다. AI는 '보조' 역할로서 아이의 창작활동에 활용되고 작업에 걸리는 시간과 비용을 크게 줄일 수 있다.

04.
AI 보다 감성이
살아있는 아이로 키워라

　　　　　　제프 콜빈 〈포춘〉 편집장은 기계가 하지 못하는 일을 찾는 건 부질없는 일이라며 인간의 본성에 가장 밀접한 분야를 연구하라고 했다. 인간은 근본적으로 사회적인 존재이기 때문에 사회적 관계가 없으면 생존하거나 행복을 찾거나 생산적인 존재가 되지 못한다. 공감은 그런 과정이 가능할 수 있게 하는 기본 요소다.

　정확하며 합리적이고 이성적인 일은 어차피 기계가 잘 해낸다. 인간이 우주에서 가장 가치 있고 아름다운 존재임을 깨닫게 해야 한다. 아이에게 기계적인 기능을 가르치는 것이 아니라 인간적인 삶을 가르쳐야 한다. 단순반복 작업은 기계에 맡기고 소통하며 공감을 찾아가는 감성을 가르쳐야 한다.

AI는 따라올 수 없는 감성

　프레이와 오스본 교수의 논문에 따르면 치과의사, 푸드 스타일리스트, 애견관리사, 초등교사, 레크리에이션 강사와 예술가나 테라피스트의 직업인일 경우 1% 미만의 확률로 로봇이 대체할 가능성이 있다고 밝혔다.

　왜 그럴까? 이들은 사람과 사람의 공감 능력을 끌어내는 직업이다, 인간의 독창성과 직관, 감정지능 등을 요구하는 업무가 주를 이룬다. 즉, 예술가나 과학자같이 창의성이 요구되는 직업이나 간호사처럼 환자와 긴밀한 관계를 구축해야 하는 직업은 자동화하기가 어렵다고 분석했다. 감성이 테크놀러지 시대에 얼마나 중요한 가능성을 안고 있는지를 말한다.[15]

우뇌적 재능에 대한 중요성은 계속해서 확대될 전망이다.

하이터치 재능(동정, 배려, 정신적 고양 등)의 경우에는 그 중요성이 더욱 강조하고 있다. 카운셀러, 간호사, 건강관리 도우미 등 남을 돌보는 전문직의 수요가 해마다 많이 증가하고 있다. 예를 들어 선진국은 하이터치 업무를 위한 인력은 적극적으로 수입하고 있다. 간호사가 대표적이다.

공급이 부족한 결과로 간호사의 급여는 거의 모든 전문직종의 급여보다도 가파르게 상승하고 있다.[16] 4차 산업혁명 시대에 우리의 과제는 기계적인 성취를 이루는 게 아니다. 자아실현을 극대화할 수 있는 정의적 영역(정서나 감정 태도)을 강화해야 한다.

기계화된 세상에서 인간의 경쟁력을 더욱 높여줄 수 있는 것은 '감성'이다. 감성은 AI가 결코 따라올 수 없는 힘이다. 지식을 습득하고 데이터를 분석하는 것은 사람이 기계보다 못하지만, 사람은 기계가 갖지 못하는 지혜와 방대한 지식을 꿰뚫어 보는 통찰력을 가지고 있다. 창의성을 발휘하는 것도 인간이 잘하는, 인간적 능력이다.

기계가 학습을 통해 창의적 문제 해결법을 제안할 수는 있겠지만, 때로는 미래를 꿈꾸고 기발한 것을 상상할 수는 없다. 지성적 측면에서는 기계가 앞서겠지만, 감성 영역은 언제까지고 인간의 영역으로 남을 것이다.

어려운 학습과 힘든 노동에서 오히려 즐거움을 맛보고, 불의를 보면 분노하고, 아름다움을 보면 심취하는 감성은 인간의 고유한 속성

미래인재 모든 것

이다. 아프고 병들고 고통받는 이웃들을 위해 봉사하고 헌신하는 것, 위험에 처한 타인을 위해 자신의 목숨까지도 기꺼이 던질 수 있는 희생정신, 함께 사는 세상을 만들고자 하는 연대의식, 아름답고 인간적인 것에 대한 공감 등도 우주에서 유일한 사회적 동물인 인간의 전유물이다.[17]

아이가 감성 영역을 알고 준비한다면 AI를 두려워할 필요가 없다. 아이의 미래 교육은 사회적 존재로서 협동심, 소통, 공감 능력을 갖춘 인재를 기르는 교육이 돼야 한다.

기계와의 경쟁에서 이길 수 있는 것, 공감 능력

하이터치는 공감을 끌어내는 능력이다. 인간관계의 미묘한 감정을 이해하는 능력, 한 사람의 개성에서 다른 사람을 즐겁게 해주는 요소를 도출해내는 능력, 평범한 일상에서 목표와 의미를 끌어낸다.

독일 소프트웨어 기업 SAP의 CEO인 빌 맥더멋은 저서《위너스 드림》에서 공감의 가치를 설명하면서 공감하는 기술은 내 아이들이 키워나가야 할 중요한 기술이다. 공감은 좋은 기업과 위대한 기업을 구별 짓는 기준이 될 것이다라고 했다.

미국 종합경제지 〈포춘〉의 편집장 제프 콜빈은 그의 저서《인간은 과소평가 되었다》를 인용하면, 상호행위를 통한 공감 능력은 인공지능이나 로봇이 결코 따라갈 수 없는 분야라고 말했다.

"기계가 대체 불가능한 일은 거의 없다. 다만, 상대를 진심으로 이해하고, 위로해주고, 같이 기뻐해 주는 공감 능력은 인간만이 할 수 있다. 어떤 사람도 장례식장을 방문한 로봇에게 위안을 얻진 못할 것이다. 아울러, 화가 난 고객에게 진심으로 사과하고 마음을 돌리는 것도 공감 능력을 갖춘 인간만이 가능한 일이다."

공감 능력은 이미 직장에서 중요도가 커지고 있다. 전 세계의 고용주들은 공감할 줄 아는 직원들을 더 많이 필요로 한다. 미국 온라인 구직 사이트 게시판을 조사한 결과 연봉이 10만 달러(1억 원)가 넘는 구인 광고 중에 공감 능력이나 그와 연관된 특성을 요구하는 경우가 1,000건 이상이었다. 대다수가 맥킨지, 바클레이즈 캐피탈, 화이자 등 세계 굴지의 기업이었다.

콜빈 편집장 말한다.[18]

"안타깝게도 현대인의 공감 능력은 현저히 줄어들고 있다. 사람을 대면하는 일보다 전화 통화로 대신하고, 심지어 최근엔 문자메시지로 소통하는 청년이 늘면서 그들의 공감 능력은 점점 퇴보하는 중이다."

로봇공학자 한스 모라벡은 '인간에게 쉬운 것은 기계에 어렵고, 기계에 쉬운 것은 인간에게 어렵다'라고 한다. 그래서 기계는 기계적이고 인간은 인간다워야 한다. 기계와 인간은 근본적으로 다른 것이다.

지금 우리가 두려워하는 것은 빠르게 발전하는 기계의 학습능력이다. 기계는 학습하지만 감성은 없다. 또한, 방대한 지식을 체계적으로 학습하고 빅데이터로 만들지만, 공자가 언급한 배우고 익히는 즐거움을 느끼지는 못한다. 기계는 어떤 목적을 위해 만들어졌지만, 인간은 존재 자체가 목적임을 잊어서는 안 된다.

인간은 결과를 위해 살아가는 수단적 존재가 아니다.[19]

아이의 공감지수는 어떤가요?
예일대학교 의대생들은 예일 예술센터에서 예술작품의 감상력을 기르기 위한 훈련을 받는다. 그들의 뇌가 새로운 시각을 수용해 세상을 다양한 각도에서 바라볼 수 있게 학습한다. 화가들이 묘사해 놓은 그림 속의 인물들을 나름대로 해석하여 공유하다 보면 나와는 다른 시각으로 보는 기회를 마련한다.

UCLA 의과대학은 2학년생을 대상으로 1일 입원환자 체험 프로그램을 운영한다. 이 같은 역할체험의 목적은 무엇일까? 대학 당국은 '의과대학생들이 환자와 공감대를 형성해 나갈 수 있게 하려고'라며 설명한다.[20]

필라델피아의 제퍼슨 의과대학에서는 의사들의 업무 효율성을 측정하는 새로운 기준의 하나로 '공감지수'를 개발했다. 바론 코헨Baron-Cohen과 휠라이트Wheelwright가 개발한 공감지수 척도는 학생을 대상으로 심리측정 속성을 연구할 수 있다.

이제 공감훈련 개발 프로그램 및 적용 사례를 살펴보자.

아이의 공감훈련 향상을 위한 인성교육 프로그램으로 감정 카드 놀이가 있다. 공감 대화 카드란 학교나 학원 등 교육기관에서 학생들의 공감 능력 신장 상담 및 심리치료 장면에서 라포 형성을 도와주는 도구로 사용한다.

공감 대화 카드를 사용함으로써 아이가 느끼는 감정을 이해하고 그러한 다양한 감정을 표현할 수 있도록 도와주는 역할을 한다. 놀이 형태로 진행하면서 자연스럽게 공감 대화가 이루어지도록 구성하고 있다. 자신과 타인의 욕구에 대한 이해를 통해 공감 능력을 향상시킬 수 있다.

감정 카드는 스톰 앤 스톰storm&storm, 1987 연구에서 분노, 혐오, 슬픔, 두려움, 기쁨을 참고하고 학생이 가장 많이 쓰는 감정단어를 선별하여 군집 분류에 따라 색으로 구분한 67장의 카드로 구성하고 있다.

미리암 그리스팬은 그의 저서 《감정공부》에서 '좌절된 슬픔, 두려움, 절망이 우리 시대의 정신적 혼란 즉 우울, 불안, 중독, 비이성적 폭력과 심리적 마비의 근원이다'라고 말했다. 그녀는 감정을 조절하는 능력이 행복한 삶을 누리는데 필수 불가결하다고 보았다.

지금도 초등학교 교실에서 감정조절의 실패로 학교폭력에 해당하는 괴롭힘 및 다툼이 지속적으로 발생하고 있다. 무엇보다도 부모 교육 프로그램이 절실한 상황이다. 아이의 감정조절 능력 향상을 돕기 위한 부모 프로그램 교육을 이수해야 한다.

부모의 역할은 정말 중요하다. 실생활에서 아이에게 도움을 줄 수 있는 공감 대화 카드 방법을 사용해보자.

05.
미술관과 음악회를
방문하여 체감형 교육으로 성장시켜라

서랍에 숨어있던 만화 표지가 42억 원에 팔렸다. 벨기에 유명 만화 '틴틴의 모험' 표지 그림이 세계에서 가장 비싼 만화 작품으로 낙찰됐다고 영국 BBC방송 등이 전했다.

미래사회는 우뇌형 예술, 창의 인재가 필요한 시대라고 한다. 아이에게 문화예술 교육, 체감형 교육은 창조적인 과정을 통해 여러 분야에서 활용할 수 있다. 아이의 예술 활동을 보면 그들의 상상력과 잠재능력, 창의력이 대단하다는 것을 실감한다. 대한민국의 문화유산은 아이들이 만든다. 다양한 생각과 활동을 경험할 수 있는 문화예술 교육이 '이상적 사회'를 만든다.

우뇌형 인재를 만드는 문화예술 교육

미국의 작가이자 미래학자인 앨빈 토플러는 21세기 교육은 '창의성 계발을 위한 우뇌 능력을 키우는 것이 중요하며, 교육제도의 대혁신이 필요하다'라고 했다. 미래학자 롤프 옌센은 미래사회는 상상과 이미지, 예술과 디자인이 중시되는 '드림 소사이어티'라고 강조하며 드림 소사이어티에 대비해 기업들은 단순한 물건이 아닌 상품에 담긴 꿈과 감성을 판다는 개념에서 미래전략을 짜야 한다고 했다.

미래학자 다니엘 핑크 또한, 그의 저서 《새로운 미래가 온다》에서 '인류는 이제 창작이 중심이 되는 예술의 시대로 옮겨지고 있다. 미래사회는 우뇌형 예술, 창의 인재가 필요한 시대'라고 한다. 문화예술 교육은 자아를 실현하고 창의성을 함양하는, 즉 통찰-인성-지성-창의를 위한 종합적인 교육이다.

로버트 루트번스타인은 천재성을 지닌 작가와 학자를 선정해 지원한다고 해서 '천재 기금'이라 불리는 맥아더 펠로우십의 수상자다. 로버트·미셸 루트번스타인 부부는 예술과 창의성과의 상관관계를 연구했다. 2005년까지 노벨상 수상자 510명과 보통의 과학자들을 비교 분석한 결과 노벨상 수상자는 과학자보다 사진작가가 될 가능성이 2배 이상 높았고 음악가는 4배, 미술가는 17배 이상, 기능공은 15배 이상 높았다. 노벨상 수상자는 또 과학자들보다 소설가나 시인이 될 가능성은 25배 이상, 배우·무용가·마술사 같은 공연가는 22배 이상 높은

것으로 분석했다고 이들은 전했다.[21]

창의적 상상력을 키우기 위해서는 먼저 자유로운 생각을 가능케 하는 생각의 도구 활용법을 가르쳐야 하고, 창의적인 과정을 가르치며, 예술 교육이 국어나 수학수업과 동등한 교육수준으로 발전해야 하고, 창조적인 인재를 발탁하기 위해서는 예술이 중심이 되어야 한다고 주장했다. 특히, 예술 분야는 예술가들을 위한 교육이 아니라 훨씬 폭넓은 수요를 갖추고 있으며 창조적인 과정을 통해 여러 분야에서 활용 가능하다고 보았다.

《생각의 탄생》의 공동 저자 로버트·미셸 루트번스타 부부는 이렇게 조언했다. 관찰, 형상화, 유추, 추상, 패턴인식, 패턴형성, 몸의 대화, 놀이 등 생각의 도구는 진취적으로 문제를 풀어나갈 수 있도록 한다. 특히, 재미로 박테리아에 색을 칠하다가 곰팡이균을 발견하고 이것이 인류에 큰 공헌을 한 페니실린을 발견했다.

"상상력과 창의성을 기르는 교육을 해야 하며 이를 위한 핵심 열쇠가 바로 예술이다. 과학자는 새로운 예술을, 예술가는 새로운 과학을 발견한다. 지구 온난화와 기아, 빈곤 같은 문제를 해결하려면 다양한 분야의 지식을 새롭게 조합할 수 있는 사상가와 행동가가 필요하다"

다양한 분야의 지식을 새롭게 조합하는 사상가와 행동가

뮤직비디오인가, 광고인가. 글로 설명하기 어려운 B급 감성 영상이 대박을 쳤다. 영상의 정체는 한국관광공사가 외국인을 대상으로 한국을 홍보하는 광고 '필 더 리듬 오브 코리아'이다.

그동안 관광공사가 만든 공익 광고는 한마디로 재미가 없었다. 그러나 유튜브 댓글에는 '코리아의 독특한 리듬에 중독됐다', '코로나가 끝나면 꼭 한국에 가겠다'라는 외국인들의 고백이 이어졌다. '드디어 공무원 세대교체가 이뤄진 거냐'라는 한글 댓글도 눈에 띄었다. 어쩌다 공공기관이 'B급 프리미엄' 영상을 만들게 됐을까.

이 기획을 총괄한 오충섭 한국관광공사 브랜드마케팅팀장은 이 틀을 깨고 싶었다고 한다.

"스타를 앞세운 기존 홍보 영상은 일부 한류 팬을 제외하곤 아무도 관심을 가지지 않았어요. 이번에는 기획 단계부터 유명 연예인을 과감히 배제하고 B급 감성을 노렸어요."

한국관광공사는 광고 제작을 맡은 HS애드에 밀레니얼 세대를 이해할 수 있는 젊은 기획자를 요구했다. 그렇게 프로젝트를 맡게 된 이가 HS애드 캠페인 서경종 디렉터다. 홍보 영상이 광고를 넘어 하나의 콘텐츠로 소비되려면, 최대한 광고 티를 빼야 했다. 그래서 서 디렉터는 뮤직비디오를 들고 나왔다.

"언어가 안 통해도 세계인 누구나 본능적으로 반응하는 리듬이 있을 거로 생각했어요."

서 디렉터는 힌트를 여섯 살 딸에게서 찾았다. 딸은 언젠가부터 현대 판소리 그룹 '이날치'의 음악에 맞춰 신나게 몸을 흔들고 있었다. 마침 SNS에서도 이날치와 현대 무용 그룹 '앰비규어스 댄스 컴퍼니'가 함께한 〈범 내려온다〉 공연 영상이 화제였다.

결국, 이날치와 앰비규어스 댄스 컴퍼니가 낙점됐다. 공사로선 위험한 도박이었다. 선정된 아티스트도 기존 모델에 비해 무명에 가까웠다. 서 디렉터는 통과가 안 되면 어쩔까 싶어 프레젠테이션 자리에서 직접 춤까지 추면서 재미를 어필했다.[22]

한국관광공사는 강릉·목포·안동 편을 이날치 × 앰비규어스 댄스 컴퍼니의 한국 홍보 동영상 2탄으로 공개했다. 앞서 1탄인 서울과 부산, 전주 소개 영상은 공개 두 달여 만에 소셜네트워크 조회 수 2억7천만 뷰view를 넘기며 큰 인기를 끌었다. 판소리와 팝을 믹싱한 이날치 밴드는 데뷔 직후부터 입소문을 타더니 결국 세계의 시선을 집중시켰다. 모든 것이 재미에서 시작되었다. 베이스 연주자 장영규 씨는[23] 2018년 음악극 '드래곤 킹'을 하면서 만나 밴드를 만들었다고 말한다.

"클럽에서 들으면서 춤출 수 있는 음악을 만들고 싶었고, 그러다 보니 재료는 수궁가요, 결과는 댄스 음악인 이날치 밴드가 탄생했다"

대표곡 〈범 내려온다〉 등에 앰비규어스 댄스 컴퍼니의 독특한 춤사위를 곁들인다. 단순히 활용과 참여를 기다리는 데이터베이스가 아니라 유동적으로 움직이는 유기체로서의 디지털 콘텐츠가 살아남는다.

한창 과도기를 겪고 있는 공연예술 생태계는 새로운 생존 방식에 따라 많은 부분이 재편될 것이다. 집안에 격리된 유명 대중 가수들은 소셜 미디어 라이브 채널을 통해 관객과 직접 만나고 소통한다.

이른바 유튜브 콘서트를 이어가며 이전과는 다른 방식으로 관객과 만나는 공연은 기획과 수익의 가능성을 열어 놓았다. 요즘 전 세계적으로 선보이고 있는 랜선 투어나 온라인 전시회, 공연 등이 비대면 시대의 대표적인 사례이다.

문화예술을 활용, 체감형 교육이 중요하다

코로나19 영향으로 박물관, 미술관들의 휴관이 장기화하면서 온라인 전시와 디지털 뮤지엄이 새로운 대안으로 떠오르고 있다. 가상현실 기술과 소셜 플랫폼을 활용한 전시회가 열리고 있다. 아트 컬렉티브 팀랩이 전개하는 teamLab: Life. 팀랩은 아트, 사이언스, 테크놀로지, 수학, 건축 등 다양한 분야의 전문가로 구성한 팀이다.

미디어아트를 기반으로 프레임에서 벗어난 영상을 구현한다. 팀랩의 이번 전시 역시 주제에 대한 디지털적인 구현, 관람자가 참여하였다. 작품 속 대상의 반응을 유도하며 자연스럽게 주제와 융화되는 특징을 보인다.

최근에는 증강현실을 접목한 작품들이 소개하고 있다. 스마트폰 앱, 태블릿 등의 디바이스 앱에서 작품의 코드 정보를 인식시키며 가상의 오브제가 등장한다. 실제 작품과 연동된, 혹은 다른 조합의 작품을 만들어낸다. 기존의 작품이나 전시를 증강현실을 통해 서비스하고 해당 기술을 활용하여 제작한 작품들이 미술의 한 장르로 자리 잡기 시작하였다.[24]

아이가 미술로 감동과 위로를 받을 수 있도록 온라인 서비스를 제공하자. 판교 현대어린이책 미술관은 집에서 전시를 즐길 수 있는 '언택트 서비스'를 선보였다. 신종 코로나바이러스 감염증으로 미술관 방문이 어려워진 어린이들을 위한 서비스다.

건축을 주제로 한 해외 유명 그림책 작가의 작품을 선보이는 '말도 안 돼! 노 웨이!' 전시를 오디오 가상현실 콘텐츠로 선보인다. 홈페이지에 접속해 즐길 수 있는 이 콘텐츠는 360도로 회전되는 VR 영상으로 제작하여 마치 미술관에서 전시품을 관람하는 현장감을 느낄 수 있다. 전문 큐레이터가 요약한 설명을 들을 수 있는 점이 특징이다.

비대면 움직임은 문화예술계에서 먼저 두드러지기 시작했다. 예술작품 감상과 공연 실황 참석 등을 요구하는 직접 대면이 감소하였다. 현재 국립현대미술관 유튜브 채널 'MMCA Korea'에는 다양한 전시 콘텐츠가 올려져 있어 인터넷 동영상으로 언제든지 관람할 수 있다.

아이에게 간접 경험을 심어줄 수 있는 문화예술 체감형 교육 정보를 살펴보자. 클래식 음악계, 대중 음악계 할 것 없이 라이브 스트리밍 서비스로 다양한 랜선 공연이 등장했다.

오스트리아 빈 국립 오페라, 뉴욕 메트로폴리탄 오페라 등 유명 단체들이 무료로 온라인 공연을 선보였고, 베를린 필하모닉은 전용 온라인 플랫폼인 디지털 콘서트홀을 통해 한 달 동안 무료로 공연을 공개해 큰 호응을 얻은 후 서비스를 유료화했다.

국내에서는 대표적으로 국립현대미술관이 온라인 미술관을 운영하여 학예사의 전시 해설, 온라인 전시 및 강좌를 진행하고 국립중앙박물관도 온라인 전시관에서 7개 특별전의 VR 전시 투어를 제공한다.[25]

06.
트리즈TRIZ를 통하여
창의성을 높여라

통계 자료에 의하면, 25세 이상의 남녀는 2% 미만, 17세의 청소년은 10%, 5세 아동은 90% 이상이 창의적이라고 생각한다. 어릴수록 창의적 사고를 하는 이유는 창의적 사고를 저해하는 심적 장애 요인들이 적기 때문이다. 스스로 노력해서 심적 장애를 극복할 수 있다면, 나이와 무관하게 창의적인 문제를 해결할 수 있다.

기존의 창의성, 창의적인 문제 해결 방법은 시행착오, 브레인스토

밍 등에 주로 의존했다. 그러나 트리즈는 기술 분야에서 우수한 특허
와 추출한 원리, 'TRIZ 40가지 발명원리'를 바탕으로 창의적인 문제
를 해결한다. 지금 초중고, 대학의 창의적 공학 설계, 일반인의 창의성
교육 방법으로 확대하고 있다.

모순을 제거하여 문제 해결하기 트리즈

알트슐러는 모순을 가진 창의적 문제를 해결하기로 마음먹었다.
TRIZ는 러시아어로 이론Teoriya, 해결Reshniya, 발명Izobretatelskikh, 문제
Zadatch의 줄임말이다. 창의적 문제 해결이론을 만들어낸 알트슐러와
그의 제자들이 구소련의 우수 특허들을 분석해서 창의적 문제 해결
이론, 트리즈를 계발하였다.

공상 과학 소설 작가이자 발명가인 그는 1926년 러시아에서 태어
나 14세 때 발명을 시작하여 16세에 처음 특허를 등록했다. 1946년부
터 소련 해군에서 엔지니어의 특허등록을 도우면서 가끔 엔지니어의
기술적 문제 해결을 도왔다.

현재, 전 세계 주요 대기업에서 트리즈를 아이디어 생성기법과 문
제 해결기법으로 사용하면서 많은 기술자에 의해 보완하고 있다. 이
미 트리즈는 전 세계적으로 BMW, 혼다, 필립스, 인텔, P&G, 휴렛패
커드와 같은 굴지의 글로벌 기업은 물론, 삼성을 필두로 LG를 비롯한
여러 국내 기업도 트리즈를 활용하고 있다.

미래의 창조적 리더들을 훈련시키며, 경영혁신과 산업 패러다임을
바꾸는 도구로도 사용하고 있다. 대학의 창의적 설계 교육, 연구 개발,
특허, 개념적 문제 해결 방법으로 확대하며 트리즈는 내부에서 발생
한 모순을 찾아내어 창의적 방법으로 해결한다.

과학적인 것만이 아니라 우리가 살아가는 모든 일상이 사실, 모순의 연속이다. 그 모순을 어떻게 풀어내느냐가 행복을 만들어내는 요소이다. 트리즈는 시행착오를 최소화하는 최적의 아이디어를 내기 위한 가장 좋은 해결 방법을 추출하는 기법이다.

MBA 출신들이 가장 선호하는 기업 구글. 이 회사는 '광고가 늘어야 수익이 느는데 사용자들은 광고 보기를 원치 않는다'라는 모순을 해결하기 위해 '검색 엔진'을 개발했다. 그리고 광고주와 사용자 모두를 만족시키는 창의적인 해법이었다. 애플의 아이팟은 어떤가? 스티브 잡스는 작은 크기에 대용량의 음악 파일을 담아야 하는 모순을 역발상으로 해결하며 새로운 신화를 창조했다.[26]

그렇다면 이들의 공통점은 무엇일까? 바로 창의적 문제 해결 기법인 트리즈TRIZ에서 찾을 수 있다. 마케팅, 교육, 그리고 경영과 같은 다양한 분야의 사람이 트리즈를 사용하고 있다. 트리즈는 시행착오를 최소화하는 최적의 아이디어를 내기 위해 문제의 모순을 제거하는 모델링이다.

아이의 창의적 사고법과 실행방법, 창의력 계발에 좋은 방법을 제시하여 창조적 습관을 쉽게 가져보자. 또한, 머릿속에 떠오른 아이디어를 실행에 옮기는 프로세스까지 설명하여 실질적인 도움이 되도록 적용해보자. 이제 '트리즈'를 아이의 관심 분야에 적용하여 특허를 만들어보자.

창의성이 높이는 트리즈 습관

《생각의 혁명》 저자 로저 본흐는 '지식은 새로운 생각을 만드는 원료'라고 한다. 누적된 지식과 새로운 지식의 연결과 조합을 통해 새로운 것을 만드는 것이기에 지식이 많다고 모두 창의적이지는 않다. 다양한 지식이 고정관념을 갖게 하므로 오히려 새로운 생각을 하는 데 방해가 될 수도 있다.

그러므로 세상에 널려 있는 정보를 활용하여 좋은 책을 선별하여 읽는 것이 바람직하다.[27] 아무리 개인적으로 뛰어난 에디슨이나 아인슈타인이라도 그 이전의 누적된 지식과 사회적 역사적 배경이 없었다면 천재적 발명은 어려웠을 것이다.

창의력은 습관에서 비롯된다. 창의력을 향상시키는 트리즈 습관을 들여보자.

①고정관념을 없애야 한다.

사람은 과거의 성공 경험으로 얻어진 노하우를 미래에도 반복하여 사용하려는 속성이 있다. 자신이 잘 알고 있는 기능적 지식을 통해 문제를 해결하려는 경향이 있다. 하지만 개인의 기능적 지식은 타인의 시각을 받아들이기 어렵게 하거나 새로운 시각을 방해하는 원인이다. 사람들은 문제에 부딪혔을 때, 자신도 모르게 가지고 있는 마음속 가정에 의해서만 문제를 풀려고 한다. 예를 든다면 성냥개비 6개를 가지고 정삼각형 4개를 만들라는 문제를 풀기 위하여 평면 위에서 문제를 풀려면 뜻대로 풀지 못한다. 입체적인 해결 방법을 생각해야 한다.

②아이디어를 추천하라.

기술적 문제에 대한 창의적이고 실용적인 설계 해결책을 얻기를 원한다면, 과학적 원리와 현상에 대해서 잘 알아야 한다. 공학은 기술적 문제를 해결하기 위한 과학의 응용이다. 대부분의 공학 해결책은 창의적인 방식으로 공학인이 사용하는, 한 가지 이상의 과학적 원리에 기반하고 있다. 아이디어를 끌어내는 합리적인 과학적 지식기반

없이 우리는 새롭고 놀라운 방식으로 문제를 해결하기 어렵다.

③해결 원리를 이용하여 숨은 모순을 찾아라.

전체적인 그림을 그리고 모양을 만들어보자. 발명의 유형에는 40가지가 있다. 〈5개의 지식 베이스 도구〉를 도표로 정리한다. 40가지 발명 원리와 모순 표, 분리의 원리, 76가지 표준 해결책, 8가지 기술 진화의 법칙, TRIZ는 공학 분야를 넘어 여러 분야에 응용하고 있으며, 현재에도 많은 연구 및 다양한 응용 사례가 이루어지고 있다.

일상에서 발견하는 10가지 발명 원리 해석

아이에게 쉽게 설명할 수 있는 10가지 발명 원리 목록을 적어보자. 실제로 존재하는 창의적인 특허에서 도출해낸 것이다. TRIZ 40가지 발명 원리 중 10가지를 표본으로 하여 설명하고 좀 더 확장시켜 보자.

피자 상자 밑바닥은 왜 돔 형태로 만들었을까? 이 아이디어는 1995년 미국에서 특허를 받았다. 애플이 바삭바삭한 피자 도우를 유지할 수 있도록 고안한 피자 상자를 공개했다. 애플은 혁신의 상징인 아이폰, 아이패드, 맥북 사이에 재미있는 특허품들이 종종 등장하는데 이 피자 상자도 그중 하나다. 2012년 애플은 이 박스에 대한 특허를 출원했다. 2012년 공개된 박스는 원형이며 애플의 상징색인 흰색으로 만들어졌다.

음료수병의 밑바닥은 왜 오목하게 설계되었을까? 1915년 처음 탄생한 코카-콜라병은 특유의 독창적인 디자인으로 단순한 음료수병을 넘어 예술, 음악, 광고에 영감을 주었다. 팝 아트의 선구자 앤디 워홀 Andy Warhol이 그의 그림에 코카-콜라 병을 그려 넣었다. 1962년 작품 '식료품점'에서 코카-콜라병과 팝 아트를 결합하여 큰 반향을 끌어냈다. 폭스바겐은 자동차 비틀Beetle의 디자인을 매력적으로 어필하기 위해 코카-콜라 병을 광고에 활용하기도 했다. 아이에게 서로 질문하며 TRIZ 40가지 발명 원리를 설명해보자. 트리즈를 이해하는 좋은 해결책이 될 수 있다.[28]

① 분할Segmentation

시스템이나 대상물을 독립적인 부분으로 나눈다. 대상물을 분해하기 쉽게 만든다.

◆예시-커다란 하나의 케이크보다 조그한 컵케이크를 여러 가지 모양으로 만든다. 그러면 사람들은 자기 취향에 따라 꾸밀 수 있고 다양한 입맛을 제공할 수 있다.

▸원래 하나였던 것을 여러 개로 나누는 짬짜면 그릇도 사례이다. 그릇 한 개를 반으로 나눠 짜장면과 짬뽕을 각각 담는 짬짜면 그릇은 무명의 연극배우 김정환이 특허를 낸 것으로 알려져 주목을 받았다. 김정환은 지난 1999년 이 같은 그릇을 특허 출원했다. 평소 중화요리 마니아로 알려진 김정환 씨는 짜장면과 짬뽕 사이에서 고민하던 어느 날, 바닥에 동그라미를 그리고 반으로 나누어 '짬짜면 그릇'을 만들었다. 그 후, 특허를 등록한 김정환 씨는 전국 중화요릿집을 돌며 직접 홍보를 하며 지금처럼 짬짜면이 널리 알려지게 되었다.[29]

② 복제Copying

이용할 수 없거나 비싸거나 깨지기 쉬운 물건 대신에 간단하고 값싼 복제물을 사용한다. 어떤 것을 복제하여 사용한다.

◆예시- 실제 모형 대신 가상 모형을 만들어 사용한다. 직접 측정하는 대신 사진으로 측정한다.

▶희귀한 고서적이나 문서 등을 스캔하면 모든 사람이 다 열람할 수 있고 원본도 보존할 수 있다.

▶화상 회의, 동영상 강의, 실내 암벽등반 등이 사례이다.

③ 통합Combining, Integration

같거나 비슷한 대상물을 모아서 가까이 또는 통합하여 놓는다.

◆예시– 종이가 책으로 만들어지고, 책은 도서관으로 모인다.
전화와 컴퓨터망을 사례로 설명한다.

④ 전화위복Convert harm into benefit

전화위복은 '레몬을 레몬수'로 만드는 것과 같다. 긍정적인 효과를 얻기 위해서 해로운 인자를 사용한다.

◆예시– 예방접종은 해로운 바이러스로부터 인간을 보호하기 위해서 해로운 바이러스를 어떻게 다루어야 하는지를 알려주는 고전적인 예이다.

▶알레르기를 일으키는 물질인 알레르겐에 대한 내성을 기르기 위해서 그와 같은 물질의 추출물에 노출한다.

⑤ 색상 변경changing the color

특성에 맞게 색상을 변경한다. 대상물 또는 그 외부 환경의 색깔이나 투명도를 변경한다.

◆예시– 선글라스, 형광펜

▶기업의 색깔 창조 (삼성은 파란색, SK는 빨간색, S-OIL은 노란색. 맞춤 색깔의 사용으로 강력한 브랜드 이미지를 창출한다)

▶경영대학원의 사례 연구는 종종 위기관리의 형태로서 투명한 기업의 행동에 대한 존슨 앤 존슨의 사례를 인용한다. 타이레놀 제품에 사건 문제가 있었을 때, 회사는 즉시 약을 회수하고 그 사실

에 대한 모든 정보를 사람들에게 알려주었다. 그러한 상황에 대해 빠르고 정직한 발표로 타이레놀은 명예 회복이 되었고, 회사는 좋은 이미지를 유지하게 되었다.

⑥불활성 환경Inert environment

산소를 차단하는 것이다.

◆예시- 진공포장, 통조림 캔

⑦복합 재료Composite materials

한 가지의 재료가 아닌 여러 가지의 재료를 복합적으로 사용한다.

◆예시- 콘크리트(모래, 자갈, 시멘트 등이 섞여 있다.)

⑧추출Extraction

전체에서 필요한 것, 중요한 것, 특정 부분만 오려낸다.

◆예시- 사과 컷팅기

⑨범용성/다용도universality

한 가지 물건을 하나의 용도로만 사용하는 것이 아니라 다른 용도로 사용할 수 있도록 한다.

◆예시- 스마트폰

⑩공중부양 / 평형추counterweight

지구의 중력을 무시할 힘이나 균형추를 이용한다.

◆예시- 시소, 애드벌룬

07.
아이의 창의성을
향상시키는 생활습관

에드워드 드 보노는 창의력이란 분야에 가치 설계자로서 많은 저서를 남겼다. 그는 창의성의 가치가 마인드의 중심에 놓일 것이라고 했다.

"생각은 인간이 가진 최고의 자산이다. 우리는 자신이 가진 가장 중요한 기술에 절대로 만족하지 않는다. 우리가 얼마나 뛰어난지, 언제나 더 나아지기를 바란다."

본질이 무엇인지를 밝혀내는 시스템과 무엇이 될 수 있는가에 관해 즉, 창조적 사고를 밝혀내는 시스템을 갖추어야 한다. 아이에게 '여섯 색깔 생각의 모자'를 통하여 평행사고를 길러주자. 사고를 더 잘하는 방법과 결정을 내리는 방법을 가르치는 데 유용하다.

창의적인 발상을 위한 수평적 사고기법

에드워드 드 보노 박사는 창의적 사고와 사고기법 교육 분야의 세계적 흐름을 주도하는 독보적 권위자다. '정보기술 혁명을 이끈 컴퓨터 천재들의 시대가 끝나고 앞으로는 더 많은 부가가치를 창출할 수 있는 창의적 사고의 시대가 도래할 것'이라고 전망하며 이제 우리는 '가치의 시대로 접어들고 있으며 미래 유망직종 가운데 하나는 가치 설계자가 될 것'이라 했다.

인간의 창의적 사고에 관한 최초의 본격적인 연구서라고 할 수 있는 《수평적 사고의 활용》이라는 저서가 있다. 그의 수평적 사고기법은 다음과 같이 정의된다.

두뇌의 자기 조작시스템에서 입력된 정보는 고정된 패턴을 형성한다. 이 고정된 패턴을 깨뜨리는 것이 수평적 사고이다. 기존의 개념과 인식을 변화시키는 사고기법이다. 쉽게 말해 생각의 틀을 깨라는 것이다. 기존의 교육과 훈련은 주로 수직적 사고의 숙련에 치중하는 방식이다. 예를 들어 구덩이를 파는 것에 비유하자면 구덩이를 한곳으로만 깊이 파는 방법이다. 구덩이를 파다가 암반을 만나 어려움이 봉착하더라도 다른 곳을 파야 한다는 생각을 못 한다. 어떻게든 암반을 뚫고 더 깊이 파든가, 더 팔 수 없으면 그 상태에서 구덩이를 사용하는 방식인 것이다.

또한, 이미 지금까지 파놓은 것이 아까워서 그것을 사용할 궁리만 한다. 상당수의 전문가는 보통 깊은 구덩이 밑바닥에 안주하는 것을 행복하게 여긴다. 또 그 구덩이가 너무 깊어 주위를 둘러보기 위해 구덩이에서 빠져나와야겠다는 생각조차 하지 않는다.

수직적 사고는 기존의 지식과 경험으로 판단, 평가·분석하는 선택적 사고이다. 수직적 사고는 Yes·No가 중요하며 이분법적 판단이 작용한다. 반면 수평적 사고는 Yes·No보다는 개발과 수정을 중요시하는 창조적 사고이다. 판단보다는 창조와 변화에 중심을 둔다. 이분법보다는 다양성에 무게를 둔다. 이처럼 수직적 사고와 수평적 사고는 상호보완적인 관계이다.

예를 들어 '자동차 바퀴는 사각형이다'에 대하여 수직적 사고는 No가 되지만 수평적 사고에서는 Yes가 된다. 수평적 사고는 수직적 사고의 한계를 보완한다. 기존의 수직적 사고로는 도저히 해결할 수 없는 문제를 쉽게 찾을 수 있다. '아니, 그렇게 간단한 것을 왜 생각 못했지?' 할 때에는 대부분 수평적 사고의 결과인 경우가 많다.[30]

떠오른 아이디어를 놓치지 않으려면 머릿속에 스쳐 간 생각을 메모해야 한다. 기록하는 습관은 창의력 향상에 도움을 준다. 무엇이 수평적 사고인가? 수직적 사고는 해답을 찾기 위해 결과를 중시하지만, 수평적 사고는 목표와 방향을 찾는 과정을 중요시한다. 즉 창조Create하는 것이다.

에드워드 드 보노의 '여섯 색깔 생각의 모자' 기법

여섯 색깔 생각의 모자는 서로 색이 다른 여섯 개의 모자를 바꿔 써 가며 모든 사람이 한 번에 한 가지만 생각하도록 이끄는 방법이다.

"지휘자가 오케스트라를 이끌 듯이 이 모자들은 우리에게 특정한 사고를 유도하고 우리의 사고 의지를 불러일으킬 것이다. 그리고 어떤 상황에서든 일상적 사고 틀에서 벗어나 다른 각도로 생각할 수 있도록 유도한다"

이것은 대학과 초등학교 수업에서도 일반적으로 사용되는 기법이다. 에드워드 드 보노는 "우리는 모두 사고를 더 잘할 수 있는 방법을 배워야 한다"라는 점을 강조한다. 그것은 우리가 실제로 생각하는 방법을 배울 수 있다.

이 기법은 항상 동일한 방식, 전략을 따른다. 처음에 보기에는 단순해 보이지만, 이것은 우리 두뇌에 엄청나게 긍정적인 영향을 끼친다. 이것은 사실 우리가 더 나은 사고 방법을 배울 수 있도록 훈련시켜 준다. 머리에 모자를 쓰는 것처럼 간단한 것이 실은 신중한 행동이다. 모자를 사용한 또 다른 이유는 다양하고, 신속하며, 창의적인 사고 방법

미래인재 모든 것

을 배우는데, 이해를 돕기 위해서이다.

이제 각각의 모자가 우리에게 가르쳐주는 것이 무엇인지 알아보도록 하자.

① 하얀 모자는 확실한 사실을 찾는다.

이것은 해석하거나 의견을 내지 않는다. 이 모자는 아무런 가치를 판단하지 않고 사실을 분석하고, 가진 정보를 비교하는 것이다.

② 검은 모자는 논리-부정적인 측면을 상징한다.

왜 어떤 생각은 잘못되고, 제대로 작용하지 않거나 당신의 생각대로 결과가 나오지 않는지 알게 해준다. 이것은 당신이 좀 더 현실적일 수 있도록 도와준다.

③ 녹색 모자는 독창성, 창의성, 경계를 넘나든다.

불가능을 가능으로 만드는 것이다. 이것은 좀 더 진보적이고, 덜 보수적인 사고를 하도록 한다. 이런 종류의 사고방식은 너무 빨리 만족감을 느끼는 것은 좋지 않다는 것을 상기시켜 준다. 또 다른 대안, 다른 가능성을 찾아봐야 할 수도 있다.

④ 빨간 모자는 열정적이고 감성적이다.

심장으로 인생을 느낀다. 그래서 빨간 모자를 쓰면, 당신은 무엇이 당신을 화나게 하는지, 무엇이 당신을 불편하게 만드는지를 확실하게 말할 기회를 가지는 것이다. 당신의 직감이 당신이 가진 정보에 대해 발언할 기회를 줄 타이밍이다. 또한, 타인의 감정과 필요를 이해하는 데 도움이 될 것이다.

⑤ 노란 모자는 당신에게 논리-긍정적인 측면에 집중하는 방법을 알려준다.

노란 모자는 다른 사람들은 끝이라고 보는 지점에서 가능성을 볼 수 있도록 당신의 눈을 뜨게 해줄 것이다. 이것은 무언가를 건설적이고 긍정적으로 볼 수 있도록 도와준다. 하지만 이 긍정과 열린 마음은 항상 논리에 따라 움직여야 한다.

⑥ 파란 모자는 모든 것을 감싸 안는 색이다.

이것은 언제나 그 자리에 있고, 모든 것을 통제한다. 또한, 안정, 균형, 자기 제어를 전달한다. 여섯 가지 생각 모자 기법을 이야기할 때, 이것은 모든 과정을 제어한다. 우리는 이 기법을 실행하며 파란 모자를 두 번 사용하게 된다. 우선, 파란 모자를 사용해서 어떤 모자를 먼저 쓸 것인지 그리고 어떤 순서로 모자를 쓸 것인지 결정하게 된다. 이것은 우리가 방해를 받거나 어딘가에 갇히지 않도록 해준다.[31]

아이가 어떤 관점에서 문제와 사실을 평가하고, 다양한 사고방식을 통해 생각하고 싶다면 여섯 가지 생각 모자 기법을 사용하라. 좀 더 창의적이고 독창적일 것이다.

아이디어를 향상시키는 질문법, 스캠퍼

스캠퍼Scamper 기법은 일종의 브레인스토밍 기법의 하나로 이 기법을 창안한 오스본ALex Osborn의 체크리스트를 밥 에벌Bob Eberle이 7개의 키워드로 재구성하고 발전시킨 것이다.

사고의 영역을 7개의 키워드로 정해 놓고 이에 맞는 새로운 아이디어를 생성한다. 구체적인 도안을 도출하는 데 유용하다. SCAMPER란 7가지 질문에 있는 핵심 단어의 첫 글자를 따서 S(Substitute; 대체하기), C(Combine; 결합하기), A(Adapt; 응용하기), M(Modify/magnify/minify; 수정·확대·축소하기), P(Put to other use 새로운 용도), E(eliminate 제거하기), R(rearrange-reverse : 재배열하기)만든 약어이다.[32]

①대체하기

기존 시각과는 다른 시각으로의 생각을 유발하기 위해 기존의 것 혹은 상식과 고정관념에 해당하는 것을 전혀 다른 것으로 혹은 새로운 것으로 대체하도록 유도하는 방법이다. 예로 나무젓가락＝젓가락의 재질을 나무로 대체하여 생산한다.

- 다른 성분으로 대치시킬 수는 없을까?
- 장소를 바꾸면 어떻게 될까?
- 이것과 대치할 수 있는 것은 어떤 것들이 있을까?
- 생산 과정을 다르게 변화시키려면 어떻게 해야 할까?

②결합하기

두 가지 이상의 것들을 결합하여 새로운 것을 재창조하기 위한 조합을 찾는 방법이다. 예로 복사기는 복사와 팩스 그리고 스캔 등의 기능이 결합한 제품이다.

- A 아이디어와 B 아이디어를 조합하면 어떨까?
- A의 기능과 B의 기능을 섞어서 새로운 것을 만들 수 없을까?
- A 공연과 B 공연의 콜라보레이션으로 색다른 무대를 연출할 수 없을까?

③응용하기

어떤 것을 다른 분야의 조건이나 목적에 맞게 응용해 볼 수 있도록 생각을 유발하는 방법이다. 예로 NFC 기술을 활용하여 스마트폰으로 대중교통비를 결제할 수 있도록 했다.

- 이 제품의 기능과 비슷한 것은 무엇이 있을까?
- 이 기능은 어떤 아이디어를 시사하는가?
- 이 제품에서 활용할 수 있는 새로운 아이디어는 무엇인가?

④수정 · 확대 · 축소하기

기존의 것의 특성이나 모양 등을 변형(수정·확대·축소)의 과정을 통해 더 나은 새로운 것을 유발하는 방법이다. 예로 여러 음식 조리를 한 번에 할 수 있는 칸막이 프라이팬.

- ◆이 제품의 색상/소리/향/형태를 바꾸면 어떻게 될까?
- ◆이 제품이 시사하는 의미를 다른 시각으로 보려면 어떻게 해야 할까?
- ◆이야기의 구성을 어떻게 수정해야 임펙트가 강한 이야기가 될까?

⑤다르게 활용하기

무언가에게 다른 용도로 사용될 가능성을 생각하는 방법이다. 예로는 앞면은 거울, 뒷면은 다리미판으로 사용할 수 있다.

- ◆기능 중 일부를 수정하여 사용한다면 어떤 용도로 사용될 수 있을까?
- ◆다른 사용 용도는 어떤 것들이 있을까?

⑥제거하기

어떤 것의 일부를 제거해봄으로써 새로운 아이디어를 제시해 보는 방법이다. 자동차의 지붕을 없앤 컨버터블=오픈카, 선을 제거한 블루투스 스피커이다.

- ◆이 제품에 없어도 되는 기능은 어떤 것들이 있을까?
- ◆여기서 없어도 되는 것들은 무엇이며 그로 인해 발생할 수 있는 제약은 무엇일까?

⑦재배열하기

무언가의 순서, 구성, 형식 등을 거꾸로 해보거나 재배열해봄으로써 새로운 아이디어를 얻는 방법(드라마 '미생'에서 장그래가 판을 흔드는 PT를 제안하게 된 계기는 세계지도를 거꾸로 본 시각이다. 거꾸로 본 세계지도는 똑바로 봤을 때와 달리 호주의 영토가 가장 눈에 잘 띄었던 것. 바닥과 뚜껑을 뒤집어 케첩의 양을 조절하기 쉬워짐).

◆좀 더 편리하게 사용하기 위해 A와 B의 위치를 바꾸면 어떨까?
◆이야기에서 원인과 결과를 바꾸면 어떻게 전개되어야 하는가?
◆일의 효율성을 위해 작업기구나 가구를 어떻게 배치해야 할까?

세상의 모든 것은 변한다. 세상에 변하지 않는 것이 없으므로 오늘의 일상이 어제와 똑같이 일어나지 않는다. 더군다나 최근에는 기술과 사회가 빠르게 변화하고 지식과 정보의 습득이 수월해진 대신 불확실성이 증가하여, 이제는 기존의 지식과 경험으로는 해결할 수 없는 것이 많아졌다.

불확실성 시대에 대응할 창의적 방안이 필요하다. 과학자나 예술가들도 관찰의 경험을 늘리고 새로운 시각으로 보기 위해 여행한다고 한다.[33] 아이가 인생의 '가치 설계자'로 살아남기 위해서는 위에서 제시한 낯선 기법도 활용할 줄 알아야 한다. '무엇이 될 수 있는가'라는 질문을 자신에게 자주 하여야 창조적 사고 시스템을 완성할 수 있다.

미래인재를 위한
경영교육

히브리어에는 은퇴라는 단어가 없다
많은 사람이 직장에서 은퇴한 뒤 얼마 가지 않아 사망하는 이유는
대부분 할 일을 잃었기 때문이다. 철학적으로 말하면 더 살아야 할 명분을
상실한 것이다. 우리가 기억해야 할 것은 육체가 늙어 수명을
다하여 죽기보다는 삶의 목적을 상실했기 때문에 죽는 이들이 더 많다는 사실이다.
_《자녀들아, 돈은 이렇게 벌고 이렇게 써라》, 현용수

01.
1인 창업의 시대,
기업가 정신을 키워야 한다

한국은 어떻게 전쟁의 폐허를 극복하고 경제개발 50년 만에 세계 10위권의 경제 대국으로 발전할 수 있었을까? 기업가 정신 1위 국가는 어디인가? 피터 드러커는 이렇게 말한다.

"당연히 한국입니다. 불과 40여 년 전까지 한국에서는 산업이 전혀 존재하지 않았습니다."

미국과 유럽에서 기업가 정신을 삶의 기술 또는 생존 기술로 이해하고 있다. 이는 우리가 삶을 기업가의의 마인드로 살아야 한다는 것을 의미한다. 아이들과 공유하는 기업가적 교사entrepreneurial teacher가 필요하다. 현재 가르치는 사람에겐 미래를 내다보는 능력과 통찰력, 인재를 발굴하고 적재적소에 배치하는 직무능력, 소통능력, 창의성, 등 기업가 정신을 가진 리더십을 요구하고 있다.

기업가 정신, 아이의 가능성에 투자하라

미국학교에서 반영한 지 오래이고, 2011년을 기준으로 EU 국가에서도 기업가 정신 교육을 초등학교 과정에서부터 정규교육에 적용하고 있다. 기업가 정신 교육은 '삶의 기술life skills'로 이해하고 교육한다.

기업가 정신은 '창조적 파괴 과정'으로 1934년 슘페터Schumpeter에 의해 시작되었다. 기업가 정신의 정의와 해석에서 강조하는 내용은 ①자기 주도형 삶의 자세, ②기회의 발견과 포착, ③불확실성의 존재와 한정된 자원 기반의 혁신적 도전, ④위험의 체계적 관리, ⑤창업과 사업화 역량, ⑥조직과 기업의 경영역량, ⑦공유가치 창출 등이라고 할 수 있다.

이를 정리하면, 기업가들에게는 창조적 혁신성을 기초로 한 발명가적 자질과 체계적 전문성을 가진 관리자 자질 모두를 요구한다고 할 수 있다. 스티브 잡스는 사망하기 전, 아이패드와 컴퓨터 기자재 그리고 여러 콘텐츠를 제공하여 미국 공교육이 더 창의적이고 혁신적으로 변화하는데 상당한 기여를 하였다.[1]

한국을 대표하는 기업가 정신 실현 사례는 현대그룹 창업자인 故 정주영 회장이라 할 수 있겠다. 발상의 전환이 뛰어날 뿐만 아니라 도전적인 인물이었다. 그는 1960년대부터 조선업 진출을 준비했다. 당시 국내 조선업계는 중소 조선소만 몇 개 있을 뿐 대형 선박을 만들어 본 경험이나 기술이 전혀 없는 상황이었다. 그는 1970년대 초 조선소 건설 자금 마련을 위해 영국 선박 컨설턴트업체 A&P 애플도어를 찾았다.

롱바텀 회장을 만난 그는 500원짜리 지폐에 그려진 거북선 그림을 보여주며 설득, 추천서를 받았다. 이어 영국 스콧리스고우 조선소와 기술·판매 협약까지 체결했다. 소나무 몇 그루만 있던 울산 미포만 백사장 사진과 스콧리스고우 조선소에서 빌린 유조선 도면만 들고 세계 곳곳에 있는 선주를 만났다.

"당신이 배를 사준다면 이 백사장에 조선소를 짓고 배를 만들어 주겠다."

맨손으로 오늘날의 현대그룹을 일구었다. 또한 '아산나눔재단'은 현재 청년기업가를 육성하기 위해 많은 노력을 기울이는 등 사회기여

활동을 활발히 전개하고 있다.[2]

1인 창조 기업은 무엇인가? 대통령령으로 정한 지식서비스업, 제조업 등에서 창의성과 전문성을 갖춘 1인이 상시 근로자 없이 사업을 영위하는 기업이다. 공동창업자, 공동대표, 공동사업자 등의 형태로 공동으로 사업을 영위하는 자가 5인 미만일 경우에도 1인 창조기업으로 인정하고 있다. 즉, 자신이 가진 아이디어, 지식, 경험, 전문기술 등을 사업화하여 더 창조적인 서비스를 제공하고 이윤을 창출하는 경우 1인 창조기업에 해당한다.

대한민국 창업 포털 K-Startup에 로그인 하면, 창업과 관련된 다양한 회원 서비스를 이용할 수 있다. K-스타트업 정보보호 초기창업기업 육성 프로그램을 활용해도 된다. 스타트업 히어로 선서에 '나는 좋은 습관을 기르고 자신을 잘 돌볼 것이다'라고 다짐한다. 아이가 어릴 때부터 비즈니스사업 아이디어 자체를 특허 출원할 수 있다.

1인 창업기업이든, 몇 명과 함께하는 스타트업이든, 아이가 성장하여 키운 비즈니스 모델은 지속적인 발전과 바로 연결한다. 아이는 모든 것에서 재미를 추구할 기업가다.

현명한 능력모델을 찾아라, '후츠파' 정신

이스라엘은 어떻게 적대적인 아랍국가 내에서 첨단기술 강국으로 발전할 수 있었을까? 이스라엘은 세계적인 스타트업을 가장 많이 가진 나라 중 하나다. 대세 산업인 사이버 보안, 핀테크, 인공지능 등의 분야에 뛰어난 기업이 많다.

인구 800만 명에, 면적은 한국의 경상도 크기에 불과한 이 작은 나라는 어떻게 세계 최고의 스타트업 허브가 됐을까. '창의성 기반 교육'

때문이란 게 한국 창의성학회를 설립한 박남규 회장(서울대 경영대 교수)의 얘기다.

이스라엘 학생들은 어려서부터 창의적 사고 역량을 기를 수 있는 교육을 많이 받는다. 초등학교 수업 시간에 '개와 고양이가 싸우면 누가 이길까'라는 질문을 두고 45분 동안 토론하는 식이다.

한국 창의성학회는 서울대 1학년 학생 40여 명을 대상으로 창의성 진단 검사를 한 바 있다. 객관적 지표인 창의적 사고 역량이 뛰어난 학생들도 주관적 지표인 자존감을 나타내는 점수는 현저히 낮게 나타났다. 창의적 사고 역량 점수는 70~80점대가 나오는데, 자존감 점수는 30점대에 불과한 것이다.

박남규 학회장 인터뷰를 인용하면, "삼성이나 현대차 같은 대기업 관계자들도 공감하는 부분이다. 예전에는 일하다가 혼나면 업무 때문에 혼나나 보다 하고 넘어갔는데, 요즘 신입사원은 혼나면 자존감이 무너져 내려서 다음날 돌연 출근을 안 하는 일까지 벌어진다. '너는 창의적이야'라고 청년들의 자존감을 살려주는 게 시급한 과제가 됐다."[3]

정보통신산업진흥원 윤종록 소장은 저서 ≪후츠파로 일어서라≫에서 창업 국가 이스라엘의 비밀이 '후츠파Chutzpah'정신에 있다고 밝힌다. 오늘날 후츠파 정신은 어려서부터 형식과 권위에 얽매이지 않고, 끊임없이 질문하고 도전하며, 때로는 뻔뻔하면서도 자신의 주장을 당당히 밝히는 이스라엘 인 특유의 도전정신이다.

이 후츠파 정신은 이스라엘의 가정교육에서부터 학교, 친목, 회사 등 사회 전반에 이르기까지 각계각층의 대표적 교육으로 자리 잡고 있다. 이스라엘 창업정신의 근원으로 여겨진다. 우리나라와 달리 이스라엘에서는 많은 젊은이가 취업보다는 창업을 선호한다. 특히 과학

기술을 우대하기 때문에 기술창업을 선호한다.

이스라엘에는 '연쇄 창업가Serial Entrepreneur'라는 말이 있다. 창업에 실패한 기업가들이 다시 창업에 도전하고, 성공한 창업가도 기업을 매각한 후 다시 새로운 아이템을 발굴하고 창업에 도전하기 때문에 생겨난 용어이다. 많은 이스라엘인의 이력서에는 한두 번 이상의 창업 경험이 적혀 있다.

창업 진입과 퇴출이 자유롭고 역동적이다. 이스라엘의 창업 생태계를 제대로 보여주는 단면이기도 하다. 이러한 도전정신과 문화가 바로 이스라엘 고유의 후츠파 정신에서 비롯되었다. 후츠파 정신과 탈무드 교육으로부터 생겨난 창의성이 이스라엘만의 기업가 정신을 만들었다.

후츠파의 일곱 가지 정신을 살펴보면 ①형식 파괴, ②질문의 권리, ③융합, ④위험 감수, ⑤목표 지향, ⑥끈질김, ⑦실패로부터의 교훈 등이다.

이들은 하나의 뚜렷한 목표를 세우고 그 목표를 향하여 역량을 집중했다. 절박함은 이스라엘이 끈길기게 도전하게 만들었다. 이스라엘에서는 실패를 창피해하지 않는다. 배우는 기회라고 생각한다. 이스라엘의 환경은 위기와 부족함의 연속이다. 위기를 발판삼아 더욱 강한 나라가 되는 것이다. 지금 글로벌 창조국가로 거듭난 이스라엘 성장의 원동력이다.[4]

기업가 정신, 리더십과 인재가 필요하다

당나라와 송나라 이래로 중국의 정치인, 사상가, 군사전략가, 성공한 상인들이 늘 곁에 두고서 처세의 지침으로 삼고 있는 필독서가 있다.《반경》에 보이는 조유의 철학적 이념은 만물이 정正과 반反으로 상생하는 데, 그는 이 원칙에 따라서 역사의 사건과 인물의 흥망성쇠를 바라보았다.

이 책에서 그는 덕의 표본인 덕표德表를 제시하였다. 훌륭한 리더는 감동을 주는 리더라고 할 수 있다. 감동시킬 줄 아는 리더는 아랫사람의 충성을 끌어낸다. 조직을 이끌어나갈 때 구성원을 진심으로 이해하고 그들을 바라보는 시선이 따뜻하고 진정성 있는 언어로 대한다.[5]

① 부귀영화를 누린다고 다른 이를 모욕하지 않는다.

② 권세를 등에 업었다고 제멋대로 하지 않는다.

③ 이미 한 약속을 미루지 않는다.

④ 오만무례하거나 안하무인하지 않는다.

⑤ 재능을 뽐내지 않는다.

⑥ 남을 차별하지 않는다.

⑦ 미운 사람을 보복하지 않는다.

⑧ 도덕에 어긋난 것을 취하지 않는다.

⑨ 인의에 어긋나는 것은 접하지 않는다.

리더에게 요구하는 능력은 인재를 보는 안목이 무엇보다 중요하다. 인재도 알아주는 사람이 있어야 능력을 발휘한다. 사람의 유형을 관찰하고 적재·적소·적시에 인재를 쓰는 것도 리더의 역할이다.

인재를 등용하면 장점을 살리고 재능을 크게 써야 한다. 어떤 인재를 발굴하고 등용하느냐에 따라 조직의 미래가 달라진다. 중국 삼국시대 위나라 사람인 유소의《인물지·체별 편》에서 각기 다른 사람 성정 유형을 열두 가지로 분류하였다. 역사상 제왕들의 인재 식별법과

배치법, 그 활용술에 대한 안목과 지혜를 담았다. 인재를 알아보는 방법과 원칙을 알려주고 있다.[6]

①강직한 사람은 지나칠 정도로 고집스러워 다른 사람과 화합하지 못한다. 자신으로 인해 일이 막히고 다른 사람과 부딪히는 것을 경계하지 않는다. 오히려 상대의 유순한 태도를 무조건 비굴하다고 몰아붙인다. 그러므로 이런 사람은 법을 세우는 데는 장점이 되지만 디테일한 일은 함께하기 어렵다.

②유순한 사람은 마음이 느슨하고 결단력이 부족하다. 일이 뜻대로 진행되지 않는데도 남에게 상처를 줄까 봐 자기주장을 제대로 못한다. 이런 경우 주어진 일에는 따라갈 수 있지만, 결단을 내리는 일은 맡기기 힘들다.

③용감하고 사나운 사람은 기세가 강해서 자칫 무모한 경향이 있다. 그래서 더불어 어려움을 극복할 수는 있어도 일상을 도모하기는 쉽지 않다.

④겁이 많고 신중한 사람은 생각이 너무 많아서 어떤 일을 하더라도 망설임이 많다. 안전한 것을 선호하기 때문에 절개와 의리를 도모하는 일은 어렵다.

⑤지나치게 올곧은 사람은 자기 생각만 옳다고 여기고 아집도 강해서 다른 사람의 의견은 수용하지 못한다. 자신이 인정하는 범위에서 바른 것을 바르다고 할 수 있지만 많은 사람과 함께하는 일은 어렵다.

⑥말솜씨가 좋고 박식한 사람은 종종 말이 실제를 넘어선다. 말의 무게가 가벼워서 이야기를 나누기는 좋지만 중요한 약속을 하기는 어렵다.

⑦마음이 넓고 사교성이 좋은 사람은 깊이 있는 교제를 하기는 힘들다. 대중을 위로하는 일은 잘하지만 진중한 대화나 약속은 어렵다.

⑧자기 자신은 보존 하면서 세상일의 좋고 나쁨을 모두 지적하고 비난하는 사람은 대체로 편협하다. 옳은 일은 마땅히 지킬 수 있지만, 변화에 대응하기는 어렵다.

⑨행동이 대범하고 진취적인 사람은 차분함보다는 과감함에 가까운 성향이다. 이런 사람은 앞장서서 일을 추진해 나갈 수는 있지만, 뒤에서 일을 받쳐주거나 마무리하는 일이 약하다.

⑩침착하고 차분한 사람은 생각이 많아 일이 지연되는 경향이 있다. 이런 경우 빨리 판단해야 하는 속성의 일은 함께하기 어렵다.

⑪순박하고 진솔한 사람은 가식 없고 순수하지만 때로 경솔하게 보일 수도 있다. 신의를 지키는 일은 가능하지만, 기밀을 요구하는 일은 함께하기 힘들다.

⑫속내를 감추고 남을 잘 속이는 사람은 다른 사람에게 환심은 잘 사지만 진정성이 없다. 그러므로 이런 사람과는 그릇된 일을 바로잡기는 어렵다.

혼란한 시대일수록 기업가 정신은 더욱더 요구한다. 아이에게 다른 사람들이 본받을 만한 긍정적인 사례를 만들어 주는 일은 무엇보다 중요하다.

미래인재 모든 것

02.
남이 안 하는 것을
하고 있어야 성공할 기회가 생긴다

코로나19의 대유행은 일하는 방식의 변화를 불러왔다. 이제 비대면 중심의 스마트워크 업무처리 방식은 뉴노멀이 됐다. 그러나 여전히 뉴노멀에 적응하지 못한 기업은 혼란을 겪고 있는 것도 사실이다. 4차 산업혁명 시대에는 방대한 데이터를 이해하고 활용할 줄 아는 능력이 절실하다.

"처음 겪는 새로운 상황에서 경험을 통해 배우고, 그렇게 배운 것을 성과 창출에 적용하려고 하는 의지와 능력이다."

중요한 것은 새로운 것을 학습하는 능력이다. 가장 중요한 것은 아무리 여러 가지 지식과 경험이 있어도 머릿속에만 담고 있으면 아무런 쓸모가 없다. 학습 민첩성이 높은 사람은 실패해도 좀처럼 포기하지 않는다.

모두가 안 하는 것을 하라

세계를 선도하는 컨설턴트 기관 〈맥킨지〉가 2011년에 낸 보고서에 이미 최근 2년간 스마트폰을 통해 오고 간 데이터의 총량이 인류 역사 전체를 통해 축적된 데이터만큼 많다고 했다. 경험이 아무리 많아도 쏟아지는 데이터를 활용할 줄 모른다면 사회 초년생과 같다.

반대로 직장 경력이 5년밖에 안 되더라도 데이터를 자유자재로 모으고, 분석하고, 활용할 수 있다면 얼마든지 비즈니스 가치를 창출할 수 있다. 짧은 시간 내에 수조 원 이상의 기업 가치를 가진 실리콘밸리 창업자, CEO 대부분이 20~30대에 성공했다. 비즈니스를 성공시키는 필수요소 2가지는 기본으로 알아두자.[7]

①데이터 시각화

그래프, 차트, 인포그래픽 등 직관적이고 효과적인 방식으로 데이터를 표현한다. 방대한 데이터에서 빠르게 특징적인 패턴이나 특이사항을 추출한다. 변수의 추이에 따라 결괏값이 시계열적으로 바뀌어 표현하도록 프로그래밍한다.

②데이터 기획

다양한 데이터 간의 관계를 유추하고 분석, 활용방법을 도출한다. 자료를 수집, 관리, 분석하는 일련의 과정을 계획, 실행, 개선한다.

아이에게 전문 관심 분야를 만들어 주자. 아이들이 다양한 분야에 관심을 갖게 해주는 것과 동시에 또 하나 중요한 점은 전문 분야를 깊이 있게 경험하게 하는 것이다. 다방면에 두루 관심이 있으면서도 한 분야에 대해 전문성을 지닌 사람을 T자형 인재라고 한다.

유아 영재 중에는 우주나 공룡, 자동차, 역사 등에 심취한 아이가 많다. 공룡 미니어처를 모으고 공룡 책을 읽고 공룡 놀이만 하는 아이가 있다. 또한, 바퀴 달린 차가 나오는 책은 모두 사달라고 하고 장난감 자동차를 종류별로 모으는 아이도 있다. 한 분야를 깊이 파고 들다 보면 지식을 연결하고 정리하는 법을 배우게 된다.

즉, 전문가가 되는 것이다. 지식이 많아지면 기억을 잘하게 될 뿐 아니라 분류, 추론 같은 고차적인 사고력도 함께 발달한다. 자동차를 좋아하고 다양한 자동차의 이름을 외우는 아이는 점차 자동차를 서로

비교하고 종류, 기능에 따라 분류할 수 있게 된다.[8]

아이에게 플랫폼의 생태계를 쉽게 설명하는 유튜브 동영상을 제공하자. 좋은 플랫폼을 만들면 알고리즘을 지배하고, 데이터를 갖게 되고, 부를 좌우할 수 있게 한다. 그런데 이런 플랫폼을 설계하려면 무엇보다 큰 그림을 그리는 능력이 필수다. 여러 가지 아이디어를 연결해서 기존에 존재하지 않는 솔루션이나 비즈니스를 만들어내는 통찰력이 필요하다.

실리콘밸리에서 많이 하는 말 중 하나는, 제품 말고 플랫폼을 만들라이다. 플랫폼의 우리식 표현은 발판이며 플랫폼의 의미는 다른 곳에 진출하기 위해 이용하는 수단이다. 인터넷 서비스 플랫폼은 구글, 네이버, 카카오톡, 페이스북, G마켓 등이 있다.

제품과 플랫폼을 비교해보자. 우선, 하나의 제품을 만들어 팔면 그것으로 거래가 끝난다. 돈이 되려면 제품을 끊임없이 만들어야 한다. 그 사이에 경쟁사가 모방하며 따라오기 때문에 제품 주기가 짧다. 플랫폼은 활용과 거래를 반복하면서 가치를 창출한다. 잘 만든 플랫폼은 고객, 사용자, 파트너들을 자발적으로 거래에 참여하게 하여 완성도를 높인다.[9]

학습 민첩성Learning Agility이 뛰어난 사람들

4차 산업혁명 시대에는 방대한 데이터를 이해하고 활용할 줄 아는 능력이 절실하다. 인재 육성 방안도 변화에 맞춰 달라져야 한다. '데이터 리터러시(해독능력)'와 새로운 것을 빠르게 학습하는 학습 민첩성을 기를 수 있는 새로운 인재 교육방식이 필요하다.

이제 4차 산업혁명을 새로운 성장기회로 보기도 한다. 이민화 한국

과학기술연구원 교수는 4차 산업혁명이 단순한 기술이 아닌 온라인 세계와 오프라인 세계가 만나는 혁명이라고 주장한다. 미래를 준비하는 교육 패러다임을 콘텐츠What와 방법How 측면에서 다시 설계해야 한다.

데이터를 활용할 수 있는 직장인과 그렇지 못한 직장인 사이에는 마치 대학원생과 초등학생 같은 업무 차이가 생긴다. 가면 갈수록 직장인의 업무에서 데이터를 다루는 일의 비중이 높아질 것이기 때문에 데이터 문맹자들은 좋은 평가를 받거나 승진할 가능성이 낮다. 더 늦기 전에 재교육해야 하는 이유다.

우수 글로벌 기업에서 높은 성과를 달성한 분야별 리더 수백 명을 대상으로 심층 면접했다. 성공적인 리더의 공통 특성을 도출하여 인재 육성 모델을 개발하기 위해서였다. 공통으로 나타난 특성은 학습 민첩성이었다. 학습 민첩성이 뛰어난 사람이 공통으로 다음과 같은 행동을 보였다.[10]

◆끊임없이 새로운 것에 도전한다.

◆직접적인 피드백을 구한다.

◆처음 경험하는 상황에서도 비판적으로 사고한다.

◆다양한 사람과 잘 어울리며 일한다.

◆변화하는 상황에서도 자신의 임무를 성공적으로 수행한다.

미국에 창조 리더십 센터Center for Creative Leader-ship : CCL라는 기관이 있다. 이 센터의 연구진은 성공한 임원과 실패한 임원을 비교하여 성공의 핵심 요소를 찾고자 했다. 연구 결과, 지속적으로 승진한 임원은 새로운 기술과 사고방식을 학습하여 변화에 빠르게 적응했다. 중도에 탈락한 임원은 변화가 필요한 상황에서도 경직된 사고와 행동을 고집했다.[11]

미래인재 모든 것

현 시대는 지식의 양은 감당할 수 없을 정도로 많아지고, 대학에서 배운 것과 관계없이 직장에서 거의 모든 것을 새로 배워야 하며 어제까지 알고 있던 것이 더 쓸모없어지는 경우가 상당하다.

4차 산업혁명 시대 인재상의 첫 번째 요소는 바로 학습 민첩성이다. 학습 민첩성은 단순히 '공부 잘한다'라는 의미와는 전혀 다르다. 경험을 통해 배우는 사람은 일하거나 공부할 때 시키지 않아도 스스로 계획을 세워 시도한다. 선생님이 가르쳐주고 책에 씌어 있다고 해서 그대로 믿는 것이 아니라 직접 자신이 시도하고 실패하면서 배운다는 의미다.

학습 민첩성이 높은 사람들은 실패해도 좀처럼 포기하지 않는다.[12] 아이가 실패하더라도 최소한 배운 것은 있다고 긍정적으로 생각하게 해주어야 한다.

스마트워크 시대가 원하는 능력 모델

스마트폰, 태블릿PC, 노트북 등 다양한 기기를 통해 언제 어디서나 원하기만 하면 필요한 정보를 불러 업무를 볼 수 있다. 직원이 어디에 있는가는 중요하지 않다. 얼마나 효율적으로 업무를 수행하고 새로운 아이디어를 낼 수 있느냐가 중요하다.

스마트워크 분야에 있어 가장 앞선 나라는 네덜란드다. 일하는 방식의 변화나 본질적인 태도에 관해서는 유럽에서 벤치마킹할 요소가 많다. 네덜란드는 전체 기업 가운데 약 50%가 원격근무 제도를 시행하고 있고, 암스테르담 주변에서만 100여 개의 스마트워크센터를 운영하고 있다.

일본 역시 지난해 말까지 전체 근로자의 15% 이상이 원격근무를 하는 것으로 파악하고 있다. 영국 BT 그룹(영국 통신사)은 스마트워크 도입으로 연간 약 9억5천만 달러의 비용 절감 효과를 거뒀다. 직원 병가 비율은 63% 줄었고 원격근무자의 업무 생산성은 사무실 근무자보다 20~60% 높았다.

IBM은 원격근무 제도는 물론 싱크플레이스Thinkplace란 제도를 운용해 성과를 내고 있다. 이는 전 세계 직원들의 아이디어와 지식을 공유하는 온라인 공간이다. 집단지성을 활용하는 좋은 사례다. 3M, 구글 등은 업무 시간의 20%는 자신이 하고 싶은 프로젝트를 자유롭게 진행할 수 있도록 지원하고 있다.

이 같은 트렌드에 발맞춰 우리나라도 최근 스마트워크를 확산시키기 위한 다양한 움직임을 보이고 있다.[13]

스마트워크 시대에는 과연 어떤 인재가 평가를 받게 될까. 독일 출신 언론인이자 작가인 마르쿠스 알베르스는 다양한 분야의 사람과 협력하면서 언제 어디서나 자유롭게 일하는 'e-프리워커'가 부상할 것이라고 예견한다.

그의 저서 '스마트 워킹SMART WORKING에서 'e-프리워커'는 정규직의 혜택을 그대로 누리면서도 훨씬 유연하고 자유롭게 근무한다. 일주일에 몇 시간 근무하면 일정한 급여를 받는 것이 아니라 창의와 아이디어를 기반으로 자유롭게 근무하면서 성과를 내는 질 위주의 업무를 수행한다.

무엇보다 중요한 것은 자신이 하는 일을 즐기고 몰입할 수 있어야 한다. 스마트워크 환경에서는 일과 놀이가 각기 별개가 아니라 하나가 되기 때문이다. 구글은 직원들이 빈둥거리면서 노는 시간까지 일하는 시간으로 인정한다. 재미를 찾는 가운데에 번뜩이는 아이디어와

미래인재 모든 것

창의가 나온다는 것을 알기 때문이다. 실제로 구글의 새로운 서비스는 직원들이 재미 삼아 추진한 프로젝트를 바탕으로 한 것이 많다. 스마트워크는 일회성 유행이 아니라 시대적 추세이다.[14]

최근 미국에서는 자기조절 능력이 향후 학업 성취도에 매우 중요한 역할을 한다는 연구 결과가 발표했다. 이들 연구에 따르면 자기조절 능력은 뇌의 앞부분인 전두엽이 발달하면서 생기는데 만 3~8세 사이에 발달한다. 따라서 일상생활 속에서 자연스럽게 아이의 자기조절 능력을 키워주는 놀이를 하는 게 좋다. 소꿉장난 같은 역할놀이를 통해 상대방의 역할을 대신 해보게 하거나 OX로 답을 맞추는 간단한 퀴즈를 통해 집중력을 길러주어야 한다.[15]

게임 놀이는 순서나 규칙에 대해 이해하는 능력을 발달시킨다, 아이가 스마트워크 시대에 필요한 인재상이 되기 위해서는 온라인에서 커뮤니케이션하는 방법을 알아야 한다. 협업과 놀이를 통한 학습능력 개발 프로그램을 배워 주의력과 집중력을 향상시켜줘야 한다.

03.
실리콘밸리 도전자들의 경영철학을 모방하라

사마천의 《사기》는 춘추전국시대의 치열했던 시대를 기록한 최초의 역사서이다. 그 중 〈화식열전貨殖列傳〉은 129권에 나오는 내용으로 돈을 다룬다. 군자가 부유해지면 그 부유함의 덕을 베풀기를 좋아하고, 소인이 부유해지면 자기의 수준에 맞게 행동한다.

투자계의 거목 앙드레 코스탈라니와 사마천의 〈화식열전〉은 보통 현명하게 투자하면 이윤의 형태로 들어온다는 것을 가르친다. 이때 고용주에게 노동력을 제공하는 대신 돈을 버는 방법을 찾아야 하고, 돈도 알며 세상도 아는 사람 간의 이치를 배워야 한다. 부자가 되고 싶은 사람은 돈을 담을 수 있는 그릇부터 키워야 한다.

실리콘밸리의 도전자 미미박스MEMEBOX

옛말에 '군자는 재물을 사랑하나 취할 적엔 도가 있고, 사용할 적에도 도가 있다'라고 했다. 돈이란 합리적으로 사용해야 그 가치가 더 커진다. 돈 자체에는 무슨 힘이 있다고 할 수 없지만 잘 제어하고 활용한다면 큰 힘을 만든다. 돈이 많을수록 잠재된 역량 또한 더 커진다.

미미박스는 각종 뷰티 브랜드와 프로모션을 진행하며 코스메틱에 관심이 있는 사람에게 많은 사랑을 받는 뷰티 커머스 플랫폼이다. 최근, 미미박스가 미국의 경영 매거진 패스트컴퍼니가 발표한 '2019 세계에서 가장 혁신적인 기업'에서 뷰티 부문 TOP 10안에 선정되며 세계적으로 주목받고 있다.

단돈 800만 원으로 시작한 작은 기업 미미박스가 국내외에서 많은 인기를 얻고, 더 나아가 '2019 세계에서 가장 혁신적인 기업'부문에서 TOP 10안에 선정될 수 있었던 이유는 무엇일까?

미미박스는 중저가 브랜드와 구분 없이 다양한 브랜드들을 커머스 안에 입점시키며 많은 고객층을 유입하여 유지할 수 있었다. 실제로 미미박스에는 앞서 언급한 '겔랑', '나스', '몽블랑'은 물론 '바비브라운', '버버리', '크리스찬 디올' 등 많은 고가의 브랜드를 보유하고 있다. 2012년 브랜드를 런칭함과 동시에 미미박스는 구독 서비스를 함께 진행했다.

구독 서비스는 박스에 최근 출시된 화장품들만을 모아 정기 금액을 낸 고객에게 큐레이션을 통해 상품을 제공해주는 서비스이다. 신제품을 한 번에 체험해 볼 수 있다는 점에서 고객들에게 큰 사랑을 받고 있다.

2014년도 첫 시작과 함께 가장 큰 화장품 시장을 보유하고 있는 미국과 손을 잡으며 단기간 성장함과 동시에 미미박스는 글로벌 뷰티 커머스 플랫폼으로 도약하는데 성공할 수 있었다. 무궁무진한 성장 가능성을 지니며 미국, 중국, 동남아 지역의 코스메틱 시장에 진출했다. 2019년 53개의 투자사로부터 투자 받은 금액은 총 2,168억 원이다.

하형석 대표의 인터뷰 내용이다.

"미국 오피스는 미미박스의 전진기지이다. 이곳에서 기술 부문을 더 키우는 데 집중하고 있다. 화장품, 바이오 등 한국이 잘할 수 있는 분야에서 글로벌 스타트업이 되는 것은 의미 있는 일이라고 생각한다. 회사 공식 언어는 영어다. 2주에 한 번씩 유튜브로 타운홀 미팅을 하는데, 영어로 진행한다. 글로벌 팀 문화를 만들려고 노력하고 있다."

플랫폼 운영 부분에 AI 전문 인력을 채용했다. AI가 메이크업 제품의 색상을 찾아내고 제품 관련 영상을 웹에서 자동으로 끌어오는 방법이다. 그는 한국에서 사업 기반을 다졌고, 글로벌 진출이란 꿈을 갖고 있다. 다른 회사가 한 국가에 머물며 높은 빌딩 지을 때 도전하는 열정으로 5개국에 진출했다. 실리콘밸리에 있으면서 생각의 폭을 넓히고 멘토를 만나 조언을 들었다.

"한국인만 한국인의 장점을 모르고 있다. 한국인의 모습을 적극적으로 보여줬을 때 잘 이루어진다"

그는 한국인이 가진 DNA는 강하다는 것을 실감한다고 했다.[16]

실리콘밸리의 도전자 '에누마Enuma'

모든 경쟁력의 핵심은 생각이다. 생각은 당신의 창의력을 자극하고 행동을 이끌며 성공 여부를 결정한다. 지금 당신의 상황을 바꾸고 더 발전하기 원한다면 부자처럼 생각해야 한다. 랍비는 유대교의 율법 스승으로, 지혜로운 자의 대명사다. 그들의 말처럼 지혜로운 사람은 재물의 가치를 알기에 부자가 되려고 노력한다.

2019년, 대한민국 스타트업 업계의 자신감을 높여주는 사건이 하나 있었다. 테슬라 CEO 일론 머스크가 후원하는 엑스프라이즈 재단의 전 세계 아동 문맹 퇴치를 위한 소프트웨어 경진대회 글로벌 러닝 엑스프라이즈XPRIZE에서 40개국 700여 팀이 경쟁하여 한국인 최초 우승자(공동 우승)가 나왔다.

주인공은 바로 에누마의 이수인 대표다.

글로벌 러닝 엑스프라이즈는 전 세계 2억 5천만 명에 이르는 문맹 아동에게 기초 학습을 가르치기 위한 디지털 학습 해결책을 제시한다는 목표로 개최했다. 2014년에 개최하여 개발도상국의 아이들이 태블릿 기기를 사용해서 스스로 읽기, 쓰기, 셈하기를 익힐 수 있도록 하는 소프트웨어를 개발하는 것이다.

에누마에게 우승의 영광을 가져다준 서비스는 '킷킷스쿨'이라는 모바일 학습 어플리케이션이다. 에누마가 이러한 성과를 낼 수 있었던 배경에는, '킷킷스쿨' 이전에 만들었던 '토도수학'이라는 어플리케이션이 있었다.

2013년 6월 출시한 학습 앱 '토도수학'이 미국, 중국 등 세계 20개 국 애플 앱스토어 교육 부문 1위에 오르며 주목을 받았고, 1,300여 개 미국 초등학교가 토도수학을 수업 교재로 활용할 정도로 교육계에서 도 인정받고 있었다.

K9벤처스, 탈 에듀케이션 그룹, 소프트뱅크벤처스 등 글로벌 투자 업체로부터 유치한 누적 투자금액은 57억 원. 교육 소프트웨어를 통 해 더 나은 세상 만들기에 도전하고 있다. 그녀는 아이를 출산하여 자 폐 판정을 받았다. 부모로서 자폐 판정을 받은 아이의 행복을 위해 다 양한 학습 모델을 조사하였다.

아이들을 대상으로 한 교육 인프라가 너무 열악하다는 것을 알게 되었다. 남편과 함께 게임산업에서 쌓은 노하우로 낮은 학습력을 가 진 아이들을 위해 사용하기로 하였다.

"이곳에서 큰 꿈이라고 하면 내가 잘 먹고 잘사는 정도가 아니라 세상을 바꾸는 것이다. 내 경우에 장애 아동을 돕는 앱, 장애 아동과 일반아동이 같이 쓸 수 있는 앱, 정말 훌륭한 교육 소프트웨어, 문맹 해결로 계속 꿈이 커졌다. 난 핸디캡을 많이 안고 시작했다. 사업을 할 만한 지식이 없었고, 영어를 못했고, 은행 계좌가 없었을 정도로 미국 법이나 제도도 몰랐다. 아픈 아이가 있는 엄마였다."

자폐아 아이를 둔 엄마로서 한국인의 핸디캡을 극복하고 실리콘밸 리에 진출하여 주변 사람과 투자자의 긍정적인 피드백을 받았다.

"왜 성공 못 해? 넌 좋은 스토리를 갖고 있어. 의지가 더 강하겠네."

그녀는 한국에서 받은 부정적인 시선을 멀리하고 소외된 아이들에 게 '킷킷스쿨'앱을 만들어 주었다. '장애가 아니라 가난이 교육 격차를

만든다'라는 현실에 개발도상국 문맹의 아이들에게 글과 소리를 연결해주는 디지털학습을 도전하였다.[17]

실리콘밸리의 도전자 타파스 미디어Tapas Media

사마천의 〈화식열전〉을 한 문장으로 요약하면 '교자유여 졸자부족巧者有餘 拙者不足'이다. 즉, 세상의 이치를 알면 여유롭게 살고, 세상의 이치를 모르면 부족하게 산다이다. 세상의 이치에 어두운 졸자(拙者,용렬한 사람)는 어떤 잘못을 환경이나 대상으로 돌린다. 그래서 환경을 바꾸려 하고, 대상을 가르치고 훈계하려 한다. 반면에 세상의 이치를 아는 교자(기예가 교묘한 사람)는 자기 자신의 경험과 학식을 문제 삼고, 자신을 변화하려 한다. 이런 사람은 교자 중에서도 격이 다른 사람이다. 격이 다르다는 것은 세상과 자연과 물질과 인간을 보는 관점이 다른 사람이다.[18]

타파스는 한국의 카카오페이지 같은 웹툰·웹 소설 플랫폼이다. 2013년 서비스를 시작한 타파스 미디어는 5년 만에 현지 작가 3만 명이 가입한 웹툰 플랫폼으로 성장했다. 콘텐츠 누적 조회 수는 30억 뷰. 타파스 미디어가 SK플래닛, 500스타트업, 스트롱벤처스, SBI인베스트먼트, 카카오 등으로부터 투자받은 금액은 115억 원에 이른다.

김 대표는 노정석 리얼리티 리플렉션 최고전략책임자CSO가 2005년 창업한 블로그 서비스업체 태터앤컴퍼니의 공동 대표를 지낸 것으로도 유명하다. 구글이 2008년 태터앤컴퍼니를 인수한 후엔 구글 본사에서 4년가량 프로덕트 매니저로 일하기도 했다.

"지식재산권IP 개발에 집중하고 있어서 작품 수는 계속 늘어날 거다. 미국 에이전시나 출판사들이 우리 콘텐츠를 관심 있게 보고 있다.

미래인재 모든 것

미팅도 많이 한다. 한국에선 웹툰에서 시작해 드라마, 영화까지 성공한 사례가 많다. 미국에서도 웹툰 기반 IP 산업이 꽃필 것으로 기대한다. 신규 작가 발굴 등 플랫폼 사업을 계속하고 있다. 만화 시장 규모는 미국 시장이 1조 원, 전 세계 10조 원 수준인데, 웹툰의 경우 최소한으로 잡아도 이보다 클 것으로 보고 있다. 현재 한국 웹툰 시장 규모가 1조 원 수준이다. K스토리도 인기 있다."

그의 경영철학 인터뷰를 인용하면, '콘텐츠 사업인 만큼 작가 중심을 모토로 내세우고 있다. 좋은 IP는 좋은 작가에서 나오기 때문이다. 우리는 IP 소유권을 작가와 50대 50으로 나눈다. 한배를 타는 구조다. 작가를 발굴한 이후에도 좋은 관계를 유지하려 노력하고 있다. 작가를 지나치게 의존하거나 반대로 플랫폼에 치우치지 않도록 신경 쓰는 편이다'라고 했다.

그는 창업 직전 구글에서 일하면서 자연스럽게 실리콘밸리에 머물렀다. 그곳의 가장 큰 장점은 '인재와 자본이 몰린다는 것이다. 특히 기술적 측면에서 볼 때 이쪽에 거점을 두는 게 유리하다'라고 한다. 게임 회사와 협력을 많이 하고 미팅을 자주한다. 근처에 모바일 게임 회사가 아주 많다. 좋은 투자자들도 많아 네트워킹이 쉽다. 이점을 못 살리면 여기에 있을 이유가 없다. 특히 창업을 모색하는 사람들, 시작해보려는 사람에게 아주 좋은 환경이다.

예비 창업자를 위해 이렇게 조언을 한다. '돈을 많이 번 사람보다 해보고 싶은 걸 다 해본 사람이 죽을 때 후회가 없을 것 같다. 인생을 경험에 최적화해 보라'라고 한다. 내가 하고 싶은 일이 무엇인지 발견하고 그 일을 해보는 것이 중요하다. 그의 목표는 IP 생산자를 위한 유튜브가 되자는 것이다.[19]

사마천의 〈화식열전〉에서는 '기체상태의 돈'은 착한 일을 하면 부자가 될 돈이 들어오고, 좋은 일을 하면 돈을 벌 수 있는 돈이 들어오고, 다른 사람을 도우면 성공한 돈이 들어온다. 밖을 보는 것보다 안을 보고, 가까이 보다는 멀리 보고, 아래 보다는 위를 보라 한다. 그러면 남의 눈에는 안 보이지만 돈의 길이 보이고, 장사의 길이 보인다. 큰 그릇은 더 많은 것을 채울 수 있다. 사고력을 키우는 것은 사고의 내용을 담을 수 있는 그릇이 커야 한다.[20] 돈은 끊임없이 채움과 비움을 반복한다. 그것을 아는 사람이 세상의 이치를 알고 활용하는 교자巧者라고 사마천은 말한다.

04.
사람들의 니즈를
귀신같이 찾고 해결하는 기업가로 키워라

지금 이 시대에 필요한 인재는 누구일까? 데이터를 분석하여 가치를 만드는 데이터 사이언티스트, 자기관리 경영을 할 줄 아는 리더, 금융경제 교육을 실행하는 부모 등 사람들의 위기를 극복해주는 인재가 필요하다.

명탐정 셜록홈즈는 데이터 사이언티스트
데이터라고 하면 엔지니어나 금융회사 직원에게만 필요한 것으로

미래인재 모든 것

생각하기 쉽다. 20세기까지는 그랬을지 몰라도 지금은 아니다. 데이터 리터러시는 마치 글을 읽고 말하는 것처럼 모든 사람에게 필요한 능력이다.

데이터 활용을 통해 새로운 가치를 만들어낸 사례는 무수하다. 2012~2013년 겨울 미국에서 치명적인 계절성 독감으로 사망자가 100명을 넘기면서 비상사태가 선포됐을 때 구글은 '검색어' 데이터 분석을 바탕으로 보건당국보다 1~2주 앞서 독감 이동 경로를 예측해냈다. 요즘은 페이스북이나 인스타그램 트래픽 분석을 통해 광고비를 거의 쓰지 않고도 타깃 소비자층을 공략하는 기법이 일반화되고 있다.[21]

100년 넘게 독자들의 사랑을 받는 아서 코난 도일의 추리소설《명탐정 셜록홈즈 시리즈》는 창의적인 아이디어가 더해진 데이터 거인의 스토리이다.

데이터에서 의미를 찾지 못하면 숫자에 불과하다. 아무리 대단한 데이터라도 통찰할 수 있는 분석능력이 더해질 때 빛을 발한다. 데이터가 의미를 주는 장점은 일상생활에서 개선방안과 비용 절감을 챙겨주는 순간이다. 아무 생각이 없는 사람에게 빅데이터는 도움이 될 수 없다. 내용 있는 데이터 분석을 통해 학습을 돕는 인공지능 도우미로 활용해야 한다.

데이터 과학data science이란, 데이터 마이닝Data Mining과 유사하게 정형, 비정형 형태를 포함한 다양한 데이터로부터 지식과 인사이트를 추출하는데 과학적 방법론, 프로세스, 알고리즘, 시스템을 동원하는 융합 분야다.[22]

데이터 저장 및 처리 기술이 급속도로 발전하며 이를 분석하는 데이터 사이언티스트라는 직업이 많은 사람의 주목을 받고 있다. 데이터 사이언스가 되는 방법을 찾아보고 유용한 팁을 살펴보자.

데이터 사이언티스트가 되기 위한 방법은 다양하다. 이직, 대학원 진학, 개인 프로젝트 진행, 창업, 꾸준한 학습 등 여러 방법이 있겠지만, 모두 상당한 리스크가 존재함으로 심사숙고해야 한다. 반면 현재 소속된 회사에서 새로운 직무, 직군에 편성되는 것은 비교적 안전하고 쉬운 방법이다. (예시: LG전자 - 사내 해외 대학 위탁 교육 프로그램, LG전자-KAIST 인공지능 고급과정 등)

데이터 사이언티스트도 끊임없는 연구 및 학습은 필수 조건이다. 앞에서 언급했던 방향 잡기에 대한 정답은 끊임없는 학습과 노력 끝에 찾을 수 있다. 구체적인 커리어 및 학습을 위한 방법들을 살펴보자. 다양한 업무 도메인을 미리 경험함으로써 본인이 가고자 하는 범위를 세부적으로 파악할 수 있다. 학습과 커리어에 집중하기 쉬워진다.

'Notebooks 게시판'에 다른 참여자들의 해결 기법 및 인사이트를 얻을 수 있다. 토론Discussion에서 질의응답 내용을 읽어보며 파악할 수 있다)23

① 캐글(가장 유명한 데이터 과학경진대회 플랫폼) 등 데이터 과학경진 대회 참여한다. 문화·관광 빅데이터 분석대회, 데이터 사이언스 경진대회, 인공지능 R&D 그랜드 챌린지 대회-과학기술정보통신부, Samsung AI Challenge 2018, 네이버 Data Science Competition 2019, 카카오 아레나, 빅 콘테스트-한국정보통신진흥협회, 날씨 빅데이터 콘테스트-기상청, 디지털 헬스 해커톤-삼성융합의과학원.

② 외주 및 프리랜서 플랫폼 활용(크몽, 재능 넷, 오투잡, 위시캣, 프리모아 등)

③논문 활용(지역 도서관 사이트 DB피아, 구글 스칼라, 대학 도서관 포털, SCI-HUB 사이트, 검색하여 본다. 국내저널(지능정보연구, 한국경영과학회지) 해외저널(IEEE Access, IEEE Transactions on Big Data, Information Systems Research /참고로 데이터 사이언스 관련 해외 학회에서 정보 검색 가능함)

④특허(《나는 특허로 평생 월급 받는다》,《실전으로 배우는 발명·특허》)

⑤자격증(빅데이터 분석 기사, Google Certificate for ML, Google Cloud Certified Professional Data Engineer, 한국산업인력공단 – 사회조사 분석사, 데이터산업진흥원 – ADP, 한국경제 – 경영 빅데이터 분석사 등)

⑥온라인 교육(쿄세라, 패스트캠퍼스, 인프런, DS 스쿨, 인사이트 캠퍼스, 탈잉, 무크)

데이터 사이언티스트도 끊임없는 연구 및 학습은 필수 조건이다.

롤모델을 설정하고 방향을 설정한다.(링크드인에서 유명 데이터 사이언티스트를 수시로 검색한 후 커리어에서 힌트를 얻는 방법이 가장 실용적임)

피터 드러커에게 경영·매니저먼트 수업을 배워라

DMPDrucker Management Path과정은 2010년 미 클레어몽트 피터 드러커 경영대학원의 〈Drucker Institute〉가 피터 드러커의 경영철학과 이론을 전 세계에 확산시키고자 개발한 교육프로그램으로써 자기관리, 팀관리, 기회를 통한 혁신 세개 과정을 개설했다.

자기관리 과정은 나는 누구인가? 나의 강점을 어떻게 발견하고 개발할 것인가? 나는 어떻게 성과를 낼 것인가? 등에 대한 답변을 스스로 찾도록 유도한다. 시간 관리, 효과적인 의사결정, 일의 우선순위 설정

등 성공하는 리더가 알아야 할 자기관리 원칙 및 방법론을 살펴보자.[24]

◆모듈 1. 나는 누구인가?

'자신의 강점을 파악하고 자신감있게 이를 개발하려는 의지를 보이는 것이다. 성공하는 리더의 기본이다'라는 피터 드러커의 철학에 근거한다. 학습자는 자신의 강점을 발견하고 이를 효과적으로 활용하는 방법을 알아본다.

◆모듈 2. 성공하는 리더의 자기경영원칙.

효과적으로 시간을 활용하는 방법과 일의 우선순위를 설정한다. 성과를 창출하는 지식근로자로서 또는 조직의 리더로서 지켜야 할 효과적 의사결정 7단계를 학습하며 이를 구체화하기 위한 실천과제를 도출한다.

◆모듈 3. 목표관리와 자기통제

자신의 목표와 상사의 목표를 확인하고 목표 달성을 위해 필요한 여러 이슈를 검토한다. 이를 업무에 적용하기 위한 실천적 방법론을 만든다.

자신의 목표를 달성하기 위해 체계적인 관리는 중요하다. 자신이 하는 일의 필요성, 가능성을 재검토하고, 자신을 경영하는 방법을 살펴보자. 자신의 강점을 발견하지 못했다고 실망할 필요는 없다. 다른 사람은 알고 있는데 자신만 모르는 강점도 많다. 단점이 없는 무난한 사람보다 장단점을 가진 사람이 낫다. 자신의 강점을 가지고 영역에 대한 전문성을 바탕으로, 자신의 결과물이 어떻게 사용되는지 살펴보자. 주변 사람과 협력할 수 있는 능력과 관점만 있으면 된다. 계획, 활동, 과업을 정기적으로 점검하자. 필요성을 재확인하자. 필요 없는 일은 그만둔다. 소수의 중요한 과업에만 집중하자.

자신이 리더라면 그 사람이 무엇을 할 수 있으며 잘하는지 자신에게 질문하고, 그에 따라 재배치하여야 한다. 혼자서 다 잘할 필요는 없다. 잘 찾아 배치하면 모두가 인재이다.

경영은 우선순위 결정의 원칙이 있다. 결정한 사항은 구체적인 행동과 역할부여를 하며 실행하여야 한다. 실행한 사항은 반드시 피드백을 확인하고 현장을 확인해야 한다. 자신과 다른 의견을 가진 사람이 논리가 잘못되었다고 생각하지 말자. 자신과 어떤 사실에 대한 인식이나 가정이 다르다고 생각해야 한다. 그래서 동료를 설득하기 위하여 그의 잘못을 지적하는 것이 아니라 무엇을 알려줘야 하는지를 생각해야 한다.[25]

투자계 거목 앙드레 코스톨라니에게 금융경제를 배운다

앙드레 코스톨라니는 헝가리 유대인 출신의 투자가이다. 유럽의 워렌 버핏은 주식의 신이라고 불린다. 전 세계 10개 도시에 집을 가졌고, 헝가리어, 프랑스어, 영어, 독일어 4개국어에 능통했다.[26] 제2차 세계대전으로 독일이 프랑스를 점령하자, 점령 직전 모든 재산을 처분하여 미국 뉴욕으로 이주했다. 이후, 헝가리는 공산화되어 유대인 부모는 모든 재산을 빼앗겼지만, 부자인 막내아들 코스톨라니가 풍족하게 살게 해주었다.

전후 독일 재건 사업에 뛰어들어 막대한 이익을 얻었다. 1920년대 후반 그의 나이 18세에 파리로 유학하여 그곳에서 생애 최초의 증권투자를 시작한 이래, 그 후 유럽 전역에서 활동했다. 그는 증권교육에 힘썼던 부모처럼 코스톨라니는 사람들에게 자식에게 증권교육을 하라고 추천하였다. 그는 투자 교육의 중요성을 강조하며 살았다.

"배고픈 친구가 있다면 그에게 생선 한 마리를 줘라. 하지만 그 친구를 진정으로 아낀다면 그에게 생선 잡는 법을 가르쳐줘라."

뉴욕타임스에 따르면 미국에 사는 흑인 여성 니나 카(31)는 지난 2019년 12월 아프리카계 미국인의 문화 축제인 콴자Kwanzaa를 맞아 아들 제이딘 카(10)에게 선물을 줬다. 그녀는 비디오 게임을 좋아하는 아들에게 게임스톱 주식 10주의 증서가 든 액자를 주며 '네가 좋아하는 게임 회사 일부를 소유하고 있는 것'이라고 말했다.

어린 아들에게 컴퓨터나 휴대전화로 주식 차트 읽는 법을 가르쳐 주었다. '콴자'의 기본정신인 협동 경제의 소중함과 주식 거래 방법을 가르치기도 했다. 당시 게임스톱의 주식은 한 주에 6.19달러(약 6,900원)였다. 주가는 351달러까지 올라 있었다.

그녀는 또다시 아들을 불러 주식을 계속 갖고 있고 싶은지 아니면 팔고 싶은지 의사를 물었다. 제이딘은 주식을 팔기로 했고, 결국 약 60달러(6만 원)에 샀던 주식을 3,200달러(약 357만 원)에 팔아 5,000%가 넘는 이익을 거두었다. 그녀는 아이가 게임에 관심이 많아 게임스톱 주식을 사서 투자하는 방법을 가르쳤다.[27]

지난 1월 17일 청와대 국민청원 게시판에 초·중·고 정규 교육과정에 금융교육을 의무화해 달라는 청원이 올라왔다. 이 청원을 올린 이는 존리 메리츠자산운용 대표다. 금융산업 발전과 금융사기 방지를 위해서라도 국민의 금융 경쟁력을 높여야 한다. 이를 위해 정규 교육과정에 주 1시간씩 금융교육을 의무화해야 한다는 내용이었다.

존리 대표는 미국 월가에서 한국 기업에 투자하는 '코리아 펀드'를 만들어 높은 성과를 거둔 경험이 있다. 그는 "국·영·수를 열심히 하

미래인재 모든 것

여 좋은 대학을 가라고 부추기는 건 절대 좋은 교육이 아니다. 그 전에 자본과 자본주의에 대해 가르치고 아이들이 돈을 좋아하게 만들어야 한다"라고 말한다.

그는 돈으로부터 자유롭기 위해서 어릴 때부터 돈을 공부하라고 강조한다. 한국에서는 '황금 보기를 돌처럼 여기라'고 가르치니 사람들이 돈에 대해 잘못된 편견을 가지게 되는 것이라고 지적했다. 그는 부모가 계속 아이들에게 돈에 관해 이야기하고 가르쳐야 한다고 했다. 그는 자녀들에게 어릴 때 생일 선물로 늘 펀드를 사줬다. 한국 부모들이 사교육에 대한 투자를 지금이라도 멈추고 금융상품에 대한 투자로 전환해야 한다고 했다. 좋은 대학에 보내기 위한 국·영·수 위주의 교육은 이미 수명을 다했다는 게 그의 설명이다. 창의성이 중요한 시대에는 아이들 스스로 동기부여를 찾아야 하는데, 그렇게 하는 가장 좋은 수단이 돈에 관한 공부라는 것이다. 초등학생들에게 주식투자와 자본에 관해 설명하면 아무런 편견 없이 잘 이해하고 받아들인다. 문제는 주식투자를 불로소득이라 여기는 부모와 교사들이라며 한국 사회가 사교육에 쏟는 에너지와 열정을 금융교육으로 바꿔야 한다고 강조한다.

세계적으로 금융문맹률이 높은 곳이 일본인데 그 이유는 금융교육을 등한시했기 때문이라는 게 그의 설명이다. 반면 금융교육이 잘되는 대표적인 국가로 미국을 꼽았다. 미국은 어릴 때부터 돈과 자본에 대한 교육을 체계적으로 진행한다. 유대인의 돈에 대한 학습법은 이미 잘 알려져 있다.

워런 버핏은 여섯 살 때부터 장사를 시작했다. 구글과 페이스북의 성공을 말할 때 많은 사람이 창업자의 창의성과 IT 인프라를 꼽는데,

거기에 빼놓을 수 없는 게 금융교육이라고 지적했다. 어릴 때부터 돈을 어떻게 벌고 어떤 식으로 투자를 하고 금융시장이 어떻게 돌아가는지 알아야 한다.

창업도 결국 돈이 필요한데 그 돈을 구하는 방법을 배우는 게 바로 금융이라고 말했다. 그는 '금융 문맹은 온 집안을 대대로 가난하게 만드는 전염병이나 유전병'이라며 '바이러스는 시간이 지나면 사라지지만 금융 문맹은 시간이 지나도 사라지지 않고 사회적인 병으로 남는다는 점에서 훨씬 무섭다'라고 했다.

금융교육을 확대하기 위하여 부모와 교사의 역할이 중요하다. 부모는 계속 아이들에게 돈에 관해 이야기하고 가르쳐야 한다. 워랜 버핏은 자녀들이 어릴 때 생일 선물로 늘 펀드를 사주었고 '지금은 아이들이 스스로 투자 종목을 정해서 주식에 투자한다'고 말했다.[28]

05.
협업능력이
있어야 일을 잘 한다

사회성이란, 규칙과 훈련으로 적응된 것이 아니라 우리는 하나라는 공동체 의식을 의미한다. 21세기 과학혁명 시대에 사는 우리는 개인화, 내 아이의 성공과 출세만을 바라볼 때가 있다. 함께 더불어 협동하고 조화를 이루는 앙트십 교육이 대안이다.

메디치효과는 서로 다른 분야의 전문가들이 모여 시너지효과를 발휘하며 창조와 혁신을 만들었다. 협력관계로 인하여 폭발적인 창조의 중심지가 되었다. 4차 산업혁명을 앞둔 지금, 협업능력은 미래 인재가 반드시 갖춰야 할 핵심 역량으로 꼽힌다. 여러 분야 전문가와 교류하며 창의 융합적 가치를 만들어내는 인재가 주목받는다.

앙트십 교육은 협업능력을 키운다

2000년까지도 미국을 포함한 교육 선진국은 3R을 강조했다. 독서 Reading, 글쓰기Writing, 연산Arithmetic이 바로 그것이다. 하지만 4차 산업 혁명 시대가 서서히 다가오면서 이것만으로는 급격히 변화하는 미래를 이끌 인재를 길러내기 어렵다고 판단하고, 초·중·고 전 교육과정에 '4C'를 도입했다. 21세기 핵심 역량인 4C는 무엇일까?[29]

① 의사소통능력

자신의 의사를 표현하며 상호교류할 수 있는 능력. 즉, 글과 말을 읽고 들음으로써 다른 사람의 생각을 파악하고, 글과 말을 통해 정확하게 쓰거나 말하는 능력이다. 또한, 몸짓을 통해서도 소통할 수 있다. 의사소통 능력은 대인관계의 기본이며, 생각의 차이를 좁히고 선입견을 줄여주는 수단으로 사회적으로 매우 중요한 능력이다.

② 협업능력

사람들과 협력할 수 있는 능력. 어떤 일이나 과제를 함께 수행하는 사람들과 원만하게 지내며 협동하여 이뤄낸 결과물로 최고의 성과를 낼 수 있는 능력이다. 각자 다른 다양한 생각을 가진 사람과 원만하게 교류할 수 있는 사교성이 중요하다. 사람들의 장단점을 파악해 자신에게 알맞은 일을 할 수 있는 능력이 최고의 공동 결과물로 나타날 것이다.

③비판적 사고능력

비판적 사고능력은 단순히 부정적으로 생각하는 것이 아니라, 체계적이고 논리적인 과정을 통해 결론을 도출할 수 있는 능력이다. 다른 사람의 말이나 의견에서 논리적인 사고를 통해 모순을 찾아내고, 나의 의견을 뒷받침할 수 있는 근거를 적절히 활용하며 추론할 수 있다.

④창의력

똑같은 현상이나 사물을 보고도 어떤 사람은 새로운 관점으로 전혀 새롭게 생각한다. 다른 사람에게는 다소 엉뚱한 생각이라도 새로운 개념을 찾아내거나, 기존의 생각과 개념을 새롭게 조합해내는 것이 바로 창의력의 핵심이다.

4C 역량을 키우는 4가지 방법으로 ①뛰어난 의사소통능력은 다른 이의 말에 귀를 기울이는 '경청'의 자세에서 출발한다. ②나와 다른 생각을 이해하고, 배려하는 넓은 마음이 뛰어난 팀워크를 만드는 원동력이다. ③내 생각을 핵심 용어로 간결하게 표현하고, 내 생각이 옳은지 자문하는 습관을 지닌다. ④놀이하거나 만들기, 글쓰기를 할 때, 나만의 독특하고 창의적으로 질문하는 것이 있다.

미국에서는 초등학교부터 중고등학교, 대학교를 거쳐 평생교육 과정에 이르기까지 앙트십 교육을 진행한다. 영국을 비롯한 유럽연합에서는 자아발견에 중점을 두면서 경제적 가치 창출로 이어지도록 교육하면서 앙트십 교육을 확산하고 있다.

연구에 의하면, 청소년 시절에 앙트십 교육을 받은 학생 중 15~20%는 창업을 선택하고 취업을 선택한 경우에는 교육을 받지 않은 학생에 비해 19% 정도 높은 취업률을 나타내고 있다.[30] 또한 이들이 직장에 들어가면 교육 받지 않은 학생에 비해 높은 업무수행 능력을 나타내고 있다.

앙트십 교육은 기업과 연계된 현장체험형 교육과 일상의 문제를 직접 해결하며 배우는 문제 해결형 교육이다. 2019년 네이버 청소년 기업가 정신 스쿨에 참여한 학생 중 153명을 대상으로 설문 조사한 결과 학생들은 수업만족도가 높았다. 리뷰를 읽어보면 ①지속가능한 발전을 해야 하는 현시대 대한민국 학생을 위한 최고의 교육이다. ② 진로를 탐색하는 친구들과 창업에 대해 생각하고 있는 친구들에게 추천해주고 싶다. ③앙트십 코치의 피드백을 통해 좀 더 적극적으로 변화할 수 있어서 좋았다[31]는 글이 달려있었다.

협업능력, 상생의 길을 열다

미국의 구인·구직 웹사이트 글래스도어Glassdoor가 발표한 2020년 미국 내 가장 일하기 좋은 직장 순위에서 구글은 11위, 페이스북은 23위를 기록했다. 구글은 한때 꿈의 직장으로 통했으나 최근 내부 직원들의 반발을 처리하는 방식을 두고 갈등이 커지고 있다. 페이스북은 지난해 이용자 8천700만 명의 개인정보 유출 스캔들이 터진 데 이어 최근 자체 개발 가상화폐인 리브라Libra 출시 등으로 논란에 휩싸였다. 1위는 소프트웨어 기업 허브스폿HubSpot, 2위는 글로벌 전략 컨설팅 회사 베인앤드컴퍼니Bain & Company가 차지했다. 협업능력은 경청, 소통력, 역할분담이 중요한 요소로 작용했다.[32]

일하기 좋은 조직은 기본적으로 소통이 잘된다. 상대방의 마음을 움직이려면 서로가 원하는 것이 무엇인지 알아야 한다. 그가 원하는 것이 무엇인지를 명확히 파악하는 것부터 시작해야 한다. 상대의 관점에서 문제를 바라보며 왜 그렇게 행동했는지 의도를 제대로 파악할 수 있다.

오늘날에도 의사소통은 조직의 경쟁력이며 의사소통 체계 확립은 조직을 이루는 기본적인 힘이다. 전장에서 의사소통이 원활하면 통일된 힘이 나오듯, 어느 조직에서나 의사소통이 잘 이루어져야 조직의 전력을 높일 수 있다.

카네기는 경청의 중요성에 대해 다음과 같이 말했다.

"무엇보다 중요한 것은 바로 듣기다. 당신이 얼마나 대단한지 직접 말하기 전에 우선 남의 말을 한번 들어보자. 아마 당신이 생각한 만큼 그리 대단한 사람이 아님을 깨닫게 될 것이다."

모든 사람은 자신이 하는 말을 잘 들어주는 사람을 좋아하며 그들에게만 반응한다. 경청이란 상대에 대한 존중의 표현이다. 그에게 '당신의 생각, 행위, 신념은 모두 나에게 중요하다'라고 말하는 것과 같다. 타인의 말을 들으면 유용한 정보를 얻을 수 있다. 타인의 말을 끊거나 무시하지 말고 반드시 진심으로 열심히 들어야 한다.

15세기 이탈리아의 메디치 가문은 광범위한 분야에 걸쳐 문화예술가들을 후원한 피렌체의 금융 가문이다. 메디치 가문을 포함하여 문화예술가들을 후원하는 몇몇 가문들 덕분으로 당대의 유명한 조각가, 과학자, 시인, 철학자, 금융가, 화가 등이 피렌체로 몰려들었다.

이곳에서 만나게 된 그들은 서로의 전공 분야와 문화를 교류하면서 점차 자신들의 벽을 허물기 시작했다. 이후, 서로 협력관계를 형성한 그들은 새로운 사상에 바탕을 둔 르네상스 시대를 열었다.

그 결과 피렌체는 역사상 가장 혁신적인 시대, 즉 폭발적인 창조의 중심지가 되었다. 이렇게 다양한 영역 등이 하나로 만나는 교차점에서 기존의 생각을 새롭게 재결합하였다.

글로벌 협업 학습에 능한 사람이 살아남는다

한 IT 대기업 관계자는 요즘 신입사원에 대해 이런 평을 했다. 명문대를 졸업한 후, 글로벌 기업에 입사한 사원이 동료와 융화하지 못해 그만두는 사례가 많다. 학업 경쟁이 만연한 한국에서 협업은 학생들에게 익숙하지 않다.

그러나 4차 산업혁명을 앞둔 지금, 협업능력은 미래 인재가 반드시 갖춰야 할 핵심 역량으로 꼽힌다. 여러 분야 전문가와 교류하며 창의 융합적 가치를 창출해내는 인재가 주목받는 것이다.

지난해 국제학업성취도평가PISA에는 여러 학생이 함께 문제를 해결하는 협업능력을 평가하는 문항을 추가했다. 'PISA'는 OECD가 주관하는 국제 평가다. 2000년부터 만 15세 학생들을 대상으로 시행하고 있다.

서울대 이찬 교수는 '서울대생은 쉽게 취직할 거로 생각하지만, 이들도 좌충우돌하고 있다. 학습 방식이 변해야 기업이 원하는 인재로 일할 수 있다'라고 했다. 학습을 잘하는 것으로 유명한 서울대생의 학습 방식이 바뀌어야 한다.

"기업은 협업할 수 있는 사람을 원한다. 리더 역시 협업을 가능케 하는 사람이다. 그런데 우린 경쟁하며 학습했다. 협업을 배울 기회가 없었다. 요즘 소통 능력, 창의력, 정보 선별 능력에 관해 이야기하는데 이는 협업학습을 제대로 할 줄 알아야 극대화된다."[33]

이러한 관점에서 UC 버클리大의 한센Hanssen 교수는 협업이란 각 이해관계자가 소통과 협력을 통해 공동의 목표를 달성하고 성과를 창출하는 행동으로 정의했다. 성과를 창출하는 협업이 협업이다. 협업의 필요성이 큰 것은 사실이다. 하지만 핵심은 협업의 확대가 아니라 성과를 내는 올바른 협업을 추진하는 것으로 '제대로 된 협업과 잘못된 협업의 차이'를 구별하는 것이 중요하다.

협업을 통해 뛰어난 시너지 효과를 창출할 수도 있지만, 제대로 활용하지 못하면 시간·비용·자원을 낭비하는 역효과를 낳을 수 있다. 즉, 올바른 협업을 통해 시너지를 발휘하고, 더욱 나은 성과를 달성하는 것이 협업의 궁극적 의미이다.[34]

한국 기업들이 1990년대 중·후반 이후 글로벌 경쟁에 본격적으로 뛰어들어 이미 세계적인 수준도 상당히 있지만, 조직문화만은 아직도 과거의 틀을 벗어나지 못하고 있다. 실리콘밸리의 신화인 구글의 성공비결은 무엇일까. 에릭 슈미트 회장은 '성공적인 글로벌 기업일수록 세계 최고의 인재들을 관리하고, 경영하는 법을 터득한 기업'이라고 한다. 그는 〈비즈니스 2.0〉과의 인터뷰에서 '구글의 모든 직원은 업무 시간의 20%를 자신의 창의적인 프로젝트에 쏟도록 하고 있다며 핵심 경쟁력은 20% 법칙이다"라고 밝혔다.

구글이 직원들에게 공개한 최고의 팀을 만드는 방법을 소개한다.

첫째, 팀원은 자신에게 주어진 일이 중요하다고 굳게 믿어야 한다.

둘째, 팀원은 자신에게 주어진 일이 조직 전체에는 물론 팀원 개개인에게도 중요하다고 믿어야 한다.

셋째, 팀원에게 팀의 분명한 목표와 개개인의 명확한 역할이 줘야 한다.

넷째, 구성원은 서로 신뢰할 수 있어야 한다.

다섯째, 가장 중요한 규범은 팀에 심리적 안정감이 있어야 한다.

미래인재 모든 것

이기동 교수는《열 살 전에, 더불어 사는 법을 가르쳐라》에서 '끊임없이 경쟁시키는 엄마 밑에서 자란 아이가 남을 동료로 인식하고 협동하는 것은 어렵다'라고 했다. 교육부가 내놓은 '학교생활 기록 작성 및 관리 지침 일부 개정안'은 수행평가 비중을 확대함에 따라 협동 학습도 늘어날 전망이다.

앞으로 끊임없이 협동 학습을 해야 하는 자녀를 도울 방법은 없을까. 이상우 은빛초등학교 교사는 말한다.[35]

"협동심은 부모와 관계에 영향을 많이 받는다. 부모와 활발히 대화를 나누면서 의견을 조율하는 요령이나 남을 배려하는 법을 배운 학생이 협업에 강한 경향이 있다."

06.
책 쓰기를 통하여
자신의 능력을 증명하게 하자

소통의 기본은 진정성이다. 좋은 독서와 글쓰기를 활용하여 탁월한 삶을 꿈꾼다면 '나만의 책 만들기 프로젝트'를 실행하여 보자. 진정성을 가지고 소통하는 법을 배워야 한다. 글쓰기는 온라인 플랫폼에서 자신의 콘텐츠를 증명할 수 있다.

온라인상에선 이미 보유한 재능을 활용하면 돈 들이지 않고도 수익을 창출할 수 있다. 아이가 창작자로서 자신의 성장을 위한 비즈니스 모델과 구조를 만들 줄 알아야 한다.

하버드대학이 수많은 명사를 배출할 수 있었던 것은 무엇 때문일까? 자신의 콘텐츠를 책 쓰기로 증명하고 말하기로 소통하는 방법을 배우기 때문이다. 타인과 잘 지내는 방법은 자신의 감정을 글쓰기로 표현하는 훈련이다.

글쓰기 연습은 나와 소통하는 첫걸음이다

종이(또는 컴퓨터 스크린)에 글을 쓰는 것이 아주 유익하다는 연구 결과가 있다. 특히, 자기 자신과 인생, 가치관 또는 상처 깊은 경험 등을 고찰하기 위한 글쓰기라면 더욱 그렇다.

미국의 심리학자 제임스 페너베이커는 수십 년의 연구 끝에 자기 생각을 표현하는 글쓰기의 장점을 찾아냈다. 그는 '글쓰기와 건강의 관계' 연구에서 세계적으로 인정받는 전문가이다. 글쓰기·말하기 훈련을 통해 신체적 건강과 작업능력이 향상된다는 것을 밝혀냈다. 또한, 자신의 감정을 정확하게 알고 조절하면 타인의 감정 변화에 예민하게 반응하고 피드백을 할 수 있다. 타인과 잘 지내는 방법을 알아 소통하기에 유익하다.

그의 저서로 《털어놓기와 건강》, 《글쓰기 치료》 등이 있다. '속상한 경험에 대한 감정과 생각을 언어로 변형시키면, 육체적·정신적 건강이 향상되는 경우가 많다'라고 한다. 인생의 중요한 시점에서 예술가적 자세를 가르친 폴 베이커 교수는 70년 동안 연극과 교육 분야에 종사한 예술가이자 교육자이다. 창의력을 찾는 사람들에게 너무나 많은 영향을 주었다.

그는 수업 초반에 '지금까지 자기 인생사를 쓰고, 우리가 하는 모든 훈련에 대한 느낌을 적도록 해요'라고 학생들에게 말한다. 무슨 도구를 이용하든, 무슨 얘기를 쓰든 상관없었다. 옳고 그른 방법도 없었다. 가장 중요한 것은 자기 자신에 대해, 자신의 창작 방식에 대해 고찰하는 것이었다.

두 번째 훈련으로 그는 학생들에게 한 단어를 주고 마음에 떠오르는 것을 무엇이든 쓰게 한다. 작문의 형식이나 규칙 같은 건 신경 쓰지 말고 의식의 흐름에 맡기라고 한다. 즉, 그 단어가 자유롭게 흘러가도록 내버려 두는 것이다. 그의 수업과 심리 실험에서는 형식과 문법이 그다지 중요하지 않았다. 가장 중요한 것은 표현이었다. 아무런 기준도 염두에 두지 않고 글을 쓰는 훈련은 큰 이득을 안겨 주었다. 하지만 학생이라면 특정 규칙에 따라 글을 써야 할 때가 있다. 글쓰기를 배운다는 건 새로운 공동체에 들어가 그 규범을 받아들인다는 뜻이다.[36] 좋은 독서와 글쓰기는 서로를 발전시킨다.

마지막으로, 다른 사람이 읽고 싶어 할 글을 쓰려면 많은 시간과 정성을 들여야 한다. 빌 게이츠는 다음과 같은 명언을 남겼다.

"오늘의 나를 있게 한 것은 우리 마을 도서관이었다. 하버드 졸업장보다 소중한 것은 독서습관이다. 인간에게는 한계가 있지만, 그 한계를 뛰어넘는 것은 독서이고 탁월한 삶을 꿈꾼다면 책을 읽어라!"

듣는 사람은 진실하지 않은 말을 귀신같이 알아차린다. 이러면 상대를 감동시키기 어렵다. 하버드를 졸업한 수많은 명사가 사교에 능한 까닭은 바로 모교에서 배운 진정성의 지혜를 잘 알고 있기 때문이다.

온라인 플랫폼 글쓰기는 창의력, 경제력 학습의 강력한 도구이다

네이버에 20대 사용자들이 모이면서 활력을 찾고 있다. 창작자 보상 시스템이 가시적인 효과를 내면서다. 네이버에서만 월 1천만 원 이상 수익을 거둔 창작자 사례가 나오고 있다. 월 500만 원 이상 수익을 올리는 블로그도 전년 대비 450% 증가했다. 특히 블로그 마켓과 지식인 엑스퍼트가 눈에 띈다.

2020년 지식인과 블로그는 역대 최대 글 생산량을 달성했다. 블로그에는 지난해 1년 동안에 2억2천만여 건의 글이 쌓였는데, 이는 전년 대비 28% 증가한 숫자다. 지식인도 지난해 5천5백 개의 질문과 3천 백만 개의 답변이 쌓였으며, 이는 전년대비 각각 40% 이상 증가했다.

블로거에게 새로운 성장 날개를 달아준 블로그마켓도 눈에 띈다. '블로그 마켓 시리즈 기획전'에 참여한 '유메르'는 하루 만에 2억 원 매출을 돌파하기도 했다. 블로그 마켓은 블로그에 축적된 콘텐츠를 통해 판매자의 전문성이나 상품 제작의 히스토리를 확인할 수 있어 신뢰도 높은 거래가 가능하다.

또한, 자신만의 브랜드나 개성을 가진 창작자가 판매자로서의 변신을 도모할 수 있다. 2019년 11월에 첫선을 보인 '지식인 엑스퍼트'는 비대면으로 상담, 교육이 가능한 전문가와 사용자를 서로 연결해주는 지식 상담 플랫폼이다. 현재 8천 명의 전문가들이 참여하고 있다.

전문 분야에 일 대 일 유료 상담뿐 아니라 체력단련, 취미 등 분야별 전문가에게 직접 배우는 '클래스' 서비스도 운영하고 있다. 엑스퍼트는 세무, 노무, 마음 상담 등 전문 분야로 먼저 시작하며 추후 반려동물, 영양, 다이어트 등 다양한 분야로 확장할 예정이다.

사용자는 전문지식에 대한 경험과 정보를 아는 전문가와 한층 더 간편하게 만날 수 있다. 지식인 엑스퍼트의 사용자 중 20대가 80% 이상을 차지하고 있다. 참여 주제 역시 '드로잉 클래스', '비건 레시피 만들기', '강아지 마사지법' 등 트렌드가 반영된 다양한 주제군이 있다. 2020년 12월 기준으로 엑스퍼트에서 월 1천만 원 이상 이익을 거둔 전문가도 점점 증가하고 있다.

공예 공방 분야의 '로맨틱 플로라' 등 창작자 그룹 중에서도 괄목할 만한 성과를 거두는 사례가 나오고 있다. 엑스퍼트가 새로운 플랫폼 시도를 통해 전문지식과 역량을 갖춘 창작자 및 '중·소상공인SME'에게 새로운 성장 모델을 제시한 결과로 해석된다.

이는 네이버 비즈니스의 핵심에 SME가 있기 때문이다. 네이버가 SME에 많은 신경을 쓰는 것은 SME가 많아지고, SME를 통한 거래가 늘어날수록 네이버의 수익도 늘어나는 구조이기 때문이다. 예를 들어 네이버의 핵심 수익모델인 검색 광고의 광고주는 대부분 SME다.

SME가 늘어나고, 그들의 수익이 많아지면 검색 광고 수요도 늘어나고 네이버 매출도 늘어난다. 또 네이버 플랫폼 안에서 소상공인이 무언가를 판매하면 네이버는 네이버 페이 등으로 수수료를 받는다. 더 많은 소상공인이 네이버 생태계 안에서 비즈니스가 성장하면 네이버도 돈을 버는 구조다.[37]

온라인 플랫폼에서 자신만의 콘텐츠를 활용해 현금 수익을 창출하는 20~30대 밀레니얼 세대가 늘고 있다. 글쓰기를 하고 책을 만드는 브랜드를 창출한다. 자신의 콘텐츠가 있는 사람, 자신을 스스로 마케팅할 수 있는 사람이 곧 브랜드다.

"내가 제공하는 콘텐츠와 서비스는 무엇인가?"

온라인 플랫폼 생태계의 주인이 되어보자.

아이의 콘텐츠를 책으로 만들어라

자신의 콘텐츠로 책쓰기를 하려면 독서법과 글쓰기를 배워야 한다. 매스터스 스쿨의 시티텀 프로그램은 대도시 뉴욕을 교실로 삼아 다양한 수업을 한다. 뉴욕 학습 프로그램에서 활동 중인 교사 데이비드 던바는 이렇게 말한다.

"누군가에게 책을 읽으라고 하는 건, 축구공을 운동장에 풀어 놓고 축구 규칙이나 작전에 대해 아무것도 모르는 사람한테 경기를 뛰라고 하는 거나 마찬가지이다."

독서는 여러 가지 형태로 나타날 수 있고, 어떤 방식을 택하느냐에 따라 큰 차이가 있다. 그가 가르치는 독서법은 다음과 같다.[38]

①최고의 학생은 책을 읽으면서 더 큰 문제와의 연결 고리를 찾고, 잠시 멈춰 깊은 생각에 빠진다. 책의 여백에 메모하거나 공책에 자신의 견해를 적어 둔다, 가끔 자신이 묻고 싶은 의문 때문에 고심하기도 하지만, 이는 독서 과정의 일부이다.

②그들은 다른 사람에게 가르칠 준비를 하는 것처럼 책을 읽는다.

심리학자인 존 바그는 실험실에서 한 그룹의 학생에게 낱말들을 주면서 스스로 공부하게 했다. 두 번째 그룹 아이에게는 다른 사람에게 가르칠 준비를 하라고 일렀다. 이 그룹은 실제로 아무도 가르치지 않았지만, 훨씬 더 많은 단어를 기억했다. 최고의 학생은 단순한 암기뿐만 아니라 개념의 함축적인 의미와 응용법을 이해하는 데도 적용했다.

③최고의 학생은 책을 읽으면서 개요를 작성한다.

나중에 메모를 꾸준히 작성하고, 그것을 점점 줄여 가며 글쓰기를 한다. 그 과정에서 논거와 결론을 평가한다. 사용된 개념과 가정을 인지하고, 그 함축적 의미와 적용법을 생각한다. 생소한 단어를 찾아보거나 문맥으로 의미를 짐작해본다. 사전을 확인해 자신의 추측을 시험한다.

이상민 작가는 《보통 사람을 위한 책 쓰기》에서 '경쟁이 치열한 현대사회에서 자기 자신의 내공과 실력을 증명하는 것, 퍼스널브랜드를 만드는 것이 중요하다. 자신의 능력을 발휘해야 할 필요가 있을 때까지 사람들은 절대 자신의 잠재력을 알지 못한다. 즉, 콘텐츠가 있는 사람은 저자가 될 수 있다. 누구든 다른 사람에게 도움이 될 콘텐츠 하나는 가지고 있으니 누구나 책을 쓸 수 있다'라고 한다.

그가 내린 책에 관한 네 가지 결론이다.

◆책은 남이 볼 수 있는 가치를 제공해야 한다.
◆시대 흐름을 반영해야 한다.
◆독자들이 책을 보는 데 투자한 시간과 돈보다 더 큰 가치를 제공해야 한다.
◆경쟁 도서를 압도해야 한다.

아이의 '자기경영관리 노트'에 나만의 책 만들기 프로젝트를 가장 우선순위로 제시하여 보자. 서울특별시교육청에서 자료를 만든 나만의 책 만들기 프로젝트 매뉴얼을 활용하여 실천해 보자.

첫째, 관심 있는 주제를 탐구하여 나만의 책을 만드는 작업을 하기 위해서는 먼저 자신의 관심사가 무엇인지 알아야 하고 관련 책과 자료들을 찾아 읽고 분석해야 한다. 수집하고 탐구한 내용을 토대로 책 내용을 생성하여 '나만의 '책'으로 제작해야 한다.

둘째, 자신을 더 깊이 알아갈 수 있도록 돕는다.

관심사를 찾아 관심 내용을 탐구하여 책을 만드는 활동을 하기 위해서, 먼저 아이가 어떠한 것에 관심이 있는지 스스로 질문하고 이를 더 깊이 탐구해야 한다. 이러한 활동을 통해 자신을 새롭게, 또 더 깊이 만날 수 있다.

셋째, 이 프로젝트는 독서능력 및 정보 활용능력을 향상한다.

나만의 책을 만들기 위하여 관련 자료와 책을 찾아 읽어야 한다. 정보를 탐색하여 필요한 내용을 분석하고 조직하는 활동을 해야 한다. 이러한 활동을 통해 정보 탐색 및 활용능력이 길러진다. 책과 자료를 읽고 분석하여 내 것으로 만드는 독서능력이 향상된다.

넷째, 이 프로젝트는 글쓰기 활동의 즐거움 및 높은 성취감을 맛보게 한다.

탐구한 내용을 보고서로 제출하는 것이 아니라 한 권의 책으로 만들기 위해서는 편집한 원고를 출력하고 속표지와 겉표지를 제작하여 온전한 책이 될 수 있도록 제본을 해야 한다. 곧, 머리만 쓰는 정적인 활동이 아니라 손발을 움직여야 하는 창작활동으로까지 이어져 활력을 제공할 수 있다. 그리고 이렇게 심혈을 기울여 책을 완성했을 때, 그 어느 것과도 비교할 수 없을 만큼 높은 성취감을 얻을 수 있다.

세상에 하나뿐인 나만의 책으로 만든 프로젝트 활동은 피터 드러커의 자기관리 경영 노트를 설계하는 데 있어 가장 중요한 프로젝트이다. 따라서 엄마는 아이가 스스로 주체가 되어 잘 해낼 수 있도록 동기 유발에 힘쓰고 조언과 격려를 해줘야 한다.

프로젝트 활동에 필요한 시설(동화책 만들기, 책 만들기 교육기관) 및 자료를 제공해야 한다. 아이가 유난히 스토리텔링를 좋아한다면 그림과 글로 표현하는 방법을 제시하여 바로 시작해야 한다. 책 만들기 교육과정이나 사설 기관 교사의 도움을 받으면 자신의 능력을 온전히 발휘할 수 있고 좋은 결과와 피드백을 얻을 수 있다.

미래인재 모든 것

07.
소프트웨어 교육,
유튜브를 넘어서는 기업을 창업하게 하자

디지털 전환은 산업의 혁신뿐만 아니라 개인·사회의 생활방식까지 디지털화하는 것이다. 이를 위해서는 단순한 신기술의 접목만이 아니라 기존의 경험을 재설계해야 한다. 새로운 비즈니스와 가치를 창출하는 것이 필요하다.

최근의 디지털콘텐츠 산업은 전 산업분야의 핵심적인 부문으로 등장하고 있다. 향후 10년 이상 새로운 비즈니스 기회를 창출하며 디지털 라이프의 변화를 가져오고 있다. 또한, 디지털콘텐츠의 제작, 유통뿐만 아니라 관리는 상당히 중요한 문제로 등장하고 있다.

최근 코로나19로 인한 집콕 생활과 여유시간의 증가는 자연스럽게 디지털콘텐츠를 요구하고 있다. 매우 부가가치 높은 시장을 형성할 것으로 전망한다.

소프트웨어 교육은 미래형 디지털콘텐츠 산업이다

지금부터 향후 20년간은 디지털 역량과 기술이 빠른 속도로 고도화하는 디지털 전환기이다. 이미 전 세계 직업 중 90%에 달하는 직업들이 소프트웨어 지식과 기술이 필요하다. 소프웨어 교육은 컴퓨팅 사고력computational thinking, CT 함양을 목적으로 하는 일련의 학습 과정이다.

이미 영국은 2015년 9월부터 모든 초, 중, 고등학교 학생을 대상으로 소프트웨어 교육을 시작했다. 미국, 이스라엘, 에스토니아, 핀란드를 포함한 다른 여러 나라의 정부와 단체도 소프트웨어 교육의 중요성을 인식하고 이를 위한 투자와 지원을 아끼지 않고 있다.

그렇다면 C.T는 무엇일까?

C.T는 생활 속 문제를 해결하기 위해 문제를 세분화한다. 그것을 해결하기 위한 최적의 방법을 찾는 능력이다. 또 C.T는 기존의 문제해결 방법을 정리하여 유사한 문제에 적용할 수 있는 능력까지 포함한다. 이러한 C.T는 IT/SW가 중심인 미래 사회에서 점점 중요해지고 있다.

과거에는 단편적인 학습과 암기로 많은 문제를 해결할 수 있었다. 하지만 앞으로 융합중심사회에서는 지식의 암기가 그렇게 중요하지 않다. 그보다는 데이터를 수집하고 분석하여 컴퓨터가 문제를 해결할 수 있게 자동화하는 능력이 훨씬 더 중요하다. 이는 C.T가 중요해진다는 말과 같다. 이러한 시대 인식으로 인해 많은 국가가 의무적으로 SW 교육을 시작했다.[39]

소프트웨어 교육의 핵심이 되는 교육으로 교육용 프로그래밍 언어는 일반적인 프로그래밍 언어에 비해 간단한 문법과 사용법을 갖추어 누구나 쉽게 프로그래밍을 하고 빠르게 결과를 확인할 수 있다. 컴퓨터 프로그래밍은 대상 주제에 관한 전문성, 적용 분양에 대한 이해와 지식, 문제해결에 필요한 알고리즘Algorithm의 논리적인 설계능력이 필요하다.

이러한 '컴퓨터 프로그래밍'의 활동을 통해 우리는 웹사이트, 앱, 자율주행 자동차의 작동, 로봇의 작동, 컴퓨터의 작동, 스마트 공장의 제어 등을 수행하는 소프트웨어를 만들 수 있다.

초등학생을 위한 교육용 프로그래밍 언어를 살펴보자.[40]

① 엔트리(play_entry.com)

엔트리 연구소에서 개발된 블록형 프로그래밍 도구로 프로그래밍 교육에 특화되어 있고, 다양한 디바이스와 웹에서 활용가능하다.

②스크래치(scratch.mit.edu)

MIT에서 제작한 블록형 프로그래밍 도구로 세계적으로 가장 많이 사용하고 있으며, 다양한 운영체제에 지원가능하다.

③코듀(www.kodugamelab.com)

마이크로소프트에서 만든 3차원 그래픽을 이용한 게임제작 도구이다.

④앨리스(www.alice.org)

게임과 애니메이션을 쉽게 만들 수 있는 3D 프로그래밍 환경이다.

최근 모바일 기술의 발달로 소셜 네트워킹Social Networking의 관심이 현실화하면서 점차 이메일, 사진전송, 채팅 등의 전통적인 인터넷사용보다 소셜 네트워킹 활동이 급성장하고 있다. 이는 2008년 Facebook 등의 소셜 네트워킹 기업의 애플리케이션 개발이 급격히 증가하고 소프트웨어를 통한 다양한 서비스 제공으로 가입자 수를 늘릴 수 있었기 때문이다.

미래 SW 성장 가능성에 따르면 모바일·웹 관련, 3D·체험형, 융합 IT 관련 소프트웨어 등을 높게 평가했다. 점차 기술의 발전으로 가상현실에 관한 관심이 현실화하고 디지털 가상콘텐츠의 꾸준한 성장으로 가상현실 시장은 일상화로 발전하고 있다.[41]

미래의 전망 디지털콘텐츠 산업, K코리아 웹툰

웹툰 작가는 인터넷 홈페이지에 올릴 만화를 그리는 직업이다. 인터넷 홈페이지에 적합한 형식으로 컴퓨터 장비를 써서 원고를 그린 다음, 그대로 웹 페이지에서 대중들에게 선보인다. 웹툰webtoon을 그려내는 것이다.

컴퓨터와 정보화 기기의 발전, 그러니까 3차 산업혁명이 없었다면 웹툰 작가라는 직업은 세상에 태어나지 못했다. 한국에서 제작한 10부작 드라마 「스위트 홈」은 넷플릭스에 공개된 이후 해외시장을 휩쓸고 있다. 이 작품의 인기 비결은 '글로벌 누적 12억 뷰를 기록한 웹툰 원작이 있었기에 가능했다'라는 말이 나온다. 탄탄한 스토리와 개성 있는 캐릭터로 강력한 팬덤을 확보한 웹툰의 힘이 드라마 흥행을 이끌었다는 것이다.

K 웹툰이 한국 콘텐츠 산업의 신 르네상스를 열고 있다. 웹툰은 작품 자체가 높은 조회 수를 기록할 뿐 아니라 이를 원작으로 제작한 영화·드라마까지 인기를 얻으면서 흥행 보증수표로 자리 잡았다.

미국에서는 한국 웹툰을 애니메이션으로 만들어달라는 청원까지 나온다. 마블·DC코믹스로 대표되는 미국과 일본 만화가 세계 종이 만화 시장을 장악했다. 하지만 스마트폰·인터넷을 기반으로 한 디지털 웹툰 시장에서는 한국이 세계 시장을 석권하고 있다.

네이버 웹툰은 100개 국가에서 만화 앱 수익 1위를 달리고 있고, 카카오가 일본에서 서비스하는 만화 앱 '픽코마'는 지난해 일본 앱 시장에서 비게임 부문 1위를 차지했다.

전문가들은 K 웹툰은 기존 만화 생산 체계를 완전히 바꾸어 성공했다고 분석한다. 웹툰은 유명 작가의 문하생으로 들어간 뒤 등단했던 과거 도제식 시스템을 버렸다. 대신 포털에 누구나 작품을 올리고, 이용자들에게서 높은 점수를 받으면 정식 연재가 가능하도록 했다.

그림 실력이 다소 부족해도 아이디어와 소재가 참신하면 누구나 작가가 될 수 있다.

한국 문화 업계가 웹툰을 자양분 삼아 전 세계가 열광하는 콘텐츠를 쏟아내기 시작했다. 1·2편이 1000만 관객을 동원한 영화 「신과 함께」는 동명의 웹툰을 원작으로 했고, 큰 인기를 얻었던 드라마 「미생」, 「이태원 클라쓰」도 웹툰이 원작이다.

지난 2019년 기준 네이버 연재 작가(359명)의 연평균 수입은 3억 1,000만 원이다. 이 중 62%인 221명은 연 1억 원 이상 벌었다. 한창완 세종대 교수는 '미국·동남아 현지 작가를 발굴하고, 각국 문화에 맞게 번역하는 현지화 전략도 K 웹툰 성장을 이끈 요인이고 매주 올 컬러 만화를 인터넷에 올릴 수 있는 노하우와 인프라를 갖춘 나라는 한국이 유일하다'라고 했다.

네이버·카카오의 글로벌 결제액은 지난해 1조3,000억 원을 넘었다. 웹툰 하나를 활용해 영화와 드라마, 게임까지 만드는 원 소스 멀티유즈로 부가가치를 키우고 있다. 드라마·영화가 흥행한 이후, 원작 웹툰을 유료 결제로 다시 보는 사용자들도 꾸준히 늘고 있다.[42]

미래의 전망 디지털콘텐츠 산업, 전자출판

전자책이라는 새롭고 낯선 미디어가 대중에게 본격적으로 선보인 것은 1980년대에 DTP가 대중화되고 1990년 중반 인터넷이 확산하면서부터였다.

초창기 전자책은 종이책의 디지털 재현을 목표로 하였지만, 종이책의 보완적인 미디어 수준에 머물렀다. 본격적인 전자책 생태계 형성은 2010년을 전후한 스마트폰과 태블릿PC의 대중화를 기점으로 이루어졌다.

애플의 앱스토어, 구글 플레이와 같은 글로벌 콘텐츠 플랫폼의 등장하였으며, 국내에도 교보문고 전자책, 리디북스, 유페이퍼U-paper 등 다양한 출판 플랫폼 활성화로 이어졌다. 스마트폰의 급격한 확산은 모바일 디바이스를 통한 인터넷사용의 활성화를 가져왔다.

주목할 만한 현상은 2010년대에 웹브라우저를 기반으로 하는 같은 출판물인 웹툰·웹 소설·웹진·웹콘텐츠들이 확산하였다는 점이다. 이 콘텐츠는 전통적인 책으로부터 디지털화된 새로운 형태의 콘텐츠이지만, 창작, 제작, 유통, 사용방식은 기존의 종이책과는 다른 특징을 보인다.

따라서, 현재 전자책 시장을 구성하는 두 가지 큰 흐름은 종이책 출판을 재현하는 전자출판물과 종이책 출판과 관계없이 직접 디지털콘텐츠로 출판되는 전자출판물로 구분된다. 최근에는 오히려 웹툰이나 웹 소설, 그리고 다음 스토리 펀딩이나 브런치의 웹 콘텐츠들이 종이책으로 발행하고 영화나 드라마로 선보이는 흥미로운 현상들도 나타나고 있다.[43]

2010년 7월에는 아마존닷컴이 '2009년 크리스마스 대목에 하드커버 종이책보다 e북이 더 많이 팔렸다'라고 발표해 종이책 시장을 충격에 빠뜨렸다.

전자책은 대형 출판사만 만들 수 있는 것이 아니다. 갖고 있던 종이책을 전자책으로 바꾸는 방법 외에 최근엔 1인 출판인이 되어 책을 만드는 일도 많아졌다. 전자책 시장의 성장과 더불어 책은 만들기 어렵다는 고정관념도 깨지기 시작했다.

전자책을 만드는 일과 전자책을 판매하는 플랫폼을 활용하면 유익하다. 비용 없이 나만의 전자책 만들기를 스스로 하거나 전자책 무료 출판 대행하는 사이트를 방문해도 좋다.

종이책과 전자책의 출간 프로세스, 전자책 만들기 사이트를 살펴보자.

①종이책 만들기 프로세스

종이책아이디어 → 기획(저자 발굴 및 시장 설정) → 집필 → 원고 피드백 → 교정 → 편집 디자인 → 종이책 제작(인쇄용 PDF로 판 제작, 인쇄, 제본) → 출간→ 각 서점에 배본 → 독자

②전자책 만들기 프로세스

전자책아이디어 → 기획(저자 발굴 및 시장 설정) → 집필 → 원고 피드백 → 교정 → 편집 디자인 → 전자책 제작(ePUB, PDF 등) → 각 서점에 업로드 → 독자

③누구나 손쉽게 전자책 만들기 사이트 모음

◆스마트메이커(인공지능 기반 앱 제작 프로그램): 북 콘텐츠를 좀 더 입체적으로 전달할 수 있는 기능 구현이 가능하고, 심지어 누구나 직접 만들 수 있다. 1인 미디어 시대에 나만의 책 만들기, 나만의 앱 만들기도 가능하다. (https://smartmaker.com)

◆부크크: 부크크는 독자가 주문할 때 한 부씩 인쇄하여 배송한다. 그래서 재고 위험 부담 없이 언제든 필요할 때 인쇄가 가능하다. 출판과정을 5단계로 나누어 저자가 직접 출판하는 과정을 쉽게 만들었다. (https://www.bookk.co.kr/)

◆북팟: 원고가 있으면 책으로 출판해주는 곳이다. 무료 삽화와 표지를 이용할 수 있다. 직접 가격을 책정해서 수익 배분도 이루어진다. (https://www.bookpod.co.kr)

◆Fast campus(인터넷강의): 브런치 작가로 책 출판하는 방법을 알

려준다. (https://www.fastcampus.co.kr/category_online_challenge)

- ◆ (주)한국출판콘텐츠e-KPC: 현재 약 600여 출판사와 거래하여 약 50,000종의 전자책을 유통하고 있다. 국내 주요 유통사(약 13개) 와 실시간 시스템이 연동하고 있어 전자책을 출판하면 전자책 파일과 서지정보가 유통사 시스템에 자동으로 등록하고 판매 데이터를 출판사에 실시간으로 보고하는《출판계 공용 디지털콘텐츠 관리시스템》을 운영하고 있다.(http://www.e-kpc.co.kr)

- ◆ 리디북스는 226개국 250만 회원이 이용하는 전자책 전문 서점이다. 약 100만 종의 도서를 유통하고 있으며 2,000개 이상의 출판사와 함께하고 있다. 꼭 필요한 전자책 MUST-USE를 캐치프레이즈로 삼고 있다. 주요 장점으로는 ① 전자책 고객 만족도 1위 (한국소비자포럼 주최 퍼스트 브랜드 대상 3년 연속). ② 제휴한 출판사에 투명한 매출 관리를 할 수 있는 CMS 제공. ③ 가장 뛰어난 전자책 뷰어 기술 보유. ④ 전용 전자책 리더기 출시로 전자책 독자 맞춤 편의 제공 등이 있다. (http://www.ridibooks.com)

08.
생각의 탄력성,
한 번도 경험하지 못한 세계로 확장하라

어려움이나 좌절을 직면했을 때 사람은 어떻게 반응

하느냐에 따라 큰 차이를 가져온다. 고정 마인드셋을 지닌 사람은 사람의 특성이나 성격이 고정되어 있다고 믿는다. 반면 성장 마인드셋을 지닌 사람은 연습과 노력을 통해 언제나 자신의 특성을 개선할 수 있다고 믿는다.

천재상Genius Grant이라 불리는 맥아더 펠로우MacArthur Fellowship 상이 있다. 미국에서는 노벨상만큼이나 영예로운 상으로 꼽힌다. 수상자들은 수십 년간의 연구와 실험을 통해 미래를 위해 좀 더 나은 세상을 만들고 있다. 그들의 수상소감을 보면 평범한 나는 어떻게 천재들의 상을 받게 되었을까?에 관해 의문을 갖는다. 그것은 강한 집념과 끈기로 세상을 변화시킨 결과다.

아이를 끈기 있게 노력하는 성장 마인드셋으로 가르쳐라

스탠퍼드 대학의 캐럴 드웩 교수는 사회심리학과 발달심리학 분야에서 세계 최고로 인정받는 석학이다. 그녀의 저서 《마인드셋》은 인간성장 프로젝트이다. 그녀는 수십 년간의 연구와 실험을 통해 단순하지만 한 사람의 미래를 좌우할 마음가짐. 아이들의 마인드셋이 문제라고 지적한다.

똑똑한 아이일수록 지능은 타고나는 것, 변하지 않는 능력이라고 생각한다. 이런 아이들에게는 노력한다는 자체가 지능이 낮다는 걸의미하므로 노력하는 것이 의미가 없다. 그런데 드웩 교수와 연구진이 학생들의 이러한 마인드셋을 바꾸는 실험을 진행했다.

성적이 좋지 않은 중학교 1학년 학생을 두 집단으로 나누어 A 집단에는 기억에 관해 가르치고, B 집단에는 지능이 어떻게 변화할 수 있는지를 가르쳤다. 마치 운동을 하면 초콜릿 복근이 발달하는 것처럼, 지능도 자꾸 연습해서 쓸수록 발달한다고 가르친 것이다. 그럴 뿐만 아니라 반복 연습을 하면 뇌에서 어떤 변화가 일어나는지도 알려주었다.

실험 결과 노력하는 성장 마인드셋 교육을 받은 B 집단 아이들은 학습 동기에 변화가 일어났다. 지금까지 자기는 열등생이라고 생각하던 아이들이 노력하기 시작했고 마침내 학업 성적도 올라간 것이다. 성장 마인드셋은 노력만 하면 언제든지 향상될 수 있는 믿음에 바탕을 두고 있다.《마인드셋》의 일부 사례를 인용하면 중학교 1학년 소녀가 두 마인드셋의 차이점을 잘 보여주고 있다.

"지능은 노력해서 얻어야 하는 것이라고 생각해요. 그저 주어지는 것이 아니지요. 대부분의 아이는 해답을 모를 경우에 손을 들지 않아요. 그러나 저는 달라요. 손을 드는 거죠. 설령 내가 틀렸다 해도 선생님께서 실수를 바로잡아주시기 때문이죠. 어떤 때는 손을 들고는 '이 문제는 어떻게 풀죠?'라거나 '답을 모르겠습니다. 선생님께서 도와주실 거죠?'라고 해요. 그런 식으로 질문함으로써 저의 지능을 높이고 있어요."

고정 마인드셋을 지닌 사람은 실패에 더 민감하다. 한 번의 실패를 영원한 실패로 생각한다. 그 결과 그들은 항상 자신이 이미 갖추고 있는 역량을 증명할 수 있는 일만 선택하고 도전을 피한다. 성장 마인드셋을 지닌 사람은 실패를 두려워하지 않는다. 그 대신 도전을 역량으로 발전시키는 기회로 만든다. 배움에 보다 적극적이고, 도전에 직면하려는 경향이 더 강하다. 어려운 과제에 더 오랫동안 인내심을 갖는다. '천재상'이라 불리는 맥아더 펠로우 상이 그것으로, 미국에서는 노벨상만큼이나 영예로운 상으로 꼽힌다.

한국계 미국인으로는 2003년 수상한 김용 박사가 유일하다. 그는

2009년 다트머스 대학교 총장이 되면서 아시아계 최초로 아이비리그 총장이라는 기록을 남겼다. 그 이전에 하버드 의과 대학 국제보건·사회의학 과장과 세계보건기구WHO 에이즈 국장을 지냈고 세계은행 총재로 일한 경력이 있다. 한국계 미국인 의사였던 그는 파트너스 인 헬스 공동 설립자다.

2012년 세계은행 총재에 취임하여 2019년 2월 퇴임하고 신흥경제국 투자를 위한 뉴욕에 있는 '글로벌 인프라스트럭처 파트너스'에 합류했다. 김 전 총재는 코로나19 위기 상황의 심각성을 깨닫고 글로벌 인프라스트럭처 파트너스 업무를 잠시 멈췄다.

그는 파트너스 인 헬스로부터 1,000명을 고용하여 코로나19 확진 환자에게 직접 연락하고 그들이 접촉한 사람을 알아내 자가격리는 물론 코로나19 확산을 막는 게 목표다. 그는 과학자로서 정책결정자들을 만나며 이렇게 말한다.

"누군가를 설득하는 일은 굉장히 어렵다. 직접 하거나 최소한 시작하지 않으면 안 된다. 완벽하지는 않지만 뭔가 할 수 있는 일이 있다고 얘기하는 게 필요하다. 전 세계에서 어떤 일이 일어날지가 우려된다. 글로벌 금융 위기보다 더 심각한 상황이다. 더 악화할 수도 있다. 저소득 국가에서는 굶어 죽는 이들도 발생할 가능성이 있다. 원조가 사라질 수도 있다는 의미다."[44]

우리 아이의 운명을 바꾸는 협상가로 성장시켜라

하버드 명예교수이자 협상전문가인 제라드 니렌버그는 이렇게 말한다.

"협상에서 가장 결정적으로 작용하는 것은 말이다. 화술은 협상에서 가장 중요한 기교로, 이를 통해 상대방의 생각과 계획 그리고 그들이 원하는 것을 알아낼 수 있다."

카네기의 명언 중에 성공의 85%는 인간관계 및 화술 등으로 결정된다. 기술이나 지식은 15%에 불과하다. 현대사회에서 개인의 성공은 말하기 실력에 달렸다. 사업의 성공과 실패는 종종 단 한 번의 대화로 결정되기도 한다. 그래서 뛰어난 화술을 배우고 훈련하는 일은 어느덧 성공의 필수 조건이 되었다. 정말 성공하고 싶다면 사람과의 소통을 배워야 한다.

협상에서 언제나 승기를 잡고 거래를 성공시키는 사람이 있다. 그들의 비결은 대체 무엇일까? 하버드의 한 교수는 이에 관하여 이렇게 말했다.

"협상에서는 별다른 비결이나 술수가 필요 없다. 오직 진심으로 마음을 터놓고 상대방의 의견을 열심히 들으면 된다. 이것으로 이미 상당한 우세를 결정한다. 왜냐하면, 경청이야말로 상대방을 도취시키는 가장 큰 무기이다."

경청은 누구나 쉽게 할 수 있지만 실제로 하는 사람은 매우 드물다. 좋은 대화 상대가 되어 인맥을 확대하고자 한다면 반드시 좋은 경청자가 되어야 한다. 언제나 상대방이 이야기하고 싶어 하는 내용을 질문하고, 그들이 마음을 열고 속내를 털어놓을 수 있도록 유도해야 한다. 미국의 한 정치인은 화술이 외국어 능력이나 하버드 졸업장보다 더 중요하다고 했다. 현대 사회에서 사람은 언어를 떠나 살 수 없다. 말 잘하는 사람의 특징은 논리적 사고를 꾸준히 학습한다. 말이라는 것은 생각을 바탕으로 나오는 것이기에 결국 논리적으로 사고하는 사람이 논리적인 말하기를 할 수 있다. 이를 키우는 가장 좋은 방법은 평소 독서를 생활화하고 토론을 자주 하는 것이다. 독서와 토론을 통해 아이는 자신의 의견이 논리적으로 타당한지 점검할 수 있고, 그 과정에서 점차 말로 옮기는 능력을 배운다.

아이와 함께 이야기를 주고받는 도중 내용을 이해하지 못하거나 말꼬리를 잡는 등 토론에 있어 잘못된 태도를 보일 때는 이를 바로잡아주어야 한다. 아직 어리다고 생각하여 그대로 버려둘 경우 습관으로 남는다. 나중에 고치려면 상당한 노력과 시간이 걸리므로 처음부터 바른 태도를 기를 수 있게 도와줘야 한다.

부모와 아이의 토론을 바탕으로 한 대화는 말하기 실력 향상은 물론 친밀감 향상에도 큰 도움을 준다. 눈을 맞추고 이야기를 들어주면서 적당한 부분에서 맞장구를 쳐준다. 중간중간 이야기를 풍부하게 이어나갈 수 있도록 질문을 던지면 효과적이다.

가족이 함께 실천하는 우리 아이 말하기 실력 향상 프로젝트를 살펴보자.[45]

① 우리 집만의 '100분 토론' 열어보기

가족 토론을 생활화해본다. 평소 신문이나 잡지 등에서 좋은 주제를 스크랩해 두고 기회가 되면 그 내용을 주제 삼아 토론한다. 토론 주제로는 뉴스에 자주 나오는 시사문제나 국제적인 흐름이 좋다. 그런 내용은 아이들에게 너무 어렵다고 생각할 수도 있지만 요즘에는 아이들의 눈높이에 맞춘 정보가 많이 나오기 때문에 염려할 필요가 없다.

토론할 때는 아이의 의견에 맞장구를 치면서 질문을 자주 던져 이야기를 끌어내도록 해야 한다.

② 나도 드라마·소설 작가

저녁때면 아이들과 함께 둘러앉아 텔레비전을 보는 시간이 많을 것이다. 드라마를 보거나 아이들 프로그램을 볼 때 다음 줄거리로 어떤 내용이 나오면 좋을지를 이야기해본다. 자신의 의견을 표현하는 능력을 기르는 데 효과적이다.

이때 주의해야 할 점은 무조건 '이렇게, 저렇게 될 것 같아'라고 이야기하게 하는 것보다는 원인과 결과를 갖추도록 지도하는 것이다. 또 아이와 함께 도서관이나 서점을 방문해 책을 읽고 아이들이 재미있어하는 책을 바탕으로 생각과 의견을 주고받는다. 흥미를 자극하고 표현력을 기를 수 있다.

이 과정에서는 객관적으로 말하는 습관을 길러주는 것이 좋다. '내 생각에는', '내가'로 시작하는 주관적인 말하기부터 시작하여 발전시키는 것이 좋다. 더불어 아이가 좋아하는 동화책의 이야기를 바꿔 말하게 하는 것도 상상력과 사고력, 순발력을 기르는 데 도움이 된다.

③가족 스피치 대회 열기

3분 스피치는 말하기의 효율성을 높이는 데 적합한 훈련이다. 이때 말하기의 내용도 중요하지만, 구성을 어떻게 하고 조직적으로 정리하느냐가 더 중요한 말하기 방법이다. 따라서 3분 스피치를 할 때는 말할 내용의 원고를 미리 적어오지 않도록 해야 한다.

가족끼리 모여 오감 만족 스피치를 해보는 것도 좋다. 오감 만족 스피치는 5분 동안 전 분야에 대해 발표한 뒤 이를 들은 사람이 다시 정리해 요약 발표하는 형식으로 진행한다. 자신의 말로 다시 재해석하여 남을 이해시키는 과정이다. 듣고 다시 정리해 발표하는 것을 반복하면서 듣기 훈련이 되는 장점이 있다.

④큰 목소리로 소리 내어 책 읽기

아이 중에는 아무리 똑똑하고 많은 정보를 가지고 있다 하더라도

미래인재 모든 것

자신이 하고 싶은 말을 제대로 하지 못하는 경우가 많다. 이때는 책을 소리 내어 읽도록 지도하는 것이 좋다. 물론 무조건 글자를 읽기보다는 엄마가 미리 쉬어서 읽어야 하는 부분을 표시해준다. 더 올바른 호흡법을 익히고 편안하게 말하는 습관을 기를 수 있다.

소리 내어 책을 읽으면 자연스럽게 내용을 이해하고 저절로 암기할 수 있다. 즉, 발표력을 향상시키는 데 효과적이다. 면접이나 토론, 발표 등에 있어서도 자신감을 키우는 데 도움이 된다.

⑤UCC 촬영 후 둘러앉아 모니터

자신이 발표할 때의 목소리나 태도를 직접 확인하는 것은 말하기 실력을 키울 수 있는 좋은 방법이다. 요즘 집집이 하나씩 가지고 있는 카메라, MP3, 휴대폰 등으로 간단하게 동영상 촬영을 하거나 음성 녹음을 한 뒤 아이와 함께 확인해보자. 부정확한 발음이나 습관적으로 반복하는 단어가 무엇인지, 잘못된 자세로 이야기하지는 않는지 등을 쉽게 파악할 수 있다.

특히, 아이가 자신의 모습이나 목소리를 직접 보고 듣기 때문에 더욱 적극적으로 참여할 수 있다. 하나의 재미있는 놀이로 여길 수도 있다. 아이의 흥미를 더해주고 싶다면 가족이나 친구들과 함께 책의 한 장면을 상황극으로 재연해본다. 또한, 기자가 된 것처럼 취재 내용을 발표하는 시간을 가져보는 등 다양한 시도를 해보는 것도 좋다.

⑥ 엄마는 요리사, 나는 진행자

엄마가 음식을 만들 때, 먼저 요리를 정하고 이름부터 재료 만드는 방법을 차례대로 설명하도록 한다. TV의 요리 프로그램을 생각하면 된다. 특별한 요리를 준비하기보다는 저녁 식사 준비 시간에 부담 없이 아이 옆에서 엄마를 도우며 하도록 한다.

어휘력과 순발력, 논리적 말하기 능력을 키우는 데 도움이 된다. 단순히 상황을 전달하는 것을 넘어 '바싹하게 튀겨', '쫄깃하게', '새콤달콤하게 버무려'와 같이 상황에 맞는 과정을 생생히 표현하도록 한다.

⑦ 노래 가사 만들기

동요나 캐럴, 아이가 좋아하는 노래 등에 새로운 가사를 붙이는 놀이를 한다. 기존의 멜로디, 리듬에 맞는 가사를 만들어 적어본다. 박자에 맞게 가사 길이를 조절해야 하므로 어휘력과 표현력을 기를 수 있다. 또 같은 의미의 말도 다양하게 표현하려고 노력해보자. 책에서 본 글귀라든가 어휘 등을 생각해서 적어보면 판단력이나 논리적 사고력까지 기를 수 있다.

나만의 콘셉트로 탄력성을 확장하라

생각 탄력성은 지나간 실패와 고난을 잊고 현재로 복귀시키고, 마음 탄력성은 이기는 방법을 선택하며, 행동 탄력성은 일단 움직이게 만든다. 현재는 과거의 결과이고 연장선이지만 불쾌한 과거에 잡혀 힘을 뺏기면 절대로 부활하지 못한다.

기분 나쁜 과거는 지우고 새로운 생각을 해야 한다. 아프리카 최빈국에 사는 윌리엄 캄쾀바는 나만의 콘셉트로 전기 풍차를 발명하였다. 2001년, 아프리카 말라위에 사는 열네 살 그는 창밖에서 몰래 수업을 듣다가 쫓겨났다.

이런 암담한 현실에서도 그는 매일 마을 도서관에 들러 책 읽기를 게을리하지 않았다. 도서관은 그에게 희망의 장소였다. 그는 1년 동안 학비 80달러를 낼 수 없어 중퇴했기 때문에 더는 학교에서 공부할 수 없었다. 하지만 크게 창피하거나 우울하지 않았다. 대신 '어떻게 하면 다시 공부할 수 있을까? 어떻게 하면 책을 많이 읽을 수 있을까?'라는 생각만 계속했다. 그런 그의 눈앞에서 매서운 황토 바람이 불었다. 순간 윌리엄은 생각했다.

'저 바람이 전기가 된다면, 저 전기 바람만 잡을 수 있다면, 밤늦게까지 책도 읽고 부모님이 농사를 짓기 편하실 텐데….'

그러던 어느 날 그는 에너지의 활용이라는 미국 초등학교 과학 교과서 표지 그림을 보았다. 그건 바로 풍차였다. 책 속엔 풍차로 전기를 생산하고 물을 퍼 올리는 방법이 그림으로 나와 있었다. 윌리엄이 만들고 싶었던 그 바람 전기를 이 기구가 가능성 있다는 것을 본능적으로 알아봤다. 그는 기필코 풍차를 이용해 전기를 만들어내겠다는 꿈을 갖고 모든 열정과 집중력을 쏟아부었다. 하지만 영어사전을 뒤져 가며 책을 읽어도 풍차 설계 방법, 전력 생산 방법 같은 내용은 없었다. 전기 지식도 부족했기에 무수히 많은 시행착오를 겪어야 했다.

하지만 풍차는 전기 그 이상의 자유와 희망을 의미했기에 포기할 수 없었다. 그래도 포기하지 않았던 그는 마침내 2002년 풍차를 만들었다. 풍차는 고장 난 자전거에서 떼어낸 바퀴와 체인과 발전기, 어머니가 빨랫줄로 쓰던 전선, 그리고 버려진 녹슨 트랙터에서 떼어낸 냉각팬을 이어 붙였다.

이후 그는 자기 가족만 전기를 쓰는 것이 아니라 마을 사람들도 함께 쓸 수 있도록 공유했다. 2007년에는 전 세계의 지성이 모이는 TED 국제회의에 초대받아 강연을 했다. 유명한 과학자들과 발명가들 사이에 중학교를 중퇴한 아프리카 소년이 발표한 것이다.

"저는 시도했고 결국은 해냈어요."

강연 후, 세계적 미디어인 미국의 월스트리트저널이 커버스토리로

그를 전 세계에 소개했고, TED의 지원을 받아 남아프리카공화국에 있는 범아프리카 지도자 양성코스인 아프리카 지도자학교Africa Leadership Academy에 입학하여 다녔다. 그는 벤처캐피털의 지원으로 미국 명문대인 다트머스 대학교에서 환경학을 전공한다.

　현재는 아프리카를 비롯한 저개발국 주민들의 자립을 돕고 아프리카의 현실을 개선하기 위해 많은 노력을 하고 있다.[46] 자신을 업그레이드하여 성장을 추구하는 그는 가족과 마을을 변화시키려고 노력했다. 그로 인해 아프리카 아이들은 과학에 흥미를 갖고 공부하게 되었다. 아프리카에 빛과 희망을 선물한 것이다.

관찰이 바꿔놓을 삶을 준비하라

꽃을 커다랗게 그렸던 화가 조지아 오키프Georgia O'Keeffe에게 화가들이 찾아와 질문했다.

"왜 그렇게 꽃을 크게 그리느냐?"

그녀는 이렇게 대답했다.

"그럼 당신들은 자연을 그리는 화가에게 실제보다 왜 그렇게 작게 그리는지 물어본 적이 있나요?"

그녀의 친구들은 왜 그렇게 꽃을 크게 그리는지 이해하지 못했다.

엄마가 아이를 이해하기 위해서는 시간이 필요하다. 그녀는 꽃을 이해하기 위해 많은 시간을 투자했다. 그녀의 말에 의하면 '아무도 꽃을 보지 않지. 꽃은 너무나 작아서 우리는 꽃을 볼 시간이 없어, 친구를 사귀는데도 시간이 필요해'라고 했다. 엄마가 아이를 이해하고 행동하기 위해서는 용기가 필요하다.

우리가 학교에서 배우는 것은 아는 것이 목적일까, 이해하는 것이 목적일까. 지금부터는 엄마가 '자녀의 미래 교육 구조'에 대해 다시 정리하고 방법을 생각해보자. 미래 교육은 지식을 전달하고 암기하는 방식의 교육이 아니라 삶의 지혜와 지식을 이해하는 통찰력을 길러주어야 한다. 또한, 사회적 존재로서 협동심, 소통, 공감 능력을 길러주는 교육이 되어야 한다.

이제 부모의 '행동하는 용기'가 필요할 시점이다. 아이가 가진 잠재능력을 알고 이해하며 씨앗이 잘 자라게 하기 위해서는 감각을 키워야 한다. 제대로 세계를 인식하려는 의지가 필요하다. 아이의 행복지수를 높여주기 위해 아이가 자신의 능력을 믿고 생각을 표현할 수 있도록 자신감을 불어넣어 주어야 한다. 또, 경쟁보다 교류의 즐거움을 느끼도록 화합의 순간을 끊임없이 제공해야 한다. 사회의 일원으로 살아가는 데 필요한 기본적인 태도를 가르치지만, 생각하고 행동하는 자유가 우선이다.

아이들의 행동에는 각자의 의도와 주체성이 있다. 아이들의 사소한 말과 행동에도 그냥 지나치지 말고, 숨어있는 의도와 의미를 발견하라! 아이들에겐 자기를 조금만 이해하고 자신의 이야기를 꺼내어 나눌 수 있는 시간이 가장 좋은 치료이다.

어릴 때 들었던 클래식, 팝송, 대중가요 등은 청소년이 되었을 때 연극수업에 도움을 주었다. 팝송을 번역하며 이해하는 「오성식의 굿모닝 팝스」를 듣기 위해 새벽 6시에 일어났다. 영어에 대한 즐거움을 갖게 되었다. 《그림의 힘》을 보며 대한민국 100대 미술관을 순례하였다. 그림은 소통과 치유를 해주고 한 차원 높은 시선으로 나 자신을 바라보게 만들어 주었다.

스티브 잡스 미술전을 둘러보며 잡스에 관한 영화, 책, 유튜브 동영상을 보며 잡스를 이해하게 되었다. 그의 철학이 궁금했다. 'Simple is beautiful'을 깨달았을 때 내 삶에 불필요한 요소들을 지웠다.

점을 찍고 10cm 앞으로 나아가기부터 출발하자. 이 책의 독자들이 새로운 변화에 적극적이고 긍정적인 모습으로 나가길 바란다. 자녀 미래 인재교육을 경영할 수 있도록 도전하길 바란다.

아버지와 함께 자전거를 타던 그리움, 어머니가 도시락을 정성스럽게 싸주신 모습 등 그 고마움을 평생 간직하며 살고 싶다. 내 가족과 친절한 이웃들에게 고마움을 전하고 싶다. 끝으로 글쓰기를 지도해 주신 이상민 소장님, 출판사 대표 김경배 님에게 감사함을 전한다.

용어정리

인공지능(AI)

   인간의 지능적인 행동을 어떻게 기계 시스템에 적용할 수 있을지 연구하는 컴퓨터 과학의 한 분야이다. 인공지능은 다양한 분야에 활용되고 있다. 현금 없는 결제에서부터 다양한 유형의 보안과 산업 제조에 이르기까지 다양한 활용 사례가 가능하다. 가장 잘 알려진 두 기술이 머신러닝과 딥러닝이며, 딥러닝은 머신러닝의 하위 분야라고 할 수 있다.

머신러닝

   알고리즘이 '경험', 즉 샘플 데이터를 기반으로 지식을 획득한다. 시스템이 중요 특징을 찾아낸다. 통합하여 알려지지 않은 데이터에 적용할 규칙을 스스로 설정한다. 머신러닝의 한 가지 예로 동영상 포털의 추천 기능을 들 수 있다. 동영상 추천에 대한 사용자 반응을 분석하기 때문에 추천 기능이 나날이 향상되고 있다.

딥러닝

   대량의 데이터(빅데이터) 분석을 기반으로 한다. 시스템이 다양한 출처의 디지털 정보를 분류하고 가려낸다. 학습 프로세스가 모든 데이터를 동시에 사용하지는 않지만 계속해서 새로운 정보 모음을 사용한다. 목표는 학습한 내용을 분류하고 파악하는 것이다.

사물인터넷(IoT)

   사물인터넷(Internet of Things, 약어로 IoT)은 각종 사물에 센서와 통신 기능을 내장하여 인터넷에 연결하는 기술. 즉, 무선 통신을 통해 각종 사물을 연결하는 기술을 의미한다. 인터넷으로 연결된 사물들이 데이터를 주고받아 스스로 분석하고 학습한 정보를 사용자에게 제공하거나 사용자가 이를 원격 조정할 수 있는 인공지능 기술이다. 여기서 사물이란 가전제품, 모바일 장비, 웨어러블 디바이스 등 다양한 내장형 시스템이 된다.

빅데이터(Big Data)

   기존 데이터베이스 관리 도구의 능력을 넘어서는 대량(수십 테라바이트)의 정형 또는 심지어 데이터베이스 형태가 아닌 비정형의 데이터 집합이다. 데이터로부터 가치를 추출하고 결과를 분석하는 기술이다. 즉, 기존의 데이터베이스로는 처리하기 어려울 정도로 많은 양의 데이터를 의미한다. 다양한 종류의 대규모 데이터에 대한 생성, 수집, 분석, 표현을 특징으로 한다. 빅데이터 기술의 발전은 다변화된 현대사회를 더욱 정확하게 예측하여 효율적으로 작동시킨다. 개인화된 현대사회 구성원마다 맞춤형 정보를 제공, 관리, 분석 가능케 하며 과거에는 불가능했던 기술을 실현한다.

클라우드(Cloud Service)

   '클라우딩 컴퓨팅'은 사용자의 환경 밖에서 서비스로써 제공된 컴퓨팅 자원을 비용을 지불하고 사용하는 것이다. 사용자는 사용한 자원에 대한 비용만을 지불하며 클라우드 환경에 있는 모든 자원을 언제 어디서나 인터넷을 통해 액세스할 수 있다. 클라우드 서비스란 타사 제공업체가 호스팅하여 인터넷을 통해 사용자에게 제공하는 인프라, 플랫폼 또는 소프트웨어를 말한다. 프론트엔드 클라이언트(예: 사용자의 서버, 태블릿, 데스크톱, 노트북 등 사용자의 모든 하드웨어)의 사용자 데이터 흐름을 원활하게 해준다. 사용자가 클라우드 서비스에 액세스하려면 컴퓨터, 운영체제 및 인터넷에 연결된 네트워크만 있으면 된다.

다보스 세계경제포럼

세계의 저명한 기업인·경제학자·저널리스트·정치인 등이 모여 범세계적 경제문제에 관해 토론하고 국제적 실천과제를 모색하는 국제민간회의이다. 1971년 독일 태생의 유대인 클라우스 슈밥(Klaus Schwab)이 비영리재단 형태로 창립했다. 정식 명칭은 세계경제포럼(World Economic Forum: WEF)이다. 스위스 다보스에서 매년 초 총회가 열려 다보스포럼으로 더 잘 알려져 있다. 2002년에는 9·11테러에 맞선다는 의미로 다보스 대신 뉴욕에서 열렸다. 본부는 스위스 제네바에 있다.

디지털 노마드 (Digital Nomad) 세대

디지털 노마드(Digital Nomad)는 프랑스 경제학자 자크 아탈리가 1997년 '21세기 사전'에서 처음 소개한 용어다. 주로 노트북이나 스마트폰 등을 이용해 장소에 상관하지 않고 여기저기 이동하며 업무를 보는 이를 일컫는다. 일과 주거에 있어 유목민(nomad)처럼 자유롭게 이동하면서도 창조적인 사고방식을 갖춘 사람들을 뜻한다. 현대의 아이들은 4차 산업 혁명 시대에 다양한 변화에 맞춰 태어날 때부터 스마트폰을 가지고 태어난다는 디지털 노마드(Digital Nomad)세대이다.

미국 MIT 공과대학교

매사추세츠 공과대학교(Massachusetts Institute of Technology), 약자 MIT는 미국 매사추세츠주의 케임브리지에 있는 연구 중심 공대를 모체로 한 사립대학교이다. 설립 이래 공학, 이학, 건축학, 인문과학 분야에서 수많은 공적을 쌓았으며 유능한 과학자들을 배출해낸 공과대학교이다.

리부트(reboot)

어원은 부팅을 다시 하는 것이다. 기존 작품의 설정 등을 처음부터 다시 만드는 행동을 의미한다. 리메이크와 비슷하지만, 리메이크는 전반적인 틀에서 가급적 벗어나지 않도록 원래 내용을 수정하는 정도이다. 리부트는 최소한의 고유 설정만 유지한 채 기존 설정과 전반적인 틀을 머리끝부터 발끝까지 180도 갈아엎는다는 차이점이 있다.

긱 경제(Gigged Economy)

'긱'은 소규모 회장에서 연주를 뜻하는 영어 단어다. 1920년대 미국에서 재즈의 인기가 높아지자, 공연장 부근에서 즉흥적으로 하룻밤 동안 공연에 참여하는 연주자를 구하는 단기계약이 유행했다. 여기서 유래해 '긱 경제'는 기업들이 정규직을 채용하는 대신, 필요할 때마다 필요한 사람과 임시로 계약을 맺고 고용하는 경제 형태'를 뜻하는 용어가 됐다.

평생 교육 시대

교육의 경계도 무너지고 있다. 학생이나 수험생을 대상으로 하는 수험용 인강(인터넷 강의)뿐만 아니라 인터넷 등 첨단정보통신기술(ICT)의 발전으로 쉽게 접근할 수 있다. 다양한 교육이 진행되고 있다. 평생교육을 원하는 사람들에게 맞춤형 교육 콘텐츠를 제공한다. 지난 2000년 등장한 사이버대학교의 역할과 기능은 더욱 중요해지고 있다. 과거 주변 환경과 여건이 부족해 대학에 진학하지 못한 세대들이 학위를 취득하고자 사이버대에 입학했다. 이제는 새로운 인생을 위해 자기역량 강화를 목적으로 사이버대의 특성화학과를 선택하는 사람들이 늘어나는 추세다.

e- 비즈니스 경제

e-Commerce는 전자 매체를 통한 상품거래를 총칭하는 말이다. e-비즈니스는 디지털 경제하에서 전체산업과 기업의 변화와 상호 간의 관계를 지칭하는 보다 포괄적인 의미이다. e-Commerce를 포함한 개념이라 볼 수 있다. 따라서 전자상거래가 유의미한 포괄적 개념이라면, e-비즈니스는 전자상거래 상황에서 가장 포괄적인 개념으로 생각할 수 있다.

가상현실(VR) 투어

휴대기기를 사용하면 가이드 없이도 직접 가상현실(VR) 및 증강 현실(AR) 투어를 할 수 있다. VR의 경우 투어를 선택하여 실제로 목적지에 가 있는 것처럼 탐색할 수 있다. AR의 경우에는 사용자가 있는 공간에 AR 개체가 실제로 있는 것처럼 보고 둘러 볼 수 있다.

스마트 팩토리 기술

4차 산업혁명 중 스마트 팩토리의 핵심 기술력은 IoT, 빅데이터, 인공지능, VR과 AR, 클라우드 컴퓨팅, DPS, 5G, 3D 프린팅, 스마트머신. 이렇게 아홉 가지의 핵심기술이 존재한다는 것을 확인할 수 있다. 이러한 기술들이 하나로 합쳐져 서로 시너지 효과를 낼 때, 비로소 스마트 팩토리가 완성된다.

디지털 트랜스포메이션

디지털 트랜스포메이션이란 디지털 기술의 급격한 발전으로 인한 혁신적인 발전 방식을 뜻한다. 즉, 비즈니스 동향, 전략, 사례, 솔루션, 서비스, 플랫폼의 혁신을 포함한다.

제4차산업혁명 시대(Fourth Industrial Revolution)

정보통신 기술(ICT)의 융합으로 이루어지는 차세대 산업혁명이다. 18세기 초기 산업 혁명 이후 네 번째로 중요한 산업 시대이다. 이 혁명의 핵심은 빅데이터 분석, 인공지능, 로봇공학, 사물인터넷, 무인 운송 수단(무인 항공기, 무인 자동차), 3차원 인쇄, 나노 기술과 같은 7대 분야에서 새로운 기술 혁신이다.

티핑포인트(tipping point) 시대

'티핑포인트'란 어떤 현상이 처음에는 아주 미미하게 진행되다가 어느 순간에 균형을 깨고 폭발적으로 일어나는 시점을 말한다. 이 단어가 처음 등장한 것은 노벨경제학상을 받은 토머스 셰링(Thomas Schelling)이 쓴 1969년 '분리의 모델'이라는 논문이다.

뉴 노멀(new normal) 시대

코로나19 위협이 지속되면서 뉴노멀(New normal) 시대의 생활방식에 대한 이슈가 더 뜨거워지고 있다. '뉴노멀'은 시대 변화에 따라 새롭게 떠오르는 기준을 뜻하는 신조어이다. 2008년 글로벌 금융위기 이후 새롭게 나타난 세계경제의 특징을 통칭하는 말로 시작되어 사회적으로 '새로운 기준이나 표준'이 보편화되는 현상을 이르는 말이 되었다.

인디펜던트 워커(independent worker)

코로나19의 등장은 우리 사회의 많은 것들을 흔들어놓았다. 난생처음 겪어보는 경험 앞에서 모두들 '위기'를 얘기했고, 그 위기 속에서 노동시장에는 '인디펜던트 워커'라는 말이 등장했다. 인디펜던트 워커(independent worker:독립적 노동자)란, 기업의 성쇠와 경제 흐름의 변화 등 수많은 외부 변수에도 결코 일을 잃지 않고 독립적이다. 자유롭게 또 주체적으로 일을 할 수 있는 사람을 말한다.

화상회의

요즘 여러가지 사회적인 이슈로 인해 화상회의의 중요성이 급부상하고 있다. 학교 등에서는 이미 구글 클래스룸, 줌(ZOOM), EBS 온라인클래스 3가지 정도의 플랫폼으로 수업을 진행하고 있다.

원격교육

언제 어디서나 누구에게든지 교육의 기회를 제공한다. 학습자 중심의 쌍방향 의사소통을 지향하는 교수-학습 체제로 일정한 교육목표와 의도를 가지는 계획적인 활동이다.

초연결성(Hyper-Connection)

제4차 산업혁명 시대를 설명하는 용어 중 하나이다. 초연결사회란 모든 사물이 마치 거미줄처럼 촘촘하게 사람과 연결되는 사회를 말한다. 사물인터넷(IoT : internet of things), SNS(소셜 네트워킹 서비스)와 증강 현실(AR)의 기반이 되는 초연결기술이 초연결사회를 가능하게 했다.

사회적 자본(social capital)

일상생활과 경제적 효율성을 추구하는 시장에서 '신뢰'가 핵심적인 문제라는 인식에서 개념화되었다. 즉 한 사회의 문화 특히 신뢰수준과 사회규범 그리고 공동체에 대한 의무 등 사회의 효율성이나 성장에 영향을 미치는 여러 요소를 총칭한다.

ICT 활동능력

ICT(Information & Communication Technology)는 정보기술(Information Technology)과 통신기술(Communication Technology)의 합성어. 정보 기기의 하드웨어 및 이들 기기의 운영 및 정보 관리에 필요한 소프트웨어 기술과 이들 기술을 이용하여 정보를 수집, 생산, 가공, 보존, 전달, 활용하는 모든 방법을 의미한다. ICT 활용 교육은 각 교과의 학습 목표를 가장 효과적으로 달성하기 위하여 ICT를 교과과정에 통합시켜, 교육적 매체(instructional media)로써 I활용하는 교육이다.

디자인 씽킹(design thinking)

'문제 해결에 있어서 디자이너들이 문제를 풀던 방식대로 사고하는 것'을 말한다. 이를 이해하기 위해서는 '디자인'의 본래 뜻을 생각해 볼 필요가 있다. 디자인은 '지시하다', '성취하다', '계획하다'라는 뜻의 라틴어 데시그나레(Designare)에서 유래했다. 디자인 씽킹은 '사고방식'을 전반적인 비즈니스의 문제 해결 과정에 도입하는 것을 일컫는 것이다.

플랫폼

현재 '플랫폼'이라는 말은 정보통신 분야뿐만 아니라 다양한 분야에서 폭넓게 쓰이고 있다. 그러나 플랫폼이라 불리기 위해서는 플랫폼을 중심으로 한 선순환 구조의 생태계가 조성되어야 한다. 플랫폼 사업자 혼자만 먹고살 수 있는 구조가 아닌 플랫폼을 이용하는 공급자와 수요자 모두가 새로운 가치와 혜택을 얻을 수 있어야한다.

LMS(Learning Management System) 사용능력

LMS는 온라인 기반 환경에서 학습자 관리, 콘텐츠 전달 등의 기능을 하는 시스템이다. 교육활동에서 학습자의 역량을 강화시켜준다. 학습의 전반적인 활동과 과정을 관리해 주는 시스템을 말한다.

홈스쿨

부모가 자신의 자녀교육에 대하여 1차적 책임을 갖고, 자녀를 가르치며 학습에 대해 관리해나가는 것을 말한다.

NQ(Network Quotient)

함께 사는 사람들과 관계의 정도를 나타내는 지수라고 한다. 즉, 공존지수는 인맥지수와도 같은 맥락인데 성공한 사람들의 대부분이 높은 공존지수를 가지고 있으며, 인맥경영이라는 또 하나의 사업을 하는 것과 같다고 할 수 있다.

5세대(5G) 통신

5세대 이동 통신(5G, fifth generation technology standard)은 2018년부터 채용되는 무선 네트워크 기술이다. 26, 28, 38, 60 GHz 등에서 작동하는 밀리미터파 주파수를 이용하는 통신이다. 미국의 Verizon 사업자가 5GTF (5G Technology Forum)를 2015년 말에 설립하여 주도하고 있으며, 5GTF에 한국에서는 KT와 SKT가 합류를 하였고, 일본의 Docomo가 가세해 있다.

글로벌인재포럼(Global HR Forum)

한국경제신문과 교육부, 한국직업능력개발원이 2006년 공동으로 창설한 글로벌인재포럼(GLOBAL HR FORUM)이다.

지식생산자(maker)

메이커(Maker)는 '브랜드'란 뜻과, '만드는 사람'이란 의미로도 쓰인다. 메이커 운동의 허브역할을 하는 테크숍(Techshop)의 공동설립자 겸 최고경영자(CEO)인 '마크 해치'는 저서 '메이커 운동 선언'에서 메이커와 메이커운동을 설명했다. "발명가, 공예가, 기술자 등 기존의 제작자 카테고리에 얽매이지 않으면서 손쉬워진 기술을 응용해서 폭넓은 만들기 활동을 하는 대중을 지칭한다."

구글

구글 LLC(Google LLC)는 전 세계의 정보를 체계화하여 모든 사용자가 편리하게 이용할 수 있도록 하는 것을 목표로 하는 미국의 다국적 기업이다. 검색 서비스 제공을 주력으로 한다. 구글 검색은 2018년 5월 기준 전 세계 검색량의 90%를 점유하고 있다.

인스타그램(Instagram)

온라인 사진 공유 및 소셜 네트워크 서비스이다. 인스타그램의 이용자들은 인스타그램을 통해 사진 촬영과 동시에 다양한 디지털 효과를 적용한다. 페이스북이나 트위터 등 다양한 소셜 네트워크 서비스에 사진을 공유할 수 있다.

페이스북

사용자들 가운데 가장 많이 이용되는 소셜 네트워크 서비스라고 한다. 페이스북(Facebook)은 미국 캘리포니아주 멘로파크에 본사를 둔, 소셜 네트워크 서비스이다. 2004년 2월 4일에 마크 저커버그(영어: Mark Zuckerberg)가 하버드대 동문이자 룸메이트인 사람들과 함께 웹사이트를 개설했다. 2020년 6월 기준으로, 월 실 사용자(Monthly Active Users)의 수가 무려 27억 명에 달했다.

유튜브

구글이 서비스하는 동영상 공유 플랫폼이다. 전세계 최대 규모의 동영상 공유 및 호스팅 사이트로서, 이용자가 영상을 시청 · 업로드 · 공유할 수 있다. 유튜브의 본사는 미국 캘리포니아주 샌브루노에 위치해 있다.

소셜 플랫폼

소셜 미디어(social media)는 개방, 참여, 공유의 가치로 요약되는 웹 2.0시대의 도래에 소셜 네트워크의 기반 위에서 개인의 생각이나 의견, 경험, 정보 등을 서로 공유한다. 타인과의 관계를 생성 또는 확장시킬 수 있는 개방화된 온라인 플랫폼이다.

세렌피티(serendipity)

완전한 우연으로부터 중대한 발견이나 발명이 이루어지는 것을 말하며 특히 과학연구의 분야에서 실험 도중에 실패해서 얻은 결과에서 중대한 발견 또는 발명을 하는 것을 말한다. 어원은 실론과 관련되어 있다. 사례로 플레밍의 페니실린 발견을 들 수 있다. 플레밍이 배양실험을 하는 도중에 실수로 잡균인 푸른곰팡이를 혼입한 것이 후에 감염증으로부터 수많은 사람들을 구한다. 항생물질을 발견하게 된 사건이 된 것이다.

글로벌 AI 플랫폼

클라우드 서비스에 기반한 글로벌 플랫폼 솔루션 기업은 인공지능과 빅데이터 서비스를 킬러앱으로 발전시키며 기업의 산업 솔루션을 제공하며 이것은 기업의 비즈니스 밸류 체인에 큰 변화를 가져오게 할 것이다. 구글, 아마존, IBM등 글로벌 ICT기업은 AI가 전 산업에 적용되기 위한 인프라 및 플랫폼 기술 확보에 주력하고 있다.

아마존

미국의 워싱턴주 시애틀에 본사를 두고 있는 국제적 전자 상업 회사이다. 세계 최대의 온라인 쇼핑 중개 회사이다. 인터넷을 통해 물건을 파는 최초의 주요 회사들 가운데 하나였으며 1990년대 말 닷컴 버블 시기에 떠오르는 주식 가운데 하나였다.

포노 사피엔스

포노(PHONO) 사피엔스 (디지털문명을 이용하는 신인류)는 스마트폰의 등장으로 시공간의 제약 없이 소통할 수 있다. 정보 전달이 빨라져 정보 격차가 점차 해소되는 등 편리한 생활을 하게 된다. 스마트폰 없이 생활하는 것이 힘들어지는 사람이 늘어나면서 등장한 용어이다.

디지털 플랫폼(Digital Platform)

디지털화된 콘텐츠를 사용자가 볼 수 있도록 매개체가 되는 서비스이다.

생산자와 소비자가 디지털 프로세스와 기술, 역량을 공유하는 새로운 형태의 비즈니스 모델이다. 디지털 플랫폼은 IT 시스템, 사물인터넷, 인공지능과 같은 기술이 적용되어 더욱 발전 가능하여 각종 산업계에서는 자신의 디지털 역량을 활용한 플랫폼 사업 구축의 경쟁이 심해지고 있다.

STEAM교육

과학기술에 대한 학생들의 흥미와 이해를 높이고 과학기술 기반의 융합적 사고력과 실생활 문제해결력을 함양하기 위한 교육이 바로 STEAM교육이다. STEAM은 과학(Science), 기술(Technology), 공학(Engineering), 인문·예술 (Arts), 수학(Mathematics)의 머리글자를 합하여 만든 용어이다.

TED 강연

미국의 비영리 재단에서 운영하는 강연회이다. 정기적으로 기술, 오락, 디자인 등과 관련된 강연회를 개최한다. 최근에는 과학에서 국제적인 이슈까지 다양한 분야와 관련된 강연회를 개최한다. 강연회에서의 강연은 18분 이내에 이루어진다.

퍼지 사고력(Fuzzy thinking)

퍼지 논리(fuzzy logic)는 불분명한 상태, 모호한 상태를 참 혹은 거짓의 이진 논리에서 벗어난 다치성으로 표현하는 논리 개념이다. 퍼지 논리는 근사치나 주관적 값을 사용하는 규칙들을 생성함으로써 부정확함을 표현할 수 있는 규칙 기반기술(rule-based technology)이다.

트랜드(trend)

바다의 조류를 뜻하는 프랑스어 trent에서 유래된 말이다. 조류를 뜻하는 단어가 사회의 커다란 흐름을 뜻하는 말로 확장됐다. 유행이란 비슷한 의미를 내포하고 있다. 사람들의 사고, 사상, 활동이나 일의 형세 따위가 움직여 가는 방향이나 추세를 뜻한다. 즉, 세대별로 차이가 있겠지만 세대와 상관없이 사회 전체적인 유행이나 흐름을 뜻하는 말이기도 하다.

탄력성(elasticity)

판매자와 구매자들이 시장조건에 얼마나 기민하게 반응하는지를 수치로 나타는 것이다. 일반적으로는 가격요인에 의한 가격탄력성을 고려한다. 가격이 A만큼 변동하였을 때, 거래량은 얼마나 변화하느냐를 알아보는 것이 가격탄력성의 계산이다.

하코다테 미래 대학

최근 고령화 사회, 정보화 사회에 대비한 새로운 교육이념, 교육목표를 가진 공립대학들이 일본 각지역에서 건설되고 있다. 공립 하코다테 미래대학은 정보기기(情報機器)의 능력을 이용하여 다양한 분야를 연구, 교육하는 새로운 대학이다.

구글 딥드림생성기(Deepdream Generator)

    구글에서 개발한 그림을 그리는 AI. 방식은 간단하다 사용자는 원하는 이미지를 설정하면 AI는 이 설정된 이미지를 바탕으로 학습하여 새로운 이미지로 재 창조하는 방식이다.

인셉셔니즘(Inceptionism)

    사전적 의미는 신경망 속으로 깊이 들어간다(inceptionism). 인공신경망은 최근 이미지 분류와 음성 인식분야에서 주목할만한 성과를 보여주고 있다. 인공신경망이 잘 알려진 수학적 방식에 근거를 둔 유용한 도구임에도 불구하고, 어떤 모델에서는 잘 동작하지만 다른 모델에서는 잘 동작하지 않는 것에 대해 잘 이해하지 못하고 있다.

하이컨셉(High-Concept)

    서로 관련이 없어 보이는 아이디어를 결합해 남들이 생각지 못한 새로운 개념을 만들어 내는 것을 뜻한다. 예술적, 감성적 아름다움을 창조하는 능력이다. 사막 위의 스키장, 세계지도 모양의 인공섬 등 상식을 깨는 아이디어로 주목을 받고 있는 두바이가 그 대표적 사례이다. 대니얼 핑크(Daniel Pink)가 '새로운 미래가 온다'는 책에서 처음 사용한 용어이다.

[PART 2-3]

에듀테크

    교육(education)과 기술(technology)의 결합이다. 최근엔 4차산업혁명의 핵심 기술인 인공지능(AI), 사물인터넷, 빅데이터, 가상현실(VR), 증강현실(AR) 등 첨단 ICT 기술을 접목한 미래형 교육을 의미한다.

테뉴어(tenure)

    학문의 자유를 보장하고자 시작되었다. 테뉴어 제도는 교수가 여론과 반대되는 의견을 주장할 때나 권력이나 정부 당국과 대립할 때, 또는 현재 별다른 관심을 받지 못하는 분야를 연구할 때 교수를 보호하는 역할을 한다. 이런 보호가 없다면 교수 사회는 소위 말하는 "안전한" 연구만을 수행할 것이다.

펜실베니아대학교 와튼스쿨(Wharton School of the University of Pennsylvania)

    미국 아이비리그 대학교 중 하나인 펜실베이니아 대학교의 상경대학이다. 1881년에 필라델피아의 사업가인 조셉 와튼의 기부로 설립되었다. 와튼 소속인 경영전문대학원(Wharton Business School)과 경영학 학부 과정(Undergraduate)이 모두 US news and world report 등 각종 대학 및 전공 순위에서 1위를 차지하는 등 미국 내 최고의 경영학 전공 과정으로 명성이 높다.

구글의 익스피디션 파이오니아

    익스피디션 파이오니어 프로그램(Expeditions Pioneer program) 핵심은 가상현실(VR)을 활용한 교육 프로그램이다. 구글 VR 기기인 카드보드를 교육에 적용하는 것이다. 가상현실 플랫폼인 익스페디션을 이용해 교실에 앉아서 세계 각국을 여행할 수 있다.

딥 씽킹(deep thinking)

    가리 카스파로프는 『딥 씽킹』 책에서 체스와 체스 기사에 대한 맹목적인 편견부터 걷어내는 것을 시작으로, 컴퓨터 체스의 탄생과 혁신 그리고 인공지능의 역사와 미래를 이야기 한다. 이길 수 없다면 함께하라는 그의 말처럼 기계와 인간의 협업에 초점 맞춰 기술 진보에 관한 통찰을 보여준다.

유레카(eureka)

그리스 말로 무엇인가를 발견했을 때, '알았다, 바로 이것이다.'라는 뜻이다. 역사책에서는 그리스의 철학자요 수학자요, 물리학자인 아르키메데스(BC 287~ 212)가 시라큐스 왕 히에로 2세(Hiero II)로부터 "이 금관이 순금으로 제작된 것인지 아니면 은을 섞어 만든 것인지를 알아내라"는 명령을 받았다. 고민에 빠져 있던 중 어느 날 목욕탕에서 물이 넘치는 현상을 보고 아이디어를 찾아내어 유레카를 외쳤다고 쓰여 있다.

G러닝

온라인게임 네트워크와 가상세계 속 활동, 유저 간 커뮤니티를 기반으로 몰입과 재미를 느끼며 공부할 수 있는 학습방법으로 기존 학습방법과 차별화된 새로운 시도로 평가 되고 있다.

멀티태스킹(Multitasking)

우리는 동시에 여러가지 작업을 할때 멀티를 한다고 한다. 이 멀티는 멀티태스킹의 줄임 말이다. 이 멀티 태스킹은 인간에게만 국한되는 것이 아니라 컴퓨터에게도 적용된다. 한 명이 한 대의 컴퓨터에서 두 종류 이상의 작업을 동시에 처리하거나, 두 종류 이상의 프로세스를 실행시키는 것을 말한다. 다중작업이라고도 한다.

감성능력(emotional quotient, EQ)

감정지능은 자신이나 타인의 감정을 인지하는 개인의 능력을 나타내는 용어이다. 감정지능은 자신과 타인의 감정을 잘 통제하고 여러 종류의 감정들을 잘 변별하여 이것을 토대로 자신의 사고와 행동을 방향 지을 근거를 도출해 내는 능력이다.

사회 능력(spiritual quotient, SQ)

의미와 가치의 문제를 다루고 해결하는 창조적 지능을 측정하는 지수란 의미이다. 상대방의 감정을 잘 이해하고 타인과 잘 어울리는 능력을 뜻한다.미국 하버드대학의 심리학 교수인 대니얼 골만의 저서 SQ 사회지능에서 유래한 말이다.

전반적 발달장애(pervasive developmental disorder)센터

자폐장애는 넓게는 전반적 발달장애의 범주 내에 속하는 한 질환이다. 전반적 발달장애는 진단명 그대로 발달의 전반에 걸쳐 장애가 유발되는 질환군이다. 소아기에 기대되는 사회성 발달, 언어발달, 또는 행동상의 측면에 있어서 발달이 지연되거나, 어느 정도 발달이 되었다가 퇴행되는 특징이 있다.

뇌의 전두엽, 후두엽, 측두엽

전두엽 (몸을 움직이고 말을 하도록 하는 기능, 계획을 수립하고 적절한 시점에 실행하는 기능, 논리적 비판적 사고를 하고 이성적 처리를 하는 기능, 감정 조절, 기억을 입력하고 인출하는데 관여하는 기능), 후두엽(일차적인 시간 정보가 전달되어 시각인지가 일어나고 예전에 본 것을 기억해낸다), 측두엽(외부로 부터의 정보를 받아들인다. 특히 귀를 통해 사물이나 사람을 인식 하고 기억이나 지식을

저장하며 언어를 이해하는 등의 기능을 한다)

화성악(和聲樂)

음악의 3요소 중 하나인 화성(和聲, Harmony, 화음을 시간에 따라 배열한 것)에 대한 학문이다. 다시 말해, 화음과 그에 대한 진행 방법에 대해서 배우는 학문이다. 음악대학 작곡과나 피아노전공, 지휘전공, 관현악전공의 경우 반드시 들어가 있는 전공과목이다.

달란트(talent)

헬라어 '탈란톤'의 번역으로, 고대 서아시아 와 그리스에서는 질량과 화폐의 단위로 쓰였다. 금 달란트는 아킬레스가 안틸로투스에게 어떻게 금반달란트를 주었는지 묘사한 호머로 알려져있다. 이것은 암포라 하나를 채우는데 필요한 물의 질량과 같다.

클라우드 컴퓨팅(cloud computing)

사용자의 직접적인 활발한 관리 없이 특히, 데이터 스토리지(클라우드 스토리지)와 컴퓨팅 파워와 같은 컴퓨터 시스템 리소스를 필요 시 바로 제공(on-demand availability)하는 것을 말한다. 일반적으로는 인터넷 기반 컴퓨팅의 일종으로 정보를 자신의 컴퓨터가 아닌 클라우드에 연결된 다른 컴퓨터로 처리하는 기술을 의미한다.

나이스(National Education Information System, NEIS)

교육부와 17개 시/도 교육청, 산하기관과 174개 교육지원청, 1만 여개의 각급 학교를 아우르는 대형 네트워크이다. 약칭은 NEIS로, 교육행정 한정으로 정부통합 문서관리시스템인 온-나라시스템급의 존재감을 자랑한다고 보면 된다. 이것을 한국어로 직역하면 '국가교육정보시스템'이 된다.

온디맨드 경제(on-demand economy)

제4차 산업혁명의 등장과 함께 예전에는 없던 형태의 경제 형태가 등장하게 되었다. 최근 급부상한 국내 기업 카카오는 과거 메신저를 중심으로 서비스를 제공했지만 최근에 이르러서는 카카오 드라이버 등의 서비스도 제공하고 있다. 온라인을 통해 수요자가 원하는 것을 즉각적으로 제공하는 경제 형태를 '온디맨드(on-demand economy) 경제'라고 칭한다.

루틴(routine)

특정한 작업을 실행하기 위한 일련의 명령을 뜻하는 단어로 통상적으로 규칙적으로 하는 일의 순서나 방법을 이야기 할 때 사용한다. 생활에서 긍정적인 루틴을 적용하기 위해서는 복잡한 루틴보다는 간결한 루틴을 세우는 것이 중요하다고 전문가들은 조언한다.

인플루언서(Influencer)

인터넷의 발전과 인스타그램, 유튜브, 페이스북 등 소셜 미디어의 영향력이 크게 확대되면서 평범한 일반인도 그가 만든 콘텐츠를 통해 큰 파급력을 지니게 되었다. 인플루언서는 '타인에게 영향력을 미치는 개인(Influence + er)'이라는 의미의 신조어이다. 인스타그램이나 유튜브, 페이스북 등 SNS에서 수만 명에서 수십만 명에 달하는 팔로워를 보유한 사람을 의미한다.

로레알(프랑스어: L'Oréal)

프랑스의 화장품 회사이다. 로레알 그룹을 형성하여 세계 최대의 종합 화장품 회사로 알려져 있다. 랑콤, 헬레나 루빈스타인, 조르조 아르마니, 메이블린, 비오템, 더바디샵 등 고가 명품에서 대중 브랜드에 이르기까지 다양한 브랜드를 산하에 두고 있다.

킬러콘텐츠(Killer contents)

각종 미디어를 통해 대중에게 폭발적으로 보급되어 인기를 끌게 된 콘텐츠이다. 킬러콘텐츠는 살인자를 뜻하는 '킬로(Killer)'와 '콘텐츠(contents)'의 합성어이다. '죽여주는(죽여줄 정도로 좋은) 콘텐츠'라는 일상어의 공식적인 표현이다.

한국과학기술원

(韓國科學技術院, Korea Advanced Institute of Science and Technology, KAIST)

대한민국의 이공계 연구중심대학으로 과학기술정보통신부 산하 기타공공기관으로 지정되어 있는 특수대학이다.

코딩(coding)

'작업의 흐름에 따라 프로그램 언어의 명령문을 써서 프로그램을 작성하는 일' 또는 '프로그램의 코드를 작성하는 일'로 크게 나누어 언급되고 있는데 이는 알고리즘과의 상관관계를 잘 언급하고 있다. 프로그램을 작성할때 코드를 작성한다는 말로 코딩이라고 한다. 컴퓨터는 인간의 언어를 알아들을 수 없기 때문에 컴퓨터가 알아들을 수 있는 명령어로 프로그램을 작성한다.

유니콘 기업(Unicorn)

기업 가치가 10억 달러(=1조 원) 이상이고 창업한 지 10년 이하인 비상장 스타트업 기업을 말한다. 원래 유니콘이란 뿔이 하나 달린 말처럼 생긴 전설상의 동물을 말한다.

아기 유니콘

중소벤처기업부는 서울 광화문 정부청사에서 브리핑을 갖고 아기 유니콘 200 육성사업 최종 평가를 실시해 25일 총 40개사를 최종 아기 유니콘으로 선정했다고 밝혔다.아기 유니콘 200 육성사업으로 선정된 기업의 평균 업력은 3,4년 평균 매출액 33억 7000만 원이었다.

비엔엑스(beNX)

주식회사 비엔엑스(beNX)는 '엔터테인먼트와 미디어 기반의 플랫폼 사업 개척자'가 되겠다는 목표로 2018년 7월 설립되었다.

위버스(Weverse)

빅히트 엔터테인먼트의 자회사 위버스컴퍼니에서 개발 및 운영하고 있는 팬 커뮤니티 역할의 소셜 네트워크 서비스이다. 글로벌 팬덤을 위한 새로운 생태계를 구축하고자 하는 목표 하에 팬덤 문화를 혁신하겠다는 beNX의 비전에 공감하는 개발자들이 모여 만들었다.

AI 로봇((artificial intelligence Robots)

외부환경을 인식(Perception)하고, 스스로 상황을 판단(Cognition)하여, 자율적으로 동작(Manipulation)하는 로봇을 의미한다. 기존의 로봇과 차별화되는 것은 상황판단 기능과 자율동작 기능이 추가 된 것이다. 상황판단 기능은 다시 환경인식 기능과 위치인식 기능으로 나뉘고. 자율동작 기능은 조작제어 기능과 자율이동 기능으로 나눌 수 있다. 따라서

미래인재 모든 것

이 4가지 기능을 가능하게 하는 기술을 지능형로봇의 4대 중점 돌파기술이라 한다.

애리조나 주립대학교(Arizona State University, ASU)

미국 애리조나 주 탬피에 위치한 주립대학교. 탬피 외에도 웨스트 캠퍼스, 다운타운 피닉스 캠퍼스, 폴리텍 캠퍼스(이스트), 레이크 하바수 컬리지의 5개 캠퍼스를 두고 있다.

일리노이대학교 시카고

미국 일리노이의 주립 대학 시스템이다. 어배너-샴페인, 시카고, 스프링필드, 3개의 대학으로 이루어져 있다. 약칭은 각각 UIUC, UIC, UIS이다.

대한민국 교육박람회(Education Korea)

시대에 적합한 교육환경을 만들기 위한 신기술 및 신제품의 비교전시를 통해 관련 업계에 홍보 및 마케팅 기회를 제공. 교육정책, 교육과정, 교수-학습방법, 교육프로그램, 교육시설 및 건축환경, 시설 교구 및 기자재 등 매년 새로운 제품과 교육시스템 정보를 제공한다.

이러닝((Electronic learning, e-Learning)

정보통신기술을 활용하여 언제(anytime), 어디서나(anywhere), 누구나(anyone) 원하는 수준별 맞춤형 학습을 할 수 있는 체제이다.

엔트리(ENTRY)

대한민국의 교육용 프로그래밍 언어 플랫폼이다. 기존의 텍스트 코딩이 아닌 블록형 언어를 기반으로 제작된 그래픽 기반 프로그래밍 프로그램이다. 크게 학습하기, 만들기, 공유하기, 커뮤니티로 구성되어 있다.

하이터치(High Touch)

하이터치는 놀이, 시간, 종교 그리고 예술이라는 인간의 순수한 렌즈를 통해 기술 그 자체를 제대로 이해하는 것을 뜻하기도 한다. 이성보다는 감성적인 접근, 인간미 넘치는 교류, 다정다감한 만남, 정감어린 대화, 따뜻하고 부드러운 어루만짐 등의 행동을 말한다.

CQ(창조지능, Creative Quotient)

혁신적이고 창조적인 사고를 할 수 있는 '창조지능'지수.

캐임브리지대학교(University of Cambridge)

영국 잉글랜드 케임브리지에 위치한 영어권에서 가장 오래된 전통을 가진 대학 중 하나이며, 연구중심의 국립대학교. 케임브리지 대학교는 800년 이상의 오랜 역사와 큰 영향력으로 세계의 일류 대학 중 하나가 되었다.

스탠포드 대학교(Leland Stanford Junior University)

1891년에 릴런드 스탠퍼드가 설립한 미국 캘리포니아주 스탠퍼드에 위치한 연구 중심 사립대학이다. 상위권 대학의 전통적인 진지함에다 캘리포니아 특유의 자유분방함과 이국적인 정취가 혼합된 대학이다. 여러 분야에서 우수하나 물리학, 경제학, 공학, 철학, 영문학, 심리학, 정치학, 역사학 등의 분야에서 상위권에 있다. 전문대학원들도 미국 최정상급에 속한다.

뽀모도르 시간관리법

시간관리 방법론으로 1980년대 후반 '프란체스코 시릴로'(Francesco Cirillo)가 제안했다.

타이머를 이용해서 25분간 집중해서 일을 한 다음 5분간 휴식하는 방식이다. '뽀모도로' 는 이탈리아어로 토마토를 뜻한다.

딥 워크

자신이 진정 원하는 중요한 일에 집중할 수 있는 환경을 만들고 그것에 몰두하는 능력이다. 이와 대척점에 있는 것이 '피상적 작업(shallow work)'이다. 저자는 멀티태스킹이 대세인 시대에 딥 워크가 필요한 이유를 명쾌하게 정리한다.

덴마크 문화예술교육 BKA(Børne Kulturhus Ama'r) 프로그램

아이가 스스로 문제를 해결하고 결과물을 만들어내는, '자기 주도형 콘텐츠'가 주를 이룬다. 아이들은 이 프로그램에 참여하며 문화예술의 즐거움을 느끼고 자기계발을 하게 된다. 또, 자신을 사랑하는 마음과 함께 세상을 바라보는 시야도 키운다.

그릿(GRIT)

성장(Growth), 회복력(Resilience), 내재적 동기(Intrinsic Motivation), 끈기(Tenacity)의 줄임말로 성공에 결정적인 영향을 미치는 투지를 나타냄. 성장(Growth), 회복력(Resilience), 내재적 동기(Intrinsic Motivation), 끈기(Tenacity)의 앞 글자를 따서 만든 단어로 미국의 심리학자인 앤젤라 더크워스가 개념화한 용어다.

[PART 4]

하이브리드형 인재

하이브리드는 이질적인 요소가 서로 섞여있는 것을 의미한다. 흔히 하이브리드를 번역할 때 '융합'이라고 표현하지만 엄밀히 말하면 하이브리드와 융합은 조금 다른 개념이라는 것이 전문가들의 설명이다. 융합은 A와 B가 만나 C가 될 때 많이 사용한다. 시너지 효과를 일으켜 C가 된 이후에는 A와 B의 모습을 찾기 어렵다. 반면에 하이브리드는 A와 B가 만나서 AB가 될 때 주로 사용한다. 이질적인 것들이 각자의 정체성은 유지한 채, 상호 보완과 상승작용을 통해 최적의 결과물을 제시하는 것이 하이브리드의 핵심인 것이다.

나노 디그리(Nano degree)

인터넷으로 무료로 유익한 강의를 들을 수 있는 무크(MOOC) 사이트가 여러 개 있다. 그 중 유다시티(Udacity)에서는 나노학위(Nano degree) 과정을 유료로 제공한다. 나노학위는 대체로 취업에 초점을 맞추고 있다. 아래 링크를 타고 들어가면 유다시티 나노디그리에 대한 상세한 정보를 얻을 수 있다. (http://www.bloter.net/archives/276598)

뉴노멀(New Normal)

'새로운 표준'이란 의미로 2008년 글로벌 금융위기 이후 펼쳐진 저성장, 저금리, 고규제 경제 환경을 대변하는 경제, 경영 용어이다. 2차 세계대전 이후 60여 년간 세계 경제가 3% 이상의 줄기찬 성장을 해온 시대를 오래된 표준, 올드 노멀(Old Normal)이라고 한다면 이제 세계 경제는 뉴 노멀 환경에 놓여있다. 일본과 서유럽에서 보는 것처럼 인구 고령화와 디지털 경제로의 급격한 변화와 같이 근본적인 환경 변화로 당분간 뉴 노멀의 시대는 지속될 것으로 생각된다. 〈출처: 숙명여대 경영학부 교수, 서용구〉

팬데믹

팬데믹(Pandemic)의 어원은 그리스어 '판데모스(pandemos)'에서 따온 말이다. 모두 (everyone)를 뜻하는 '판(pan)'과 인구(population)를 뜻하는 '데모스(demos)'가 합쳐진 말로, 풀이 하면 '새로운 질병이 전 세계적으로 유행하는 것'을 말한다. 거기에 비해 에피데믹(Epidemic)이란 '유행하고 있는'이라는 뜻이고 에피데믹스(Epidemics)는 '전염병'의 뜻을 함유하고 있다. 따라서 에피데미올로지(epidemiology)는 전염병학, 즉 역학을 말하는 것이다.

코세라(Coursera)

2012년 스탠포드대학 컴퓨터과학과 앤드류 응(Andrew NG) 교수와 다프네 콜러(Daphne Koller) 교수가 설립한 1세대 MOOC 플랫폼이다. 기본적으로 코세라의 강의는 무료이며 수료증을 받으려면 유료로 등록해야 한다. 수료증을 받는 강의는 보통 점수를 부여하는 강의이므로, 시험이나 과제를 수행해야 한다.

링크드 인(Linked in)

2002년에 개설된 비즈니스 특화 SNS. 페이스북 등의 일반적인 소셜 네트워크와는 다르게 특정 업계 사람들이 서로 구인/구직, 동종 업계 사람의 정보 등을 파악할 수 있는 서비스다.

디지털 네이티브(Digital Natives)

미국의 교육학자인 마크 프렌스키(Marc Prensky)가 2001년 그의 논문 Digital Native, Digital Immigrants를 통해 처음 사용한 용어로 1980년대 개인용 컴퓨터의 대중화, 1990년대 휴대전화와 인터넷의 확산에 따른 디지털 혁명기 한복판에서 성장기를 보낸 30세 미만의 세대를 지칭한다.

인공지능 왓슨(Watson)

자연어 형식으로 된 질문들에 답할 수 있는 인공지능 컴퓨터 시스템이다. 시험 책임자 데이비드 페루치가 주도한 IBM의 Deep QA 프로젝트를 통해 개발되었다. 왓슨은 IBM 최초의 회장 토머스 J. 왓슨에서 이름을 땄다.

블루닷(BlueDot)

최근 중국에서 발생해 세계로 퍼진 신종 코로나바이러스로 인해 공중 보건뿐만 아니라 경제 전반적으로도 우려가 커지고 있다. 그런데 세계보건기구(WHO)나 미국 질병통제예방센터(CDC)보다 먼저 스타트업 블루닷(BlueDot)이 신종 코로나바이러스를 경고한 것으로 알려져 화제가 됐다. 블루닷은 의사 및 프로그래머 40여명으로 구성된 캐나다 스타트업으로, 의료 전문 지식 및 고급 데이터 분석 기술과 인공지능(AI) 기술을 이용해 전염병을 추적하고 예측했다.

헬스맵

지역별 의료 이용 및 공급 현황을 제공하는 지도 웹 서비스. 보건복지부와 국립중앙의료원의 의료취약지 모니터링 연구 결과물을 바탕으로 제공된다.(http://www.healthmap.or.kr)

인지행동치료(Cognitive Behavioral Therapy, CBT)

지금과 여기(here and now)를 강조하고 다양한 방법을 통해 인지의 변화를 촉진하는, 목표지향적이고 해결중심적인 치료이다. 정신 건강을 향상시키는 데 가장 널리 사용되는 증거 기반 학습인 심리 사회적 개입이다.

만다라트(Mandal-Art)

만다라트 기법 (Mandal-Art)은 일본의 디자이너 이마이즈미 히로아키가 1987년에 창안한 발상기법이다. 본질을 뜻하는 'Manda'와 소유를 뜻하는 'la'가 결합한 Manda+la는 '목적을 달성한다'는 의미이고, Mandal+art는 '목적을 달성하는 기술 혹은 그 틀'을 말한다고 한다

네트워크 지수(network quotient, NQ)

자신이 관계하고 커뮤니케이션하는 사람들을 성공적인 관계망으로 만들어서 윈윈(win-win) 관계를 맺는다. 한 인간의 능력을 객관화하는 지수를 말한다.

[PART 5]

구글 트렌드 빅데이터 조사

이미 많이 활용하고 계신 구글 트렌드는 구글 검색엔진을 기반으로 데이터를 시각적으로 분석할 수 있는 사이트이다. 사용자들이 구글을 통해서 검색한 결과를 바탕으로 해당 키워드에 대한 관심도를 보여준다.

ADHD

뇌 안에서 주의집중 능력을 조절하는 신경전달 물질(도파민, 노르에피네프린 등)이 불균형하여 발생한다. 주의집중력과 행동을 통제하는 뇌 부위의 구조 및 기능 변화가 ADHD의 발생과 관련이 있다. 기타 원인으로는 뇌 손상, 뇌의 후천적 질병, 미숙아 등이 있다. 주의력결핍 과잉행동장애(ADHD)는 산만함, 과잉행동, 충동성을 특징으로 하는 질환이다. 이는 12세 이전 발병하고 만성 경과를 보이며, 여러 기능 영역에 지장을 초래한다.

놀이치료(play therapy) 기법

놀이를 통해 아동이 가지고 있는 발달 및 심리적인 문제를 해결해가는 심리상담이다. 놀이치료는 긍정적 성장과 발달을 위해서 놀이의 치료적 힘을 이용하는 이론적 모델체계이다.

JTCI(Junior Temperament & Character Inventory) 검사

개인의 인성 발달과정을 이해하기 위해 타고난 고유한 특징·유전적 성향인 기질과 환경적·심리사회적 성숙을 결정하는 성격을 구분하여 측정한다.

테라플레이 치료방법

유아의 문제를 단기간에 크게 변화시킬 수 있는 치료 방법으로 친밀하고, 신체적이며, 개별적이고 집중적이면서도 재미있고 즐거움이 넘치며 개입을 하는 단기치료이다. 유아의 건전한 성장과 발달에 필수 요소인 안정도와 애착관계를 유아들이 맺고 유아의 문제를 예방할 수 있는 가장 적절한 방법이다(성영혜,2000)

감성 지능(Emotional Intelligence)

자신이나 타인의 감정을 인지하는 개인의 능력을 나타내는 용어이다. 감정지능은 자신과 타인의 감정을 잘 통제하고 여러 종류의 감정들을 잘 변별하여 이것을 토대로 자신의 사고와 행동을 방향 지을 근거를 도출해 내는 능력이다.

MBTI 성격검사

Myers Briggs가 스위스의 정신분석학자인 카를 융의 심리 유형론을 토대로 고안한 자기보고식 성격 유형 검사도구이다. MBTI는 시행이 쉽고 간편하여 학교, 직장, 군대 등에서 광범위하게 사용되고 있다.

구글 아트＆컬처 연구소(Google Arts and Culture Lab · 이하 '아트랩')

파리의 구글 아트 앤 컬처 연구소(Google Arts & Culture Lab)는 모든 예술과 기술의 관계를 연구하는 것에 대해 논하고 있다. 구글 아트앤컬처를 통해 박물관이나 미술관을 직접 가지 않더라도 작품을 감상할 수 있으며, 예술이 일상으로 스며들 수 있도록 인공지능(AI) 기술을 적용해 역할을 하고 있다. 〈출처: 인공지능신문(http://www.aitimes.kr)〉

매사추세츠 공과대학((Massachusetts Institute of Technology, MIT)

미국 매사추세츠 주 케임브리지 시에 위치한 세계 최초의 공과 대학교이다. 보스턴과 찰스 강 하나를 사이에 두고 있으며, 실제로 처음에는 보스턴에 위치하였으나 1916년 현재의 위치로 이동하였다. 실제로 이 강가에 걸쳐 캠퍼스가 가로로 길게 뻗어 있어, 보스턴 시내 쪽 강변에서 볼 수 있는 강 건너 풍경은 상당 부분 MIT 캠퍼스 부지에 해당한다. 캠퍼스 면적은 약 168에이커로 뉴잉글랜드 지역 대도시 기준으로는 꽤 큰 넓이다.

공감 지수(empathy index)

배런 코언과 윌라이트 (2004)는 공감이 여러 차원으로 되어 있다는 Davis의 견해를 따르면서도 임상적용이 가능한 공감지수 척도를 개발하였다. 배런 코언과 윌라이트는 공감하기-체계화하기 이론을 설명하는데 여성이 남성보다 공감이 더 높을 것이라고 하였는데, 공감지수 척도로 측정해 본 결과 여성이 남성보다 공감이 더 높았다.

[PART 6]

후츠파(Chutzpah) 정신

히브리어로 뻔뻔함, 담대함, 저돌성, 무례함 등을 뜻한다. 오늘날 어려서부터 형식과 권위에 얽매이지 않고, 끊임없이 질문하고 도전하며, 때로는 뻔뻔하면서도 자신의 주장을 당당히 밝히는 이스라엘인 특유의 도전정신을 말한다.

《반경》

저자는 조유. 중국 당(唐)대 사람으로서 자(字)는 대빈(大賓)이고 사천(四川) 출신이다.《반경》에 보이는 조유의 철학적 이념은 만물이 정(正)과 반(反)으로 상생하는 원칙인데, 그는 이 원칙하에서 역사의 사건과 인물의 흥망성쇠를 바라보았다. 당대의 대학자요 은둔자인, 조유의 사적인 삶에 대해서는 자세한 이력이 전해지지 않는다.

인포그래픽(Infographics)

정보를 빠르고 분명하게 표현하기 위해 정보, 자료, 지식을 그래픽 시각적으로 표현한 것을 말한다.

학습 민첩성(Learning Agility)

미래 핵심인재의 요건으로 주목받고 있다. 회사에서 여러 부서, 여러 직무를 경험할수록 새로운 일에 열린 자세를 가질 가능성이 높다. 다음으로는 인지전략, 메타인지전략, 자기통제전략 등이 영향을 줄 수 있다는 연구 결과가 있다. 〈메타인지〉 즉, '나의 사고 과정에 대한 생각을 하는 것'이 학습 민첩성을 높일 수 있다는 점이 흥미롭다.

싱크플레이스(Thinkplace)

IBM은 아프리카의 문제를 해결하기 위한 방안을 찾기 위해 「싱크플레이스」의 공개버전을 배포했다. 싱크플레이스는 IBM의 직원들이 사용하는 협업 소프트웨어로 이것을 이용해 아이디어를 제안, 공유, 논의할 수 있다.

〈화식열전(貨殖列傳)〉

사마천(司馬遷)의 사기(史記) 130권 속에 열전(列傳)이 70권이며 이중에서 제69권 째에 화식열전(貨殖列傳)이 실려있다. 사기열전(史記列傳)'의 마지막은 화식열전편이다. 재산을 뜻하는 화(貨)와 이를 불린다는 의미의 식(殖)을 합쳐 화식이라는 이름을 붙였다.

지식재산권(Intellectual property rights, IP)

인간의 창조적 활동 또는 경험 등을 통해 창출하거나 발견한 지식·정보·기술이나 표현, 표시 그 밖에 무형적인 것으로서 재산적 가치가 실현될 수 있는 지적창작물에 부여된 재산에 관한 권리를 말한다. 지적 소유권이라고도 한다.

데이터 리터러시(Data Literacy)

리터러시(literacy)는 글을 읽고 해독하는 능력을 의미한다. 데이터 리터러시는 데이터를 목적에 맞게 활용하는 데이터 해석 능력이다. 여기서의 데이터는 고도의 처리 기술이 필요한 빅데이터에서 단순 수치 등도 포함한다.

트래픽 분석(Traffic Analysis)

사용자가 시작한 네트워크 활동은 앱에서 특정 활동을 하는 동안에는 효율적으로 그룹화될 수 있다. 그러나 사용자가 앱에 필요한 추가 정보를 요청할 때는 불균등하게 분산될 수 있다.

데이터 마이닝(Data Mining)

대규모로 저장된 데이터 안에서 체계적이고 자동적으로 통계적 규칙이나 패턴을 분석하여 가치있는 정보를 추출하는 과정이다. 다른 말로는 KDD(데이터베이스 속의 지식 발견, knowledge-discovery in databases)라고도 일컫는다.

인사이트(insight)

'통찰', 즉 '본질을 꿰뚫어봄'을 의미한다.

앙트십(entrepreneurship) 교육

기업가 정신을 뜻한다. 미국의 경제학자 조지프 슘페터가 기업가를 '창조적 파괴 과정을 이끄는 혁신가'로 규정하며 널리 알려졌다. 앙트십은 일상생활에서 문제를 발견하고 그 문제를 기회 삼아 지속 가능한 해결방법을 만들어 내는 역량(어떤 일을 해낼 수 있는 힘)을 말한다.

알고리즘(Algorithm)

수학과 컴퓨터 과학, 언어학 또는 관련 분야에서 어떠한 문제를 해결하기 위해 정해진 일련의 절차나 방법을 공식화한 형태로 표현한 것, 계산을 실행하기 위한 단계적 절차를 의미한다. 알고리즘은 연산, 데이터 마이닝 또는 자동화된 추론을 수행한다.

맥아더 펠로우(MacArthur Fellowship)상

'천재상'(Genius Grant)이라 불리는 맥아더 펠로우(MacArthur Fellowship)상. 미국에서는 노벨상만큼이나 영예로운 상으로 꼽힌다. 맥아더 재단이 매년 사회 각 분야에서 '탁월한 창의성과 통찰력을 가졌으며 미래를 위한 무한한 잠재력을 가진' 미국의 인재 20~30명에게 수여하는 이 상은 한 사람에게 무려 62만5,000달러를 5년에 걸쳐 지급하는데, 사용에 아무런 조건이 없기 때문에 '꿈의 그랜트'로 여겨진다.

용어 정리의 참고문헌

위키백과 · 나무위키 · 과학백과사전 · 한경닷컴사전 · 경제용어 · The Science Times · 한국 과학 창의재단 · 과학기술 연구기관 · KDI 경제정보센터 · DB피아 · RISS

참고문헌

[PART 1]

1 《미래교육 미래학교》. 박희진, 신건철, 최선경, 오우진, 정동완 지음. 미디어숲 출판. P26-29.
2 〈행복한교육〉 2018년 10월호. 글_ 채재은 가천대학교 행정학과 교수
3 《제4차산업혁명시대 대한민국 미래교육보고서》. 국제미래학회·한국교육학술정보원 지음. 광문각. P353.
4 《미래교육 미래학교》. 박희진, 신건철, 최선경, 오우진, 정동완 지음. 미디어숲 출판. P52-53.
5 《제4차산업혁명시대 대한민국 미래교육보고서》. 국제미래학회·한국교육학술정보원 지음, 광문각, P49-50
6 《미래의 교육을 설계한다》. 마크 프렌스키 지음. 한문화 출판. P33-34.
7 《4차 산업혁명과 미래직업 이야기》. 서지원 지음. 크레용하우스 출판. P70-71.
8 《십대가 알아야 할 인공지능과 4차 산업혁명의 미래》. 전승민 지음. 팜파스 출판. p153-168.
9 《1등의 습관》. 찰스 두히그 지음, 강주헌 옮김. 알프레드. P178-181.
10 《미래인재 기업가정신에 답이 있다》. 김미란, 정보근, 김승지음. 미디어숲 출판. P169-170.
11 《포노사피엔스》. 최재붕 지음. (주)쌤앤파커스. P286-290.
12 《포노사피엔스》. 최재붕 지음. (주)쌤앤파커스. P114.
13 《포노사피엔스》. 최재붕 지음. (주)쌤앤파커스. P113-114.
14 《미래인재 기업가정신에 답이 있다》. 김미란, 정보근, 김승 지음. 미디어숲 출판. P91-92.
15 《제4차산업혁명시대 대한민국 미래교육보고서》. 국제미래학회·한국교육학술정보원 지음. 광문각. P538-542.
16 《제4차산업혁명시대 대한민국 미래교육보고서》. 국제미래학회·한국교육학술정보원 지음. 광문각. P175-176.
17 《제4차산업혁명시대 대한민국 미래교육보고서》. 국제미래학회·한국교육학술정보원 지음. 광문각. P401-403.
18 《제4차산업혁명시대 대한민국 미래교육보고서》. 국제미래학회·한국교육학술정보원 지음. 광문각. P407.
19 《인공지능과 미래 인재 이야기》. 서지원 지음. 크레용하우스 출판. p93-102.

미래인재 모든 것

[PART 2]

1 『창의성의 즐거움』. 미하이 칙센트미하이 지음. 북로드 출판. P17-18.
2 〈출처: 일요신문. 2017.02.15. 강윤화 해외정보작가〉
3 "You've got to find what you love, Jobs says". Stanford University News. June 14. 2005.
4 『지금 하지 않으면 언제 하겠는가』. 팀 페리스 지음. (주) 토네이도 미디어그룹 출판. P173-174.
5 『지금 하지 않으면 언제 하겠는가』. 팀 페리스 지음. (주) 토네이도 미디어그룹 출판. P103-104.
6 『지금 하지 않으면 언제 하겠는가』. 팀 페리스 지음. (주) 토네이도 미디어그룹 출판. P203-205.
7 『지금 하지 않으면 언제 하겠는가』. 팀 페리스 지음. (주) 토네이도 미디어그룹 출판. P165-167.
8 『미첼 레스닉의 평생유치원』. 미첼 레스닉(Michel Resnick) 지음, 최두환 옮김. 다산사이언스. P251. *평생유치원 사이트(lifelongkindergarten.net)
9 『미첼 레스닉의 평생유치원』. 미첼 레스닉(Michel Resnick) 지음, 최두환 옮김. 다산사이언스. P248-249.
10 『생각하는 인문학』. 이지성지음. 차이정원. P245.
11 『생각하는 인문학』. 이지성지음. 차이정원. P259.
12 최효찬(연세대학교 비교문학 박사, 최효찬 자녀경영연구소 소장)
13 최효찬(연세대학교 비교문학 박사, 최효찬 자녀경영연구소 소장)
14 『에이트』. 이지성지음. 차이정원P181-188.
15 『창의성이 뭐길래?』. 장은영 지음. 솔과학. P110.
16 『창의성이 뭐길래?』. 장은영 지음. 솔과학. P114.
17 〈출처: https://akademia-lounge.tistory.com/17〉

[PART 3]

1 『위대한 나의 발견, 강점 혁명』. 톰 래스, 도널드 클라프턴. 청림출판. P73-77.
2 『지금 하지 않으면 언제 하겠는가』. 팀 페리스 지음. (주) 토네이도 미디어그룹 출판. P94-96.
3 『성공하려면 하버드처럼』. 하오련 지음, 송은진 옮김. 레몬북. P74-75.
4 『포노사피엔스』. 최재붕 지음. (주)쌤앤파커스. P229-236.

5   지능형 서비스 로봇의 개발: 초등학교 교사 도우미 로봇(Development of Intelligent Service Robot:Teaching Assistance Robot for Elementary School). 전상원, 황병훈, 김병수. 로봇공학회 논문지 제1권 제1호(2006.9)

6   『창의성이 뭐길래?』. 장은영 지음. 솔과학.

7   『새로운 미래가 온다』. 다니엘 핑크 지음. 한국경제신문. P29-30.

8   『창의성이 뭐길래?』. 장은영 지음. 솔과학. P69.

9   『창의성이 뭐길래?』. 장은영 지음. 솔과학. P88.

10 『천재를 만드는 유태인의 가정교육법』. 류태영 지음. 국민일보 출판. P21. P128.

11 〈출처: 정재승 카이스트 바이오및뇌공학과 교수. 미래&과학. 한겨레〉

12 『지금 시작하는 엄마표 미래교육』. 이지은 지음. 글담 출판.

13 〈출처: 중앙일보. 최인아 제일기획 부사장〉

14 〈출처: 위키백과〉

15 『새로운 미래가 온다』. 다이엘 핑크. 한국경제신문. P146.

16 『새로운 미래가 온다』. 다이엘 핑크. 한국경제신문. P137.

[PART 4]

1   https://zdnet.co.kr/view/?no=20180810210413

2   매일경제. 2015. 11. 28.

3   프레시안, 〈코로나19 팬데믹 이후 교육 혁신 방안〉. 류태호 버지니아대 교육공학 교수

4   https://textree.co.kr/blog/edtech0813

5   《코로나이후의 세계》. 제이슨 솅커. 미디어숲. P49.

6   《미래교육 미래학교》. 박희진, 신건철, 최선경, 오우진, 정동완 지음. (주)미디어숲 출판. P174-203.

7   《미래교육 미래학교》. 박희진, 신건철, 최선경, 오우진, 정동완 지음. (주)미디어숲 출판. P59-95.

8   에듀인뉴스(EduinNews)(http://www.eduinnews.co.kr

9   《미래교육 미래학교》. 박희진, 신건철, 최선경, 오우진, 정동완 지음. (주)미디어숲 출판. P59-95.

10 김정호 KAIST 전기·전자공학과 교수. 조선일보 2019. 04. 08.

11 한국일보. 2017. 4. 24.

12 《인공지능과 미래 인재 이야기》. 서지원 지음. 크레용하우스 출판.

13 〈4차 산업혁명 시대 뜰 직업 vs 질 직업〉. 한국경제, 2017. 04. 24.

14 http://aitimes.com

15 LG CNS 대외협력팀. 2020. 04. 16.

16 한국일보, 2019. 10. 10. 김 정신건강 카운슬러.

17 《포노사피엔스》. 최재붕 지음. ㈜쌤앤파커스. P110

18 《고수의 스마트폰엔 특별한 앱이 있다》. 정진수. 나비의 활주로 출판.

19 KDI 경제정보센터.

20 https://drhongdatanote.tistory.com/2

21 〈빅데이터(Big Data)를 활용한 비즈니스모델 혁신〉, 송민정, KT경제경영연구소 수석
    연구원.

22 《세상을 읽는 새로운 언어, 빅데이터》. 조성준 지음. 21세기 북스. P68-70.

23 《세상을 읽는 새로운 언어, 빅데이터》. 조성준 지음. 21세기 북스. P263.

24 아주경제. 2020. 08. 25.

[PART 5]

1   조선비즈. 2018.04.05.

2   www.ikoreatown.com.

3   LG경제연구원.

4   2017. 07. 07 ⓒ ScienceTimes

5   HBS(Harvard Business School). Author 윤준탁 Posted on 2020. 02. 10.

6   스타트업투데이(STARTUPTODAY)(http://www.startuptoday.kr)

7   《타이탄: 실리콘밸리 거물들은 왜 우주에서 미래를 찾는가》. 크리스천 데이븐포트 지음.
    리더스북.

8   조선일보. 2019. 06. 14.

9   축제 웹 사이트 : www.sviif.com

10 《문화예술교육은 왜 중요한가》. 존 소렐·폴 로버츠·대런 헨리 지음. 열린책들. P108.

11 https://www.sciencetimes.co.kr/news, 2018. 03. 08.

12 사이언스타임즈. 2017. 06. 17

13 https://www.sedaily.com/NewsVIew/1ZALHQ7J97

14 스타트업투데이(STARTUPTODAY)

15 《와일드》. 송인섭 지음. 다산북스 출판. P84.

16 《새로운 미래가 온다》. 다니엘 핑크 지음. 한국경제신문. P89-90.

17 〈사람이 기계보다 잘하는 것〉. 최연구 한국과학창의재단 연수위원.

18 조선일보. 2016. 12. 18.

19 〈사람이 기계보다 잘하는 것〉. 최연구 한국과학창의재단 연수위원

20 《새로운 미래가 온다》. 다니엘 핑크 지음. 한국경제신문. P79.

21 《제4차산업혁명시대 대한민국 미래교육보고서》. 국제미래학회한국교육학술정보원 지

음. 광문각. P446-448.

22 조선일보. 2020. 09. 26.
23 https://www.sedaily.com/NewsVIew/1Z95IIFH5P
24 The Science Times. 2020. 11. 12.
25 경기문화재단.〈언택트(Untact)에서 온택트(Ontact)로〉. 지가은.
26 한국경제. 2007. 09.
27 《창의성이 뭐길래?》. 장은영 지음. 솔과학. P204.
28 톱스타뉴스(http://www.topstarnews.net)
29 〈https://m.blog.naver.com/창의리더〉트리즈(TRIZ)란?...알트슐러...40가지의 발명원리
30 드 보노 박사의 수직적 사고와 수평적 사고 (관련링크 : 가장 쉬운 수평적 사고법 – 무작위 단어
    이미지 연상 기법 http://story.pxd.co.kr/583)
31 https://wonderfulmind.co.kr
32 https://m.blog.naver.com/buret72/220251459650
33 《창의성이 뭐길래?》. 장은영 지음. 솔과학. P232.

[PART 6]

1   KDI 경제정보센터. 이영달 동국대학교 경영전문대학원 Entrepreneurship MBA 주임 교수
2   조선비즈. 2016. 06. 14
3   박남규 한국창의성학회장(서울대 경영대 교수) 인터뷰.
4   과학정책. 이원재 요즈마그룹 한국 지사장.
5   《새로운 인재경영의 미래》. 이홍민 지음. 리드리드출판. P70.
6   《새로운 인재경영의 미래》. 이홍민 지음. 리드리드출판. P63-65.
7   동아 비즈니스 리뷰. 김성남 인사조직 전문 칼럼니스트.
8   《아이의 가능성》. 장유경 지음. 예담friend.
9   동아 비즈니스 리뷰. 김성남 인사조직 전문 칼럼니스트.
10 동아 비즈니스 리뷰. 김성남 인사조직 전문 칼럼니스트.
11 류혜현, 오헌석 〈학습민첩성 연구의 쟁점과 과제(HRD연구 2016, Vol.18)〉 p120.
12 《미래조직 4.0》. 김성남 지음. 더퀘스트.
13 https://www.sciencetimes.co.kr/, 스마트워크 시대가 원하는 인재. 2010. 12. 16.
14 https://www.sciencetimes.co.kr/, 스마트워크 시대가 원하는 인재. 2010. 12. 16.
15 《아이의 가능성》. 장유경 지음. 예담friend.
16 조선비즈. 실리콘밸리의 도전자들. 2017. 07. 27.
17 조선비즈. 실리콘밸리의 도전자들. 2017. 09. 03.
18 《화식열전》. 우승택 지음. 참글세상. P82.

19 출처: 조선비즈. 실리콘밸리의 도전자들. 2018. 03. 18.

20 《화식열전》. 우승택 지음. 참글세상. P126.

21 동아 비즈니스 리뷰. July 2017 Issue 1, No. 228 /김성남 인사조직 전문 칼럼니스트.

22 위키백과.

23 https://theorydb.github.io/dev/2020/04/12/dev-competition-how-to-become-data-scientist/

24 피터드러커 소사이어티.

25 《피터 드러커의 자기경영노트》. 피커드러커 지음. 한국경제신문사 출판.

26 위키백과.

27 아시아경제(www.asiae.co.kr). 2021. 01. 31.

28 조선비즈. 2020. 02. 15.

29 에듀진 인터넷교육신문. 2019. 07. https://www.edujin.co.kr/

30 2013 EUROPA Alumni Evalution. http://www.young-enterprise.org.uk

31 https://www.entshipschool.com/

32 매일경제. 2019. 12. 11.

33 중앙일보. 2019. 06. 05.

34 포스코경영연구원. 글·이상현. 포스코경영연구소 경영컨설팅센터 책임연구원.

35 조선일보. 2016. 10. 31.

36 《최고의 공부》. 켄 베인 지음. (주)미래앤 출판. P312-313.

37 바이라인 네트워크.

38 《최고의 공부》. 켄 베인 지음. (주)미래앤 출판. P 294-300.

39 소프트웨어 교육 네트워크전문가 송상수.

40 〈초등학생의 창의적 문제해결력 향상을 위한 소프트웨어 교육 프로그램 효과 연구〉. 윤혜정. 2019.

41 출처: 한국산업기술진흥원 프로젝트. 딜로이트 컨설팅 작성함.

42 조선일보. 2021. 01. 12.

43 뉴스페이퍼(http://www.news-paper.co.kr)

44 Zephyr in New York

45 스피치커뮤니케이션연구소(www.logicspeech.co.kr)

46 동아사이언스. 2020. 04. 23.

미래인재 모든 것;
새로운 시대, 어떤 인재를 양성할 것인가?

초판 1쇄 발행 | 2021년 4월 29일
초판 2쇄 발행 | 2022년 7월 20일

지은이 | 정연미
펴낸이 | 김경배
펴낸곳 | 시간여행
디자인 | 디자인[연:우]
등   록 | 제313-210-125호 (2010년 4월 28일)
주   소 | 경기도 고양시 덕양구 지도로 84, 5층 506호(토당동, 영빌딩)
전   화 | 070-4350-2269
이메일 | jisubala@hanmail.net

종   이 | 화인페이퍼
인   쇄 | 한영문화사

ISBN 979-11-90301-12-1 (03300)